医药高等职业教育公共基础课程规划教材

U0786144

人文素养

（供医药类各专业使用）

主　编　李时菊　刘淑一

副主编　陈　钢　王江梅　刘红梅　肖　兴

编　者　（以姓氏笔画为序）

王江梅（湖南食品药品职业学院）
白昕雨（四川中医药高等专科学校）
刘红梅（湖南第一师范学院）
刘淑一（湖南现代物流职业技术学院）
杨　城（湖南大众传媒职业技术学院）
李时菊（湖南食品药品职业学院）
肖　兴（湖南现代物流职业技术学院）
陈　钢（岳阳职业技术学院）
祝　玲（湖南食品药品职业学院）
秦燕华（湖南财经工业职业技术学院）
童清华（湖南现代物流职业技术学院）

中国健康传媒集团
中国医药科技出版社

内容提要

本教材为“医药高等职业教育公共基础课程规划教材”之一，系根据本套教材的编写指导思想和原则要求，结合专业培养目标和本课程的教学目标、内容与任务要求编写而成。本教材内容主要包括探寻中国传统文化之根、鉴赏艺术之美、锤炼口语沟通交际之能共17章，传统文化包括中国传统文化概览、汉字文化、姓氏文化等7章；鉴赏艺术之美包括认识美和美育、鉴赏绘画艺术之美、聆听音乐艺术之美等6章；口语沟通包括沟通与交际、咨询与答询等4章。本教材为书网融合教材，即纸质教材有机融合电子教材、教学配套资源（PPT、微课、视频、图片等）、题库系统、数字化教学服务（在线教学、在线作业、在线考试）。

本教材主要供全国高职高专院校医药类各专业师生教学使用，也可作为从事中国传统文化、美育教育及传播的相关工作人员培训和继续教育教材使用。

图书在版编目（CIP）数据

人文素养/李时菊，刘淑一主编．—北京：中国医药科技出版社，2020. 12
医药高等职业教育公共基础课程规划教材
ISBN 978 – 7 – 5214 – 2143 – 9

Ⅰ.①人…　Ⅱ.①李…　②刘…　Ⅲ.①人文素质教育 – 高等职业教育 – 教材　Ⅳ.①G40 – 012

中国版本图书馆 CIP 数据核字（2020）第 237114 号

美术编辑　陈君杞
版式设计　友全图文

出版　**中国健康传媒集团**｜中国医药科技出版社
地址　北京市海淀区文慧园北路甲 22 号
邮编　100082
电话　发行：010 – 62227427　邮购：010 – 62236938
网址　www. cmstp. com
规格　889×1194 mm $^{1}/_{16}$
印张　12 $^{1}/_{2}$
字数　336 千字
版次　2020 年 12 月第 1 版
印次　2021 年 9 月第 2 次印刷
印刷　北京市密东印刷有限公司
经销　全国各地新华书店
书号　ISBN 978 – 7 – 5214 – 2143 – 9
定价　39. 00 元

获取新书信息、投稿、为图书纠错，请扫码联系我们。

出版说明

为深入贯彻《现代职业教育体系建设规划（2014—2020年）》以及《医药卫生中长期人才发展规划（2011—2020年）》文件的精神，满足高职高专医药院校公共基础课程培养目标的要求，不断提升人才培养水平和教育教学质量，在教育部、国家卫生健康委员会及国家药品监督管理局的领导和指导下，在本套教材建设指导委员会专家的指导和顶层设计下，中国医药科技出版社有限公司组织全国30余所高职高专院校及附属医疗机构近120名专家、教师精心编撰了医药高等职业教育公共基础课程规划教材，该套教材即将付梓出版。

本套教材共包括12门，主要供全国高等职业教育医药类院校各专业教学使用。

本套教材定位清晰、特色鲜明，主要体现在以下方面。

一、遵循教材编写的基本规律

本套教材编写遵循“三基、五性、三特定”的基本规律。基本理论和基本知识以“必需、够用”为度，兼顾学生终身学习能力的培养。公共基础课程是专业基础课程的基础，应该注意衔接专业基础课程教学的需要。但也注意把握好教材内容的深度和广度，不能要求大而全，以适应全国高等职业教育的需要为度，适当反映学科的新进展。

在保证教材思想性和科学性的基础上，特别强调教材的适用性与先进性。考虑到高等职业教育模式发展中的多样性，在教材的编写过程中，保障学生具备专业教学标准要求的知识和技能，适当兼顾不同院校学生的要求，以保证教材的适用性。教材的基本理论知识（如概念、名词术语等）应避免陈旧过时，要注意吐故纳新，做到科学先进，不陈旧，跟上学科发展步伐，保证内容的科学性和先进性。同时，教材应融传授知识、培养能力、提高素质为一体，重视培养学生的创新、获取信息及终身学习的能力，突出教材的启发性。

二、满足人才培养需要

教材编写应以专业培养目标为导向，满足3个需要（岗位需要、学教需要、社会需要）。这是编写本套教材的重要原则。

1. 岗位需要 是指教材编写应满足工作岗位所需的知识、技能、素质、心理等要求，有利于学生形成科学的思维和学习方法。

2. 学教需要 是指教材编写有利于学生学和教师教，符合学生的认知特点和教学规律。

3. 社会需要 是指教材编写应能够满足社会对学生知识和技能的要求、人文素质要求，使学生不仅能满足当前社会的要求，还具备一定的可持续发展潜力。

三、体现职教特色

高职高专教材不应该是本科教材的缩略版，应该体现职业教育的特色。

1. 以就业为导向，突出实用 高等职业教育培养的是技术技能型人才，不强调人才具有多么高的理论修养和渊博的知识，一切以生产岗位对人才能力的需求为中心，基础课程要突出素质要求，重点培养学生在岗位中必备的身体、心理、人文的素质。

2. 加强人文素养，全面提高学科素质 公共基础课程教材在强调实用的同时，也不能否定课程本身的属性和功能。公共基础课程不单是学习其他课程的基础，也是引导学生自身向高层次发展的基础，更是走向社会生活的基础。教材不仅要培养学生掌握相关的知识，还要引导学生的思想认识、道德修养、文化品位和审美情趣，注重创造力的培养，提高学生的整体素质。

3. 培养自学能力，提高职业能力 终身教育、继续教育已逐渐成为国际公认的教育理念。不会自学，就不会有自我发展和创造能力。教材是教本，教材的编写应注重把学生的自学能力培养起来，教材编写注重让学生触类旁通，举一反三，掌握学习方法，养成自学习惯。

四、多媒融合配套增值服务

纸质教材与数字教材融合，提供给师生多种形式的教学共享资源，以满足教学的需要。本套教材在纸质教材建设过程中增加书网融合内容，此外，还搭建与纸质教材配套的“在线学习平台”，增加网络增值服务内容（如课程 PPT、试题、视频、动画等），使教材内容更加生动化、形象化。

编写出版本套高质量教材，得到了全国知名专家的精心指导和各有关院校领导与编者的大力支持，在此一并表示衷心感谢。出版发行本套教材，希望受到广大师生欢迎，并在教学中积极使用本套教材，提出宝贵意见，以便修订完善，共同打造精品教材。

医药高等职业教育公共基础课程规划教材

建设指导委员会

医药高等职业教育公共基础课程规划教材

评审委员会

数字化教材编委会

主　编　李时菊

副主编　祝　玲　杨　城

编　者　（以姓氏笔画为序）

王江梅（湖南食品药品职业学院）

刘红梅（湖南第一师范学院）

杨　城（湖南大众传媒职业技术学院）

杨　萍（湖南食品药品职业学院）

李时菊（湖南食品药品职业学院）

陈　钢（岳阳职业技术学院）

陈向东（湖南食品药品职业学院）

祝　玲（湖南食品药品职业学院）

秦燕华（湖南财经工业职业技术学院）

前言

21 世纪国际教育委员会提出：为了适应不断变革的世界，教育的主题与任务必须围绕学会认识、学会做事、学会共处、学会做人四种基本学习能力来重新组织与安排。这四种能力中，至少有三种能力与人文素质相关。2014 年，国务院《关于加快发展现代职业教育的决定》（国发〔2014〕19 号）指出，“要全面实施素质教育，科学合理设置课程，将职业道德、人文素养教育贯穿培养全过程”。素质教育成为我国政府高位推动的重要工作。

为适应新形势下对高素质人才培养的需要，本教材根据《教育部关于职业院校专业人才培养方案制订与实施工作的指导意见》（教职成〔2019〕13 号），医药高职高专院校相关专业培养目标、主要就业方向及职业能力要求，按照本套教材编写指导思想和原则，结合本课程教学要求，组织全国多所院校从事教学的一线教师、学者悉心编写而成。

本教材具有以下三个特点。

1. 淡化学科体系，注重素质养成。整合了中国传统文化、美育、口语沟通与交际三门学科的内容，按照“以文化人”“以美育人”“以能立人”的逻辑，确立教材框架，选取教学内容。

2. 丰富思政元素，夯实立德树人。立足传统文化基因与时代使命，深入挖掘教学内容本身得天独厚的思政元素，使每个章节都有思政素材，引导学生知、行、思合一。

3. 优化数字资源，增值教材服务。本教材为书网融合教材，即纸质教材有机融合电子教材、教学配套资源（PPT、微课、视频、图片等）、题库系统、数字化教学服务。丰富的数字化教学资源，可为学生提供超越学时与空间（指学习地点）的学习便利，满足在线学习、在线作业、在线测试等数字化教学需求。

本教材由李时菊、刘淑一担任主编，具体编写分工如下：杨城编写第一章，白昕雨编写第二章，王江梅编写第三章、第四章、第六章及第二章的部分内容，秦燕华编写第五章，刘红梅编写第七章，陈钢编写第八章，肖兴编写第九章、第十二章，祝玲编写第十章、第十一章，李时菊编写第十三章及第一章、第三章、第五章的部分内容，童清华编写第十四章到第十七章。刘淑一参与审核第十四章到第十七章。数字化编委会增加了陈向东、杨萍。

本教材中案例涉及的企业及个人仅为教学举例需要，不作其他用途，特此声明。

本教材在编写过程中，得到了教材建设指导委员会专家的悉心指导和各参编院校的鼎力支持，在此深表感谢！由于编者水平和经验有限，书中难免存在不足与疏漏之处，敬请各位专家及读者批评指正。

编　者
2020 年 10 月

目录

第一章　文化之根——中国传统文化概览

学习目标

知识目标

1. 掌握中国传统文化的本质及其特质。
2. 熟悉中国传统文化的内涵、世态人情与创新发展。
3. 了解中国传统文化的类别。

技能目标

1. 能说出中国传统文化的内涵、特点及发展方向。
2. 能分辨中国传统文化的精华与糟粕，并能采取正确的方式分别对待。

案例讨论

【案例】 中央电视台于2004年推出《国宝档案》，这是央视第一次以电视栏目的形式，为国宝级文物重器进行揭秘建档。其最大特点是在介绍国宝的艺术价值、文物价值和历史价值的同时，着重讲述国宝背后鲜为人知的传奇故事和曲折经历。节目不仅弘扬了博大精深的中华文化，而且增强了国人和海外华人的民族自豪感和民族凝聚力。栏目自开播后收视率一路攀升，屡创新高，多次被评为央视“品牌栏目”，还获得过两个国家级奖项。

【讨论】 你认为《国宝档案》能够“火起来”的原因有哪些？

第一节　中国传统文化的内涵

PPT

人类在漫长的历史进程中，创造了具有强大生命力的灿烂文化，而文化又在这一进程中产生反作用，塑造了人类。文化犹如空气，人们身在其中，深受其熏染，同时又参与文化的创造。可以说，当今社会，文化已经与人们的生活息息相关。但要对文化进行定义，则是一件十分困难的事情。这主要是因为文化的内涵极其深刻，外延又十分广泛，因此，从不同角度可以有不同的认识和理解。

一、文化

西方社会，“文化”一词源自拉丁文“cultura”，英文写作“culture”。拉丁文的原意是耕种（动词），后来逐渐引申为对树木禾苗的栽培，再后来又引申为对人类心灵、知识与情操的化育。由此可见，西方早期的文化观是从物质生产逐渐引申到精神生产的。直到今天，“culture”也和物质生产保持着密切的联系，比如，英文“agriculture”，意思是农业，“culture pearl”表示人工培育的珍珠。所以，西方文化观中，“culture”最初的含义主要指的是物质生产。

第一个给文化下定义的是英国人泰勒（E. B. Tylor）。1871年，他在他的专著人类文化研究开山之作《原始文化》一书中说道：“文化或文明是一个复杂整体，它包括知识、信仰、艺术、道德、法律、风俗以及作为社会成员的人所具有的其他一切能力和习惯。”这一概念一直影响着后世关于“文化”的研究。

在中国，“文化”一词，古已有之。

“文”，甲骨文写作，字形像胸前有花纹的袒胸站立的人，许慎在《说文解字》里解释：“文，错画也，象交文。”“文”通“纹”，花纹、描绘的意思。所以，一般认为“文”的本义是指各色交错的纹理，后引申为文饰、文章之义。到了先秦时代，“文”被广泛用于各种典籍，演变为文德教化之意。

“化”，甲骨文写作，字形像一正一倒两个人。《说文解字》解释道：“化，教行也。”段注：“教行于上则化成于下。”其意义为“改造、教化、培育”。

在典籍中，“文”与“化”一同出现，最早见于《易·贲卦·象传》：“刚柔交错，天文也；文明以止，人文也。观乎天文，以察时变；关乎人文，以化成天下。”这里的“天文”指自然之道外显的自然现象，“人文”与“天文”相对，泛指社会中的各种关系。“文”和“化”虽然未连成一词，但是，两者的意义已经非常明确。就人文而言，就是“以文教化”之意，即通过诗书、礼乐、道德、伦理等教化百姓，以形成良好、和谐的社会关系网络，这奠定了中国早期的文化观。

“文化”一词最早见于汉代刘向《说苑·指武》：“圣人之治天下也，先文德而后武力，凡武之兴，为不服也；文化不改，然后加诛。”这里的“文化”是与“武力”相对的政治主张，含有以文德教化天下之意。中国古代一向重视引导和提升人们以思想品德为核心的人文素质，注重的不仅是作为成果的文化，更重要的是文化对人格的影响。如果只有“文”而没有“化”或不是因“文”而成的“化”，就不能称其为“文化”。人既是文化创造的起点，也是文化作用的结果，这是文化最基本、最重要的属性，也是文化的核心。比如，有的人虽然学历高，著作等身，有学识、有学术成果，但他如果有贪腐、学术不端，甚至卖国求荣的行为，那就是有“文”无“化”，也就不能说是文化人。学习和理解中国文化，不可忽视这一基本内涵。

基于上面的梳理，本教材对“文化”作一个较为宽泛的界定，即文化是人类特定群体创造的、可以递相传承的、使人类特定群体以超自然方式生活的全部成果的总和，包括物质和精神两个层面。

二、中国文化

“中国文化”一词，突出的是文化的本土性、国民性、民族性。“中国”这个概念，最早指的是周人的首都。之后，其所指范围慢慢扩大到周人起源和统治的黄河流域中下游陕晋冀豫鲁等中原各诸侯国，即周人所称的“华夏”诸国地域。随着历史的发展，汉族与周边民族不断融合，疆域不断扩大，凡汉族居住的地域也都称为中国，整个黄河、长江流域都被列为“中国”范畴，古代“中国”的概念所覆盖的区域越来越大。但是，直到辛亥革命后建立的“中华民国”（中华民国简称“中国”）开始，“中国”才作为国家名称固定下来。中华人民共和国成立后，也简称“中国”。在今天，“中国”是指归属中华人民共和国的领土以及居住在这片领土上的所有民族和人民。

中华人民共和国是以汉民族为主体的多民族国家，汉族与少数民族统称为“中华民族”，又自称“炎黄子孙”“龙的传人”。所以，中国文化便是指中华人民共和国这片国土之上，由中华民族在不同的历史发展时期所创造并传承下来的物质精神文明总和。

三、中国传统文化

从时间角度，可以将中国文化概括为中国传统文化和中国现代文化。中国传统文化是指从远古至晚清（1840 年鸦片战争以前）时期的中国封建文化；现代文化则是产生于工业时代和信息时代，是我国现代化进程中不断创造与发展的新型文化。

实际上，传统与现代之间本无一条明显的分界线。中国传统文化是中华民族共同创造的经长期历史发展所积淀的文化。以推行仁爱、敦厚、宽容、秩序为主旨，以丰富多彩的物质文化、独具特色的语言文字、浩如烟海的文化典籍、惠及世界的科技工艺、精彩纷呈的文化艺术、充满智慧的哲学宗教、完备深刻的哲学伦理等为基本内容。中国传统文化由过去贯穿到当今，随着历史推移，融入现代文化，历久弥新，生生不息，引导中华民族走向大善、大爱、大美、大同，几千年来一直起着铸造民族脊梁，塑造集体人格的作用。学习中国传统文化，不仅要在全球化坐标上正确认识、了解、创新中国传统文化，还要对民族文化树立一种应有的温情、敬意与自信，向世界传播中国文化的精华，为建设人类命运共同体提供中国方案。

第二节　中国传统文化的本质

PPT

中国传统文化博大精深，是中华民族的精神支柱，是中华儿女的根和魂，是建立信念的力量和源泉，是国家发展和民族振兴的强大力量。它的本质主要有以下几点。

一、强劲的生命力

和世界其他三大文明古国相比较而言，中国古代文化虽然不是最早的，但却最富有生命延续力。正因为如此，中国传统文化成为世界上唯一绵延不绝、发展至今的一种文化类型。而其他三大文明古国，其文化均因遭到外族入侵而异化、中断甚至消亡。比如，古印度文化雅利安化，古埃及文化先后希腊化、罗马化、伊斯兰化。古巴比伦文化，在汉穆拉比死后，便土崩瓦解了。但是在中国，此类情形却从未发生。中国传统文化具有强健的生命延续力的成因是多方面的。首先，地处东亚大陆的特殊地理位置，为其发展提供了相对隔绝的环境，使其免遭来自欧洲、西亚、南亚的威胁，得以在长时期内保持独立自主的发展。其次，华夏文化长期以来以明显的先进性多次“同化”以武力入主中原的北方游牧民族，在反复上演的“征服与反被征服”的历史中，各民族文化不断碰撞，又相互交融，互相取长补短，文化内容不断丰富，文化生命力不断得到锤炼与强化。

二、强大的“同化力”

事实上，在漫长的历史发展过程中，汉族与北方游牧民族的军事冲击屡屡不绝，比如，春秋以前有“南夷”与“北狄”交侵，十六国时期有“五胡乱华”，宋元时期契丹、女真、蒙古人接连南侵，至明末满族入关，蒙古族、满族甚至先后建立起强有力的统治政权。农耕社会里，勇猛剽悍的游牧民族在军事上优势突出，多次占上风。但在文化方面，却折服于中原文化中仁爱、和谐、天人合一的理性力量，最后被先进的中原文化所同化，皈依中原文化，并实现文化、社会制度的跨越式发展。

三、非凡的整合能力

中国传统文化在发展历程中，从不抱残守缺、固步自封，总是能够以开放、包容、会通的精神来整合、完善自己，表现出非凡的整合能力。

（一）兼容并蓄的学术胸怀

中国古代思想家虽各有所尊，但又提倡“万物并育而不相害，道并行而不相悖”，并把它当作文化发展的理想境界。春秋战国时期百家争鸣，各学派互相驳难，但也互相吸收，终成百花齐放的局面；宗教领域，以宽厚之心接纳佛教、基督教、伊斯兰教，并形成儒、释（佛）、道三者长期并存的局面，深刻影响中华民族的人伦与人格，甚至影响中国古代德法兼治、情理兼顾的政治理念，成就中国文化与生俱来的亲和力及中华民族牢不可破的凝聚力。

（二）取长补短的自我提升

中华民族善于主动吸收其他民族新鲜的文化养料。比如，战国时期，赵武灵王倡导“着胡服”“习骑射”，不仅学习胡人（北方和西方各民族）的服饰和骑马、射箭等武艺，并且吸纳边疆地区的物产与技艺，融入生活。而匈奴、鲜卑、突厥、契丹、女真、蒙古等游牧或半农半牧民族在与先进的中原文化的接触过程中，又主动接受并融入中原文化，实现了由民族社会向封建社会的过渡或飞跃。

海纳百川，才成就其浩瀚；山不拒土，才成就其巍峨。中国传统文化正是因为这种亲和力与整合力，才能不拒涓涓细流，汇聚成一条宽阔的大江，绵延至今，奔腾不息，并形成独特的、具有强大生命力的文化体系，成为人类文化史上的伟大奇观，不仅把各民族从政治上、文化上紧密团结起来，还与时俱进，焕发出新时代的生命活力。

四、推崇天人合和的思想

天人合和的思想反映了古代中国对自然及人与自然的关系的认识。中国曾经长期处于农业文明，对自然规律的认识与依顺成为最重要的知识与意识。因此，在观念和行为层面，观察自然、感应自然、了解自然、顺应自然就成为重要的生活原则，这就是天人合和的原则。主张把天、地、人视为一个整体，强调所有人应该敬畏天、遵天理、行天道，在此基础上达到天人协调、天人合一的境界。这与西方的天人相分观念形成强烈对比。

（一）中国传统文化中的“天”

“天”是人们对来自自然的强大力量的抽象想象。在中国独特的“天人文化”观念中，“天”至高至神，威力无边，主宰万物，庇佑良善，惩罚罪恶，维系社会公正与正义。“上天有好生之德”“违天不祥”的观念深入人心。社会各阶层不仅对“天”加以崇拜与遵从，上自天子，下至庶人，概莫能外，并且塑造了众多的神，如山神、水神、门神、户神、灶神、土神、财神、喜神等，体现天的意志，替天行道。

（二）天人合和有规则

首先要敬畏并遵循自然规律。儒家经典《周易·大传》中说：“夫‘大人’者，与天地合其德，与日月合其明，与四时合其序，与鬼神合其吉凶，先天而天弗违，后天而奉天时。天且弗违，而况于人乎？况于鬼神乎？”日月昼夜交错，春、夏、秋、冬四时更迭，是天道的运行变化，是不能违背的法则。中华民族千百年来“日出而作，日落而息”的生活方式和作息规律，以及面对生命的核心问题——生死的坦然态度，正是基于对自然规律的认知与遵从。中华医学体系强调人的身体结构与自然结构之间的对应性，强调人体五脏六腑的运行盛衰与春夏秋冬、子午晨昏的自然节候和时间运行节律的对应性。中华体育养生体系典型的代表拳术，无论是五禽戏、仿生拳，还是形意拳、太极拳，都强调内外协调，人与自然合一。在太极拳模仿圆形宇宙的一招一式中，也渗透了人体与宇宙合而为一的理念。另外，黄河流域按照自然时序设定的二十四节气也是显著的例证。在思想层面，老庄道家是天人合一追求的典型表达形式，其他诸子学说均以“道”为最高价值标准，而“道”不管掺和了多少人生社会内容，其终极含义都与自然规则相关。

文学艺术均渗透了天人合和的追求。山水文化兴起，文学中山水田园文学的兴起，抒情文学中情景交融、借景抒情的意境创造原则的确立，其他类型的文学中渗透的对“天道”“天意”“天命”的领悟，绘画艺术中文人山水画的特殊地位，音乐艺术中对“天籁之音”的崇尚和追求，建筑艺术中“风水”的讲究，园林建筑中人工与自然的天然融合等，都全面体现了中国传统文化天人合和的精神实质。

第三节　中国传统文化的特征

PPT

由于中国传统文化的历史源远流长，内容博大精深，加之中国疆域辽阔，地理复杂，这就决定了中国传统文化在表现形式上不可能是单一的，而是丰富多彩的，有着众多层次和方面的系统结构。概括起来讲，中国传统文化的基本特征有以下几个方面。

一、内陆为主的农耕文化

相比古希腊和希伯来文化中强烈的漂泊意识，中国传统文化的守根意识更为强烈，这与中国内陆型地理环境和定居性农耕文明有着密切关系。

微课

古代中国人生活的东亚大陆，是半封闭性的区域，高山、大海、荒漠，纵贯东西的河流、网状横向密布的湖泊，阻隔了外界与中华民族的大规模交流。但是，这片内陆非常适合农耕，因此，中国农业文明很早就发达起来，并成为中国基础性的物质生产方式。农耕经济的特征渗透在中国传统文化的方方面面，它在根本上影响着中国文化的性质和特征。比如，以棉麻丝织物为衣饰的材料来源，以五谷为主食，以村社聚居为居住的基本形式，以耕读传家为根本的治家之道等，这些都与农耕经济生产方式有直接关系。在制度文化方面，政治体制王权世袭，经济政策重农抑商；精神追求方面自然至上、强调宗法伦理和血缘亲情等，都体现了内陆农耕经济的特征。

内陆为主的文化往往相对封闭，开放性不够，拓展意识和扩张意识较弱。守土守家，世代如斯地生活，是中国人基本的追求和意愿。

二、宗法人伦的文化

由于中国小农经济是建立在以家庭、家族为基本单位基础上的，居住又以血缘宗族作为聚落原则，因此，血缘意义上的宗法关系就是中国人群体生活中最重要的关系，宗法伦理是处理群体关系最重要的原则。宗族内，按辈分高低决定地位次序，以同宗远近决定亲疏程度，以男性作为代际传承标志，以子孝长慈、兄爱弟敬的孝悌原则和血缘情感处理亲属关系等，由此形成的宗法制度和伦理成为中国从分权到集权社会的基础。而对于宗族外的社会关系，则采取泛血缘伦理的处理方式，即将血缘伦理和血缘亲情泛化，以此柔化人际关系中的陌生、冷硬与敌意。人际关系的泛血缘化，是中国社会处理人际关系的重要原则，也是中国文化的重要特征。孔子所谓“四海之内，皆兄弟也”，孟子所谓“老吾老以及人之老，幼吾幼以及人之幼”的说法，就是主张将血缘亲情和原则推及非血缘关系的人之间，以达到泛爱众的境界。

在社会政治领域，宗法伦理原则同样十分重要。首先是最高统治权的世袭制，其次是王室内权力的承传嫡长制。君臣关系强调“忠孝”一体，甚至发明了“君父”与“臣子”的称谓，将家族血缘伦理的“孝”与国家政治伦理的“忠”对接，将两者之间的同一性关系突出地表达出来，这些都是在国家政治伦理中将血缘伦理泛化的结果。

中国传统文化强调宗法人伦，追求将这种关系泛化到一般社会关系和社会生活领域，强调人与人之间的情感关系，必定形成一个熟人社会，形成基于泛血缘关系的人际亲情，但对于不能或不愿意融入这种泛血缘关系社会的对象，往往会产生“非我族类，其心必异”的敌意和狭隘排斥心理。由于过分强调熟人情感联系，人与人之间很难确立理性的契约关系和契约原则，这也是宗法人伦文化具有缺陷的一面。

三、实用理性主导的文化

至少从周公制礼作乐开始，中国文化就确立了以人为本的核心理念，原始时代和夏商时代的鬼神崇拜文化到周人这里发生根本改变。周人将主宰人类世界的力量神灵虚化为神性的天，天意、天命，又同时强调“天视自我民视，天听自我民听”，则天意天命的依据是“民视”“民听”，将世界由虚幻的神灵、天意主导，转移到现实人类主导的认知上。周人通过制定礼制，以现实的礼乐制度和手段来组织、引导社会，这是一种现实理性的制度文化。以孔子为代表的儒家，推崇圣贤人格，主张以个人德行修养（以“三纲五常”为修养内容）为安身立命之本，以中庸为基本处世之道，以耕读传家为根本的治家之道，以经学为治学之本，以义利合一为基本价值追求，通过对圣贤人格理想的规定、引导人们对圣贤人格的认同和追求，将外在强制性的礼制转化为各种内在的伦理和情感诉求，从而在精神文化体系中完成了人本文化，也是实用理性文化的奠基。这种人本文化使中国历史长期保持实用理性主导，所以它一直相对稳定平和，崇尚实用有效，没有陷入宗教的偏执和迷狂。

与实用理性相关，中国古代文化基本是一种世俗悦乐的文化。有学者如李泽厚在比较中国文化与希伯来文化、日本文化的精神特征时指出，希伯来文化是罪感文化，日本文化是耻感文化，中国文化是乐感文化。中国文化肯定现实生活世界，并在这个世界寻找精神寄托和价值实现。这种文化对世俗生活保持一种悦乐肯定的态度，允许甚至鼓励适度沉浸于其中，追求现世的成功和适度享乐。在这种文化驱动下的中国人，是这个世界上活得最认真、最努力、最勤奋的人群之一。中国尽管古代有道教、佛教等宗教，但这些宗教观念从来没有成为引导多数中国人生活的决定性观念，相反，这些宗教在其发展过程中，都部分或极大程度地被世俗化了，它们在中国古代的存在和发展，很大程度上取决于它们满足了中国人世俗生活的价值追求。一直到现在，大多数中国人到道观寺庙求神拜佛，大多数都是乞求神佛保佑其获得世俗成功。

实用理性主导的文化积极作用显而易见，副作用也是明显的。体现在整个文化上，就是超越性知识与价值系统相对缺乏，观念体系过分注重对现实的适应和证明，而相对弱化了对现实的超前性批判、设计和引导作用。鲁迅等一些学者也认为，中国传统文化过于注重人伦实际，而对超越现实的想象世界兴趣不浓，也缺乏相应的想象力。导致古代、近代中国对历史有超强的兴趣，但对神话等想象性精神形式兴趣不浓，故成就远不如古希腊。

四、君主集权的文化

这是秦以后中国政治制度和政治文化的基本特征。周代尽管有“普天之下，莫非王土，率土之滨，莫非王臣”的说法，但周人的实际控制力还达不到将天下万民绝对掌控于中央王朝的地步，它不得不允许诸侯在辖地拥有经济、政治、人事、军事等相当程度的自主权。真正确立高度君主集权政治体制的是秦始皇，自他以后，中国历代王朝虽然不断更迭，但王权绝对无上的观念却一直延续。中国政治文化中“朕即国家”的认知、“明君贤臣”的政治理想、“君权神授”“君道即天道”的合法性观念，都与高度君主集权体制密切相关。

帝王集权的政治体制有其必然性和积极意义。在民族、国家融合的过程中，强大的中央集权提供了强有力的保障。同时，作为国家的象征，君王对国家的统一具有重要的象征意义，而且，君主集权在多数情况下有利于社会的稳定安宁、社会资源的集中调配、国家国力的增强。君主集权的消极作用也是明显的。比如，天下安危系于一人的状态，往往导致阴谋政治代代不绝、颂圣文化盛行、臣民奴化心理和权利崇拜意识。普通民众的权利和意志难以在国家层面得到表达，民众对国家也没有公民应有的权利和责任意识，这些都与君主集权体制有密切关系。

第四节 中国传统文化的类别

PPT

从不同的视角看中国传统文化，会有不同的类别。从其内在结构看，有物质文化、精神文化、制度文化、行为文化；从内容上看，有节庆礼俗文化、古代文字文化、宗教文化、艺术文化、养治与科技文化等；从人所处的社会阶层或社会族群看，可以分为以下四种。

一、帝王文化

“帝王”是“帝”与“王”的合称。从传说中的“三皇五帝”，到夏代的“后”，西周的“王”，再到秦王嬴政的“始皇帝”“帝王”，称谓虽然在流变，但在中国的传统文化里，帝王始终是天下的最高统治者。他们是“受命于天”的“天子”，是“天意”的执行者，对天下拥有名义上的领导权和实际上的裁决权。《诗经·小雅·北山》称“普天之下，莫非王土，率土之滨，莫非王臣”，真实地反映了帝王拥有生杀予夺的绝对权力与至高无上的尊严。

由于帝王一手掌握国家的全部大权，独断乾坤，决定着国家的命运与臣民的生死荣辱，所以，古代礼法上对帝王的要求很高。

首先，帝王被要求有德有才干。也就是帝王要有仁德，即爱惜民力，不轻易杀戮，有治国之能。臣民心中理想的“帝王”形象，如尧一样有德，如李世民一样有才。尧“其仁如天，其知如神，就之如日，望之如云，富而不骄，贵而不舒”（《史记》）；李世民即位后开创了“贞观之治”，欧阳修称他“自古功德兼隆，由汉以来未之有也”。他们堪称帝王中德才兼备的典型代表。

其次，帝王被要求有威仪，要按礼法行事。周幽王宠幸褒姒，为博其一笑多次烽火戏诸侯。《诗经·大雅·瞻卬》“不吊（慰问，抚恤）不祥，威仪不类（善）”，以致“人之云亡，邦国殄瘁”，就是批评周幽王对人民遭灾不怜悯，纲纪败坏装糊涂，良臣贤士尽逃亡，国家危急无求助，最终被犬戎杀死于骊山。另外，夏桀、殷纣、隋炀帝等人，都被认为是昏乱之君，不尊礼法，没有帝王应有的威仪。

再次，帝王被要求有担当精神。太平时勤于政事，国家危亡时要担当相应的责任，必要时以死殉国。朱元璋以勤治国，废宰相之职，由自己亲任职责，每天批阅奏章约200份；宋真宗时宋辽交兵，宰相寇准建议御驾亲征，真宗虽心中惧敌，仍勉力前往；明代末代皇帝崇祯，即位后处理内忧外患，力除阉党，但最终无力回天，吊死于煤山，以死承担亡国的责任，民间有“天子守国门，帝王死社稷”的说法。这些帝王，应该可以自我评价“寡人之于国也，尽心焉耳矣”（《孟子·梁惠王上》）。

天地之间有杆秤，那秤砣是老百姓。帝王的功过是非，个人道德修养如何，我国古代有一套特定的评价方式，那就是自西周中期以后采用的谥法，即用“谥号”对帝王（也包括诸侯、卿大夫、大臣等）盖棺论定。谥有颂扬的、同情的、批评否定的三类。颂扬的谥号有庄、武、文、宣、襄、明、懿、惠、崇等。其中，“文”意为“经天纬地”，如周文王；“武”有“开疆辟土”之功，如汉武帝。同情的谥号有怀、哀、思、闵、悼等，“怀”“哀”均有“慈仁短折”之意，如齐怀王、鲁哀公。批评否定的谥号有炀、厉、灵（卫灵公）、幽（周幽王）等，“炀”有“好内远礼”之意，如隋炀帝等。

二、臣僚文化

臣僚即群臣，“僚”指同在一起做官。

臣僚可以分为很多类。《荀子·臣道》将臣僚分为态臣、篡臣、功臣、圣臣四类，其中“圣臣”的标准是“上则能尊君，下则能爱民，政令教化，刑下如影，应卒遇变，齐给如响，推类接誉，以待无方，曲成制象”，是对贤能之臣的全方位规范。

根据臣僚在某些事情中发挥的作用及其性格为人等，分为开国之臣（萧何、诸葛亮）、贤能之臣（姚崇、宋璟）、死谏之臣（比干）、变法之臣（商鞅、王安石）、决狱之臣（狄仁杰、包拯）、不二之臣（顾炎武）、靖边之臣（卫青、戚继光）、智慧之臣（晏子、东方朔）、祸国奸臣（杨国忠、蔡京、严嵩、和珅）。

荀子认为态臣、篡臣是不利于国家的臣子，用之则亡；而功臣、圣臣则与之相反。与态臣相对的是功臣，评定二者的标准是对内能否统一百姓，对外能否抵御外侵，百姓亲近与否，能做到的是功臣，做不到的是态臣。与篡臣相对是圣臣，两者对国家君主人民的作用截然相反。正是因为臣子的不同，故而君主任用不同的臣子收获的效果也不同，用圣臣者王，用功臣者强，用篡臣者危，用态臣者亡。“态臣用则必死，篡臣用则必危，功臣用则必荣，圣臣用则必尊。”正因为不同类别的臣子会导致不同的结果，故而君主非常慎重地亲自加以选择、取用。

帝王通过臣僚进行统治，并根据品阶给予不同的待遇，因而对臣僚有严格要求。

“忠勤王室”，是帝王对臣僚最基本也是最重要的要求，意思是臣子不仅要忠诚，还要勤于履职。朝臣应当处理政务，保卫帝王，荐举人才；地方官员则要施行德政，保护地方，兴利除弊。“忠勤王室”最高境界是臣在必要的时候须以死效忠君王。《春秋穀梁传·桓公十一年》写道：“死君难，臣道也。”明代靖难之役，燕王朱棣攻破南京，建文帝自焚，有“天下读书种子”美誉的方孝孺宁愿被诛十族，也不肯为朱棣起草即位诏书，慨然赴死，令人称赞。当然，春秋战国时期官至齐相的晏子对君王“有难不死，出亡不送”的态度与做法，在古代臣子中表现出来少有的冷静与清醒。他的“不死君难”并非说他不忠君不忠国，恰恰是他做忠臣、忠明君的证明。

臣僚要加强个人道德修养，修身而后齐家而后治国。学为臣之礼，遵为臣之道，不可失仪，不可僭越。同僚之间，不得结党营私。在百姓面前，要保持相应的仪仗，以维持官员威严。各级臣僚要勤政爱民，视民如子，做百姓心中的良臣。《诗经·小雅·南山有台》有：“南山有杞，北山有李。乐只君子，民之父母。乐只君子，德音不已。”《礼记·大学》发挥为“民之所好，好之；民之所恶，恶之。此之谓民之父母”。这是后世称地方官为“父母官”的由来。

三、庶民文化

“庶民”即众人，亦即一般民众。《春秋穀梁传·成公元年》载：“古者有四民：有士民、有商民、有农民、有工民。”这四民都是庶民。他们地位低下，没有官职，所以又被叫作“白身”。其地位仅高于丧失人身自由的奴隶。

庶民可自由从事各种产业，要缴纳赋税，承担徭役。士民“学习道艺”，商民“通四方之货”，农民“播殖耕稼”，工民“巧手劳心以成器物”。古时重农，所以“农民”最多。

庶民绝大多数不富裕，遇乱世灾年，则民不聊生。于是，庶民祈求远离饥荒战争和官府暴虐，期盼得逢盛世丰年，帝王圣明，官吏宽厚，世道清平，轻徭薄赋，风调雨顺，“春种一粒粟，秋收万颗子”，能够过上简朴、温饱的生活。

《礼记·曲礼》载：“礼不下庶人，刑不上大夫。”所以，古代庶民不受礼教的束缚，精神上较为自由。大多数人相信善恶报应，敬仰忠孝仁义，信奉宗教。

《荀子·王制》载：“虽庶人之子孙也，积文学，正身行，能属于礼义，则归之卿相士大夫。”意思是说，庶人若学知、懂礼，也可晋身卿相士大夫，即成为“士”。

四、士人文化

微课

士人是对中国古代官僚知识分子的统称。士的社会职责是“以仁厚智能尽官职”，也就是做官。古代中国，“士”的范围有一个逐渐缩小的发展过程。先秦时，“士”的范围较广，孔子“七十二贤人”，虽出身、能力各异，但都是“士”。《墨子》《荀子》中对“士”有不同的称谓，有谋士、勇士、直士、诚士、信士、贤士、辩士、义士、能士、隐士、公正之士、贤良知圣之士、端诚信全之士等。西汉以后，随着儒学逐渐成为正统思想，“士”的含义也逐渐缩小为儒家的定义。另一种狭义的解释则是“四民”中的“士民”。

什么样的人可以称为“士”呢？在《论语·子路篇》中，孔子说：“行己有耻，使于四方不辱君命，可谓士矣。”这句话既表明了士的官吏身份，同时也指出了作为一名士应该德才兼备。“德”即在道德品质方面要严于律己，“才”即在实际办事才能方面能不辱君命。这两方面统一了，才能是一名合格的“士”，也就是一名完美的儒者的形象。由于“士”的精神价值，读书人出仕为官后多数仍然以“士”自居。

“士”应当志存高远，胸怀天下，这种理想是其一生奋斗的动力。

首先，要养“至大至刚”的浩然之气。“以直养而无害，则塞于天地之间。其为气也，配义与道；无是，馁也。是集义所生者，非义袭而取之也。”（见孟子·公孙丑上》）这股“气”需要“士”日积月累持之以恒地用正直来培养，用道义来配合才会形成力量。宋代文天祥抗元被俘，在狱中作《正气歌》：“天地有正气，杂然赋流形…时穷节乃见，一一垂丹青…是气所磅礴，凛烈万古存…当其贯日月，生死安足论。”虽经多次劝降而坚决不从，慨然赴死。书写了古代知识分子精英的浩然正气。

其次，要有宽广、坚韧的品质。“士不可以不弘毅，任重而道远”，为了实现理想，可以艰苦卓绝，可以颠沛流离，上下求索，“虽九死其犹未悔”。“士”不论穷达，都应坚持理想。“士穷不失义，达不离道”“达则兼济天下，穷则独善其身”。为了实现理想，可以不惜生命；“杀身以成仁”，几乎成为“士”的行为准则和精神追求。

再次，要有合乎礼法的风度。这种风度是其精神中不可亵渎的一部分，不因境遇而改变，即使生死关头也不能放弃。“言念君子，温其如玉”（《国风·秦风·小戎》）是士人理想的风度追求。陶渊明不为五斗米折腰，方孝孺宁被诛十族而不变节，曹雪芹举家食粥坚持创作，这是士“可亲而不可劫，可近而不可迫，可杀而不可辱”的精神写照。王羲之东床袒腹的典故则说明，士的这种风度与精神是其内在修养形成的气质，绝非惺惺作态。“腹有诗书气自华”表明注重平时的学习积累修身内化，才能形成由内而外散发出来的人格魅力。

士人当中，有两类士人比较特殊，他们形成了中国文化史上独特的士人文化。一是隐士文化，一是侠士文化。

（一）隐士文化

隐士是指不愿意做官隐居山林的“士人”。《史记》记载“尧让天下于许由，许由不受，耻之，逃隐”，可知隐士自古就有。

真正的隐士应具品德（不肯做有违道德的事情）、才气、性情三素质。隐士虽然隐居山林，不愿意为官，却未必忘怀于天下。诸葛亮早年“躬耕陇亩”，后因刘备“三顾于草庐之中”“由是感激，遂许先帝以驱驰”，始于“三顾频烦天下计”，终于“两朝开济老臣心”。诸葛亮“鞠躬尽瘁，死而后已”的精神赢得了后人的敬重。

（二）侠士文化

侠士指行侠仗义之人，即侠义之士。“义”是正义、合于道义，“侠义”就是见义勇为、舍己助人的性格、气质或行为。

侠士必有常人所不及的品行、境界与作为。“其言必信，其行必果，已诺必诚，不爱其躯，赴士之厄困……”（《史记·游侠列传》）。在文学作品中，他们志存高远，武功高强（十步杀一人，千里不留行），侠肝义胆，除暴安良，给人以神秘感；他们既可以在闾巷之间，修行砥名，也可以在关键时刻助力帝王建功立业。

行侠者往往有勇力，或财力，或智谋，可以财物行侠，即仗义疏财，比如鲁肃“家富于财，性好施与…甚得乡邑欢心”；可以智谋行侠，比如，战国时期的冯谖为孟尝君“营造三窟”，帮孟尝君打牢事业基础；可以勇力行侠，比如，《水浒传》中的鲁达闻得郑屠霸占金翠莲，三拳打死

“镇关西”，为民除害。

最高层次的行侠则是基于正义的牺牲精神，即孟子所说的“舍生而取义者也”。这些侠士，即便“生于编伍之间，素不闻诗书之训”（张溥《五人墓碑记》）也能在国家危难之际“激昂大义，蹈死不顾”，具有“捐躯赴国难，视死忽如归”的崇高思想境界和高尚情操的价值追求。《神雕侠侣》中的郭靖夫妇在襄阳抵抗入侵的蒙古军队长达数十年，最后于城破之际双双殉难，谱写了悲壮的历史传奇。

当然，在历史上，侠者无一不是和一个社会的正常力量处于对立面的。韩非子早有言曰：“侠以武犯禁”。“以武”只是一种手段，而“犯禁”是其事实上的结果。究其原因，这是由于侠士所使用的暴力手段（武）与国家暴力之间的冲突不可避免地产生的结果。一个社会的正常运转，作为统治者来说，必定会有一套暴力机关来维持统治，而这些暴力机关是不能容许有其他的暴力形式和其对立的，否则就会发生动乱。侠虽有不同于农民起义与绿林悍匪的本质内涵，但使用武力反抗这一项不可避免地使其带有了叛逆的色彩。这是学习侠士文化时需要特别注意的。

长达两千多年的封建社会，其本质是吃人。但数千年来，中华民族上至帝王，下至贩夫走卒，都在尽力做好分内之事，涌现出了大量的明君和良臣，正是他们的传承与创新，才使得华夏文化生生不息。鲁迅在《中国人失掉自信心了吗》文中写道：“我们从古以来，就有埋头苦干的人，有拼命硬干的人，有为民请命的人，有舍身求法的人…虽是等于为帝王将相作家谱的所谓‘正史’，也往往掩不住他们的光耀，这就是中国的脊梁。”

第五节 中国传统文化的世态人情

PPT

世态人情即“世情”，指的是人与人之间的相处方式。不同的国家、民族有不同的世情，而同一国家或民族，世情虽会变迁，却有一定的传承性和稳定性。中国传统文化源远流长，迁演流变，其中相对稳定的世情则贯穿古今，成为中国传统文化的内核和中华民族的生活标签。

一、平安

“平安”是指人在相应的环境中获得的平和安定、放松自在的感觉，没有危险危机感。

中国古代以农业为主的经济生产方式，确立了血缘村社的聚落方式，即具有血缘关系的人们居住在一起。村社居民，都是同宗同祖同源的兄弟姐妹、老少爷们，所以比较强调血缘伦理、血缘亲情、互相帮助和礼让，为大家提供了平安自在的生活环境和安全可靠的情感土壤。“人无智愚，莫不有趋舍。恬淡平安，莫不知祸福之所由来。”（《韩非子·解老》）这是说，人无论聪明还是愚笨，都知道追求、享受恬淡平安以避灾祸。可见，平安是人们最基本的愿望。“马上相逢无纸笔，凭君传语报平安”，这说明“平安”也是人们对家人亲人最长情的祝愿。

日常生活中，人们有许多祈求平安的方式。

（一）以物寓意

最有代表意义的物是竹子。“北都惟童子寺有竹一窠，才长数尺。相传其寺纲维每日报竹平安。”（段成式《酉阳杂俎续集》）童子寺（今山西太原）纲维法师受师父委托从南方带竹苗种于童子寺后院。寺主对竹苗的生长情况十分关心，要求寺院小和尚每天报告竹子的长势。后来“竹报平安”指平安家信，也简称“竹报”。民间喜竹，除广栽竹之外，还有以竹为题材的吉祥图画；

每逢除旧岁迎新年，儿童燃放爆竹，除表示驱邪祝颂升平外，还有为节日活动增添喜庆气氛的意义。

（二）以“名”寄情

我国各地人名、地名取名寓意“平安”的例子很多。《平凡的世界》中孙家兄弟俩的名字取名“孙少安”“孙少平”，寓意平安健康，顺顺当当。在饥荒年代，为大儿子取名少安，首先求的是平安。《红楼梦》中王熙凤的丫鬟“平儿”，也是寓示父母对孩子平安的祝福。我国沿海沿江地带，常有水患，故取“镇海”“定海”“安澜”等名，希望能够免于海潮造成的灾害，表达对平安的祈愿。

（三）请神庇佑

原始社会时期，我国先民便有了对自然神灵与祖先神灵的崇拜，并由此孕育出“请神庇佑”的文化。因为农耕文明对自然的依赖，于是诞生了一系列自然神，如电神、雷神、土地神等，并建造“山神庙”“土地庙”供人们祭拜，以求平安。又因为中国小农经济是建立在以家庭、家族为基本单位基础上的，居住以血缘宗族作为聚落原则，因此，祭拜祖先神灵，以求家族平安，如黄帝陵祭典、炎帝陵祭拜等，亦是中国文化的一大特征。

（四）其他方式

对联传情、书信口信报平安、诗文寄情、鱼雁传情等都是古人乃至今人寄托自己求得平安的方式。

二、富贵

“富”指物资富有；“贵”指地位高贵。

富贵对人有巨大的吸引力。读书人向往富贵，为富贵而孜孜努力。“士之生世，当建功树名，出将入相……使族益昌而家益肥”（唐代传奇《枕中记》），士子十年寒窗苦读，只图一举成名天下知，而后光宗耀祖。这是读书人为富贵而读书的价值观。

孔孟等圣贤则强调，对待富贵的态度要端正，应取之有道。合“义”则取，否则，“不义而富且贵于我如浮云”（《论语·述而》）。

其次是不能过分贪恋富贵而行之无度，为富贵所役使，否则会招致祸害。

再次要处理好富贵与仁爱的关系。既要避免“为富不仁”，也要避免“为仁不富矣”。

汉代名将霍去病，以“匈奴未灭，何以家为”立言，因抗击匈奴而立功，被汉武帝重爱。但司马迁批评他“贵，不省士”，意即地位显赫，但不懂得体恤士兵。《史记·卫将军骠骑列传》载：“既还，重车余弃粱肉，而士有饥者。其在塞外，卒乏粮，或不能自振，而骠骑尚穿域蹋鞠。”说的是霍去病出兵打仗回朝时，因随行东西太多，从辎重车上丢下许多剩余的米和肉，而他的士卒还有忍饥挨饿的。他在塞外打仗时，士卒缺粮，有的人饿得站不起来，而他还在画定球场，玩蹋球游戏。尽管霍去病有“匈奴未灭，何以家为”的抱负，但却没有处理好“富贵”与“仁爱”的关系，以至于司马迁不以为然地说他“事多类此”，也就是说他做的事多半如此。

三、吉祥

“吉”，甲骨文写作，会意字，《说文解字》解释为“善也”，后凡善、美皆称为“吉”。

“祥”，甲骨文写作，形声字，《说文解字》解释为“福也”。“吉祥”一词始见于《庄子·人间世》“虚室生白，吉祥止止”，吉祥是喜庆的意思。

中国传统文化里，“吉祥”不是外来的好处，而是个人道德修养“善应”，劝诫人们要修善、行善、积善。

修善。《尚书·洪范》将寿、富、康宁、攸好德、考终命列为“五福”，攸善即为修善。怎样修呢？庄子说“虚室生白”，正如虚室才能接纳清明的阳光，人的心应该如虚室一样清澈明朗，无任何杂念，无妄言妄行，那么，自然就会悟出“道”来，生出智慧，吉祥便随之而生。

行善。古时认为“百善孝为先”，故民间流传不少因孝行得善报、因孝致祥的故事与传说。行孝，除满足父母最基本的物质需求之外，更高层次的“孝”则是精神层面的，从“敬”到“谏”到“全身”（《礼记·祭义》所说的“父母全而生之，子全而归之，可谓孝矣”），“继志”则是行孝的最高境界（《礼记·中庸》：“夫孝者，善继人之志。”）。汉文帝在行孝方面，值得今人学习。《二十四孝·亲尝汤药》载：“前汉文帝，帝奉养无怠，母长病，三年，帝目不交睫，衣不解带，汤药非口亲尝弗进，仁孝闻天下。”汉文帝在位期间，亲尝汤药孝敬母亲，恪守祖训重德兴礼，“轻瑶薄赋”“与民休息”，开创了“文景之治”的良好开局。实为汉刘小家之福，也为大汉百姓之福。

积善。《周易·坤卦·文言》说：“积善之家，必有余庆；积不善之家，必有余殃。”这个“积善致祥”的说法对后人影响深刻。积善的方式不限，如乐于布施、襄赞公益、端正不妄等，均可“致祥”。比如，灾荒之年开仓放粮，捐资赈灾；修路架桥、施药济贫、举办学校等，都是积善之举。积善之人，不仅可以避开灾害，减少损失，而且能如荀子所说：“积善成德，而神明自得，圣心备焉”，也就是说，一个人如果长期行善，就会形成高尚的道德，精神得到提升，圣人的心境由此具备。

古人为了守护吉祥，创设了各种形式的祈求吉祥的风俗。比如，将麟、凤、龟、龙设为“四灵”“瑞兽”，视作吉祥的象征，另外还有端午节挂菖蒲、用艾叶水沐浴，以驱邪保吉祥；除夕贴门神，农历正月初一燃放爆竹、喝屠苏酒等。宋代王安石在《元日》诗中有精彩而又详细的描述“爆竹声中一岁除，春风送暖入屠苏，千门万户曈曈日，总把新桃换旧符”。

四、寿考

“寿”与“考”都是长寿的意思，但两者的含义同中有异。寿，强调的是年岁高；考，强调的是“各成其短长之命以自终，不横夭”，意思是说，一个人自然地老去，无病无灾，不因横祸而去世，即符合“五福”之一的“考终命”。

古人上自天子，下自百姓，都非常渴望与推崇寿考。为此，历来不乏“寿考”的理论研究与实践探索。理论研究上，以《黄帝内经》为集大成者。“法于阴阳，和于术数，食饮有节，起居有常，不妄作劳，故能形与神俱，而尽终其天年，度百岁乃去。”认为“寿考”的关键在于人们要顺从自然规律进行生活。其后，在唐代的《千金翼方》、宋代的《太平圣惠方》、元代的《格致余论》、清代的《老老恒言》等医学专著中，都有养老专题。“养老”一直是古医学的重要内容。

实践探索上，民间健身养生项目众多，如五禽戏、八段锦、太极拳。食养药疗也有市场，目的都是为了强身健体。传说为了长生不老，秦始皇多次前往渤海寻找仙药，唐朝皇室自高祖始迷恋炼丹，这是不科学地追求“寿考”的方法。

“寿考”在中国古代文学中意象丰富。松树、菊花、鹤、寿眉等都是长寿的代称。古代社会有敬老、养老的良好传统。比如，汉代皇帝出于尊敬老人的目的，对七十岁以上的长者授以王杖，王杖上有斑鸠，若有敢谩骂、殴打持杖老人者，比照大逆不道之罪论处。另外，对不同年龄段的长寿之人赋予雅称。比如，70 岁称古稀之年，77 岁称喜寿，88 岁称米寿，108 岁称茶寿，99 岁称白寿，80～90 岁老人统称耄耋之年等，都是寄予人们的祝愿与期盼。

五、喜乐

喜乐是一种愉悦的情结。《说文解字》解释“喜”为“乐也”，所以，从字源学的角度看，“喜”与“乐”是同义词。

由于中国传统文化总体上是一种乐感文化，所以，在日复一日、平淡清静的生活中，“喜乐”便成为最好的调剂。平日里，人们以创造笑话取乐，以“笑”为名，诙谐中不乏讽喻。为此，留下了不少诙谐专书，比如，《笑林广记》《笑笑录》等，同时，还有见诸《史记·滑稽列传》的“喜剧”人物，比如优孟、优旃，他们或“多辩，常以谈笑讽谏”，或“善为笑言”。当然，古时的“笑言”只是取乐的形式，但“合于大道”才是其核心要义。

另外，人们充分利用众多的节日创造并享受喜乐。从春节到除夕，从宫廷到民间，几乎每个节日都有“喜乐”的方式。节日里，张灯结彩，人们饮酒游戏，“欢笑尽娱，乐哉未央”（曹植《元会》）。重大节日或遇皇家喜事时，皇帝与民同乐，并大赦天下，以示恩德。

第六节　中国传统文化的创新发展

PPT

中华民族有着悠久的历史传统，其灿烂的文化以独特的风貌、辉煌的成就著称于世。在几千年的古代社会，中国文化在东亚地域一直占据着中心地位，对周边国家和民族产生了持久而深远的影响。改革开放以来，我国的经济获得长足发展，但在全球化背景下，受西方思潮影响，出现了一些问题，比如道德滑坡、人际关系恶化、环境污染等。在这种社会环境中，中国传统文化曾一度式微。党的十八大以来，围绕传承和弘扬中华优秀传统文化，习近平总书记发表了一系列重要论述，强调“中华优秀传统文化是中华民族的突出优势，是我们最深厚的文化软实力”，不少有识之士也充分认识当今国家与国家之间的竞争核心是文化竞争，纷纷呼吁传统文化回归，批判地继承传统文化并对传统文化进行创造性地转换。让中国传统文化活起来、香起来、火起来，是基于当下的现状提出来的，也是迫在眉睫的一项伟大工程。

一、理性对待中国传统文化

一个民族如果没有自己的科技，可能会亡国；一个民族如果丧失了自己的文化，就会亡种。亡种比亡国更可怕。中国文化积淀着中华民族最深沉的精神追求，是中华民族的身份证和象征。中华优秀传统文化是中华民族的突出优势，是最深厚的文化软实力。传承和弘扬中国传统文化，一棒子打死、妄自菲薄、数典忘祖、搞历史虚无主义的做法是不行的；抱残守缺、照抄照搬、全盘吸收、大搞复古主义，也是违背历史发展规律的。

我国著名哲学家冯友兰先生曾经说过：“中国人最关切的是中国文化和文明的继续和统一。”人类的智慧或可超然于文化之外，而最终命运又必然统摄于文化之中。因此，理性地发展中国传统文化，坚守中华文化立场，增强文化自觉和文化自信，坚持用中国智慧阐述中国特色、讲述中国故事、传播中国声音是中国人的不二选择。

二、植根于民族土壤

"中华民族5000余年文化的积累，虽然其中也有糟粕、遭受过破坏，但其主体和精华仍是人们的安身立命之本"。中国传统文化着眼于和谐处理人与人、人与自然、人与社会之间的关系，其中"天人合一"的和合思想，"仁者爱人"的人本意识，"天下为公"的政治胸襟，"为天地立心，为生民立命，为往圣继绝学，为万世开太平"的理想抱负，用"礼义仁智信"铸就的民族人格，"己所不欲，勿施于人"的做人原则，"宁为玉碎不为瓦全"的民族气节，"位卑未敢忘忧国"的家国担当，"无为而无不为"的人生智慧，"天行健，君子以自强不息"的毅力意志，"地势坤，君子以厚德载物"的大度雅量，"高山流水"的深情厚谊以及"无欲则刚"的人生哲理等，都是中国传统文化中的精华。它不仅滋养了中华民族，而且成为亚洲不少国家的文化基础，并受到西方学者的青睐与赞美。18世纪以来，西方重要的思想家、哲学家、文学家如伏尔泰、卢梭、黑格尔、歌德、托尔斯泰等无一不受到中国文化的影响。英国著名哲学家罗素曾把中国传统文化称作"东方的智慧"。但不可否认的是，在数千年凝重的文化积淀中，一些消极的元素也深刻影响着中国人的思想理念和行为方式，成为人们前进路上的沉重包袱，比如，传统文化中的男女授受不亲、尊卑等级、愚孝观念，在当代早已不适用，应该摒弃。

任何文化离开对传统文化中优秀思想、智慧、品质、作风的继承，都是不可能健全发展的。在文化创新、走向现代的过程中，要善于对传统文化"取其精华，去其糟粕"，在批判继承的基础上，以一种兼容并蓄的态度创造更有朝气和活力的先进文化，不断以新的成果来充实其内容，丰富其内涵，增加其要素，使之成为具有崭新形态的、与时代相适应并反映历史走向的新文化，从而把文化传统与现代新观念聚合，并转化、升华为现实的巨大凝聚力和内驱力，使深厚的历史底蕴挥发出浓郁的时代气息。

三、加强保护和发展

任何文化的发展与创新都要坚持民族性与世界性统一的原则，既要植根于民族土壤，又要置身于宏大的世界背景中；既富有鲜明的民族特色与时代特征，又具备气度恢宏、厚德载物的宽容精神。首先，要立足于五千年的文化传统，以鲜明的时代责任感，以深厚真挚的民族情感和品质，对传统文化推陈出新，"古为今用"，从而获得洞悉现实和预见未来的透视力。比如，从中国优秀传统文化、中华传统美德中汲取养分，培育和弘扬社会主义核心价值观。其次，要使深沉的民族历史感与开放的世界眼光相结合，在中国走向世界，世界拥抱中国的交相辉映中，最大限度地吸收外来文化的营养成分以滋补自身，"洋为中用"，在继承中吸收，在开放中筛选，在批判中提高，不断摒弃保守、封闭、落后的思想，高擎起民族传统的旗帜，绽放出一簇簇古今贯通、中西合璧的绚丽火花。

四、创新传播方式

科技发展日新月异，中华优秀传统文化传承渠道在不断拓宽，传播方式在不断创新。20世纪70～90年代，以电台广播、电视授课、鉴赏辞典出版为主要方式，以解读经典为重要特征，以中央人民广播电台的名牌栏目《阅读与欣赏》为代表。世纪之交，则以文史宣讲类电视专题节目为主要形式，以央视热播为标志，以《百家讲坛》等栏目为代表。近十几年来，以电视竞赛节目和基于互联网+新媒体的节目为主要形式，以央视汉字书写、成语大会、诗词大会及《经典咏流传》《朗读者》《国宝档案》等最为成功。中国传统文化的传播方式始终与时代需求、科技进步、技术发展、人们生产生活方式、阅读习惯的改变相适应。传播的诉求、受众、效果等也因此发生了深刻的改变。大致经历了以下三个阶段：由功利性掌握知识到文化素质提升的诉求，从知识阶层到市民阶层的普及，从成年人学习到青少年的学习引导，这是一个不断进步螺旋上升的过程。尤其电视竞赛节目、新媒体节目，从迎合社会需求转变为开发、引导社会需求，体现了文化拯救的自觉。这类节目的面比较广，内容的综合性很强，观众参与性更强，海选、导师制等娱乐化手段的引入，增强了观赏性，也让传统文化轻盈、活泼亲切起来。

不忘历史才能开辟未来，善于继承才能善于创新。中华优秀传统文化是中华民族的精神基因，博大精深的中华优秀传统文化是人们在世界文化激荡中站稳脚跟的根基，抛弃传统、丢掉根本，就等于割断了自己的精神命脉。因此，要加强对中华优秀传统文化的挖掘和阐发，使中华民族最基本的文化基因与当代文化相适应、与现代社会相协调，把跨越时空、超越国度、富有永恒魅力、具有当代价值的文化精神弘扬起来，在扬弃、继承、转化、创新中传承发展优秀传统文化，不断推动中华文化现代化，创造新时代中华文化新的辉煌。

本章小结

中国著名文化学者余秋雨先生曾经说过："中国文化是一条奔流不息的大江，而不是江边的枯藤老树昏鸦。"作为延续了数千年，在世界历史上唯一没有湮灭和中断的伟大文明，其生命力之强，魅力之盛，令人感叹。当代大学生，应该自主学习中国传统文化，了解它，亲近它，感受它，自觉用中国传统文化的精华引领我们的精神培育、价值塑造以及行为规范。

习题

题库

一、选择题（1～5题为单选题；6～10题为多选题）

1. 从周公制礼作乐开始，中国文化就确立了（　）的核心理念。

A. 以人为本　　B. 以君为本

C. 以神为本　　D. 以官为本

2. （　）确定了家族统治的等级秩序。

A. 宗法制　　B. 分权制

C. 礼乐制　　D. 集权制

3. 李泽厚在比较中国文化与希伯来和日本文化的精神特征时指出，中国文化是（　）。

A. 罪感文化　　B. 耻感文化

C. 乐感文化　　D. 精神文化

4. 佛教传入中国的时间是（　）。

A. 先秦时期　　B. 秦汉时期

C. 西汉时期　　D. 两汉之际

5. 对待传统文化的未来，可取的科学态度应该是（　）。

A. 像民族虚无主义者那样全面倒向西方

B. 以科学的态度对待传统，对待现实和未来

C. 像民粹主义者那样，死守着传统不放

D. 学习西方但不脱传统底色，采取狭隘的民族态度

6. 内陆文化的特点主要有（　）。

A. 相对封闭　　B. 开放性不够

C. 扩张意识弱　　D. 守根意识强

7. 中国传统文化产生的基础有（　）。

A. 半封闭的东亚大陆地理位置　　B. 农业为主的经济生产方式

C. 血缘村社为主的聚落方式　　D. 礼乐制度

8. 中国传统文化将（　）与龙设为“四灵”“瑞兽”。

A. 虎　　B. 凤

C. 麟　　D. 龟

9. 汉代皇帝为推行孝政，赐予年龄在七十岁以上的老人以王杖。王杖上雕刻有动物，其中，（　）等动物不会被刻在王杖上。

A. 龙　　B. 虎

C. 鸠　　D. 龟

10. 宋代王安石在《元日》诗中写道：“爆竹声中一岁除，春风送暖入屠苏。”其中，“屠苏”不是（　）。

A. 酒　　B. 人名

C. 酒馆名　　D. 地点

二、思考题

“孝悌”之德对中华民族的发展具有怎样的历史意义？请说说它在 21 世纪的道德价值。

第二章　方块字之妙——汉字文化

学习目标

知识目标

1. 掌握汉字的四种造字法和两种用字法。
2. 熟悉汉字的演变过程。
3. 了解汉字所包含的文化信息。

技能目标

1. 能够具体分析简单汉字的造字法。
2. 能够正确规范使用汉字。

案例讨论

【案例】 近年来，有关汉字的综艺节目，如《中国汉字听写大会》《神奇的汉字》等深受人们喜爱。书目通过选手现场参赛和嘉宾的精彩点评传播汉字知识，带着观众徜徉在中国传统经典的海洋中，寓教于乐，彰显中华文化的魅力。

【讨论】 1. 你认为这类节目的举办意义是什么？

2. 你对汉字文化的了解有哪些？

PPT

第一节　汉字的起源假说

世界上曾经或现在使用的文字，有的像图画，有的像记号，不同的语言用相同或不同的符号来做文字。世界上最古老的五种文字是苏美尔人的楔形文字（发源于人类最早的文明之地，美索不达米亚平原即两河流域）、古埃及象形文字、美洲的玛雅文字、印度的梵文和中国的汉字，现在只有汉字在继续使用，梵文只是被学者研究使用，其他三种都早已废弃不用，因此，可以说汉字是文字中的活化石。

许慎在《说文解字》中说："盖依类象形，故谓之文；其后形声相益，即谓之字。""依类象形"，即对自然界事物进行描摹，就是"文"，这是独体；"形声相益"，形旁和声旁合体即为"字"，现在合起来叫"文字"或"字"。文字是记录语言的符号系统，汉字就是用来记录汉语的符号系统。

文字是人类社会发展到一定阶段，由于交际需要而产生的，人类在发明文字之前，普遍使用实物或图画来记事和传递信息。关于汉字起源有不少说法，其中具有代表性的说法有四种，即结绳记事说、图画说、八卦说、仓颉造字说。

一、结绳记事说

在文字产生以前，原始人类经历了一段用实物辅助记忆的漫长时期，这其中就包括“结绳记事”。结绳记事就是在绳子上打结来记事的一种原始方法。

上古结绳而治，后世圣人易之以书契。(《周易·系辞下》)

结绳为记，事大，大结其绳；事小，小结其绳。(《周易》郑玄注)

结绳只是用来记事的方法，它本身并不帮助记录语言，所以与汉字的起源没有直接的关系，只是在用符号帮助记忆的思路上结绳，和文字相似而已。

二、图画说

一般的汉字学家认为汉字起源于图画，是由图画演变而来的。古文字学家唐兰在《中国文字学》一书中就认为：“文字的产生，本是很自然的，几万年前的旧石器时代的人类，已经有很好的绘画，这些画大抵是动物和人像，这是文字的前驱。”梁东汉在《汉字的结构及其流变》一书中也认为：“图画是文字唯一源泉，余者皆非。”

先民们用图画来帮助记忆、表达思想，通常是用一幅或一组图画来表示整个语段，图形不能划分为单词，故称之为“文字画”。文字画继续发展，一个个图形与有声语言直接联系，一个图形记录语言中的一个声音与意义，这样文字画就发展为图画文字。

三、八卦说

有学者认为汉字源于伏羲所画的八卦，即乾（天）、坤（地）、震（雷）、巽（风）、坎（水）、离（火）、艮（山）、兑（泽），以八卦图［图2－1（a）］模拟八种基本物象。

依据甲骨文［图2－1（b）］字形来看八个卦象，其中的乾卦、坎卦、离卦的卦象与甲骨文字形很接近，“依类象形”而为文，且八卦符号，有形有义，当时也应该有声，初步具备了文字的形、音、义三要素，因而个别汉字起源于八卦也是可以说得通的。

（a）先天八卦图及卦象

（b）甲骨文

图2－1　先天八卦图与卦象、甲骨文

四、仓颉造字说

汉字究竟是谁创造的这个问题，在古代，流传最广、影响最深的是仓颉创字说。古代典籍中有许多关于仓颉造字的记载或引用。

好书者众矣，而仓颉独传者，壹也。（《荀子·解蔽》）

古者仓颉之作书也，自环者谓之私，背私谓之公，公私之相背也。乃仓颉固已知之矣。（《韩非子·五蠹》）

奚仲作车，仓颉作书，后稷作稼，皋陶作刑，昆吾作陶，夏鲧作城，此六人者，所作当矣。（《吕氏春秋·君守篇》）

仓颉之初作书，盖依类象形，故谓之文；其后形声相益，即谓之字。（《说文解字序》）

考古发掘殷商时期的甲骨文单字4500多个，由仓颉一个人创造发明出来不太可能。历代研究文字的学者比较一致地认为，汉字不可能是某一个人造出来的，而是由于社会交际的需要而慢慢产生的，可以说是古代先民全民造字。相传仓颉为黄帝时期的史官，他对当时的文字进行搜集、整理。他在汉字创造的过程中做了很多工作，起了重要作用，所以，被尊称为“造字圣人”。

汉字与世界上早期的文字一样，都是起源于图画和象形符号。目前为止，发现的性质明确的汉字资料，最早的是殷墟甲骨文。从已发现的约十五万片甲骨来看，甲骨文已是一种比较成熟的文字。绝大部分甲骨文片发掘于河南安阳殷墟，这些甲骨文基本是商王朝统治阶层的占卜记录。因此，历史上第一个有直接的、同时期的文字记载的王朝是商朝。

PPT

第二节　汉字的形体演变

文字是在语言基础上产生的，是依附于语言而存在的书写符号，它是形音义的结合体。汉民族祖先在长期的劳动实践中逐渐创造汉字，汉字的出现是汉民族走向文明的标志，同时，汉字本身又是汉族文化的一部分。距今有三千多年的甲骨文，在当时也已经是一种相当成熟的文字。此后，汉字的形体因书写材料的变化，总体趋于由繁到简，逐渐规范化，但因发生多次变化，故形成多种字体，具有代表性正式通用的字体先后有甲骨文、金文、小篆、隶书、楷书、草书、行书。

一、甲骨文

甲骨文指刻在龟甲和兽骨上的文字，19世纪末发现于河南省安阳县。因安阳为殷商时代的故都，所以又被称为“殷墟文字”。据考证，这些文字是商代后期统治者的占卜记录，是一种很像图画的文字。现考古发掘殷商时期的甲骨文单字有4500多个，还有2000多甲骨文未被破解识别。2017年，甲骨文成功入选《世界记忆名录》。

二、金文

金文是指铸造在钟、鼎等青铜器上的文字，所以又叫“钟鼎文”，以周代金文居多。古人谓铜为金，所以“金文”也有“铜器文字”之意。金文内容，有记作人姓名的，有记作原因和用途的，也有记载重要文献的。字数少至一两个，多至几百个不等。它是西周时期通行的字体，金文是研究西周、春秋、战国文字及历史的主要资料。

三、小篆

“小篆”又称“秦篆”。秦始皇统一六国以后，为了巩固统治，采纳丞相李斯的建议，实行“书同文”的政策，以当时秦国通行的“小篆”统一六国的文字，废掉“不与秦文合”的各种异体。

相对于甲骨文、金文，小篆不仅异体字大大减少，而且笔画渐趋简化，线条匀圆，更加符号化，结构也从此固定下来。可以这样说，汉字的定型化是从秦国统一六国文字之时开始并完成，小篆统一了汉语书面语用字，为各地文化交流、民族经济文化的发展起到积极的推动作用。自从秦朝创制的小篆通行以后，就把以前的籀文称为“大篆”。

四、隶书

隶书起源于秦朝，在东汉时期达到顶峰，书法界有“汉隶唐楷”之称。为适应书写便捷的需要，在篆书基础上产生了隶书。许慎在《说文解字》中说：“秦烧经书，涤荡旧典，大发吏卒，兴役戍，官狱职务繁，初为隶书，以趋约易。”

隶书是小篆加以简化，把小篆匀圆的线条变成平直方正的笔画，便于书写。在战国、秦、西汉初期使用的隶书，称为“秦隶”，又称为“古隶”，似篆似隶，但字形简洁明了、线条活泼规范。

西汉中期至东汉，隶书日趋成熟，被称为“汉隶”。其特点表现为：笔技更加丰富，点画俯仰呼应，笔势提按顿挫，笔画一波三磔、蚕头燕尾，字形扁方。从此汉字完全失去了象形性而符号化，汉字形体演变到了一个崭新的阶段，隶书成为古文字和今文字的“分水岭”。

五、草书、楷书、行书

东汉时代，隶书成为正规文字，而日常书写的草率隶书又成为新的手写体，由此产生草书。草书有章草、今草、狂草之分。

章草产生于汉代，是直接从隶书演变而来的，还存有隶书的“波磔之势”，带有明显的“隶意”。三国时期吴国的皇象书写的《急就章》是章草的代表作。

今草从章草演变而来，已完全失去“隶意”，每字笔画相连，上字与下字之间，也往往互相勾连。现在所说的草书就指的是“今草”，在东晋开始流行。王羲之的《游目帖》可以作为今草的代表。

狂草属于后起，为唐代张旭等人所创的一种字体。它随意勾连，且字字相连，很难辨识，因而完全失去实用价值，只能作为一种艺术作品供人欣赏。

楷书，《辞海》定义为“形体方正，笔画平直，可作楷模”，故名“楷书”。约在西汉宣帝年间已有萌芽，至东汉末年渐趋成熟。三国时代的钟繇是我国历史上第一个著名的楷书书法家，他创作的《宣示表》堪称楷书标杆。东晋王羲之则更是楷书书法家的杰出代表。楷书结构方正，笔画平直，书写简便，容易认识。较早的楷书还保存着隶书的笔法，晚期的楷书则完全没有“波磔之势”。隋唐时楷书发展成熟，从此成为应用汉字的主要形体，通行至现代，长盛不衰。

行书，就是用草书笔法写楷书。它保存楷书的形体，又受今草的影响，有草书的书写速度，又无草书潦草难认的缺点。在汉末，行书没有普遍地被应用，直至王羲之的出现，才使之盛行起来。东晋王氏父子是我国历史上最负盛名的行书名家。“书圣”王羲之的书法作品《兰亭序》可以作为行书的代表。晋宋以来，行书一直是我国人民最喜爱、最通用的一种字体。

总之，纵观汉字的形体演变共有三个明显变化：一是多种多样的写法渐渐规范化；二是汉字书写的字形慢慢简化；三是书写的笔道逐步线条化、平直化。

六、简化字

简化字也叫简体字，是简化汉字笔画而成的一种字体。所谓简化，包括两个方面：一是简化汉字的笔画，使形体由繁杂到简易。例如“龜”字，由繁体简化为“龟”，便于认识和书写。二是精简汉字的数目，淘汰异体字，如“脉”字，曾经有多个异体字，比如“脈”“衇”，中国文字改革委员会于1955年12月发布《第一批异体字整理表》只选定一个“脉”字作为正体，而把其余的字作为异体字一律停用，使文字由分歧到统一。中华人民共和国成立后，中国文字改革委员会广泛搜集、整理了群众创造的简化字，并对繁体字进行了简化。1964年，中国文字改革委员会出版发布了《简化字总表》，列入总表的简化字共计2238个，简化偏旁14个。1977年公布了《第二次汉字简化方案（草案）》，由于人们对该方案意见较多，试用不久便停止使用。1986年10月，经国务院批准国家语言文字工作委员会重新发布《简化字总表》。至此，汉字简化工作基本结束。

PPT

第三节　汉字造字法

汉字的造字法，历来有“六书”之说，现对于“六书”定名定序为：象形、指事、会意、形声、转注、假借，这是采用东汉许慎《说文解字·叙》的名称，班固《汉书·艺文志》中的次序。

“六书”是人们对汉字进行分析而归纳出来的系统，也是关于汉字构造的系统理论。有了六书系统以后，人们再造新字时，都以该系统为依据。

一、象形

许慎在《说文解字》中将象形定义为：“象形者，画成其物，随体诘诎，日月是也”。即画出事物的形状，随着物体形状的不同，利用不同的线条去勾勒它，可以“独体象形”［图2-2（a）］，也可以“合体象形”［图2-2（b）］。

作为一种最原始的造字方法，象形需要画出事物的外部轮廓。但是，由于有些实体事物和抽象事物画不出来，所以局限性很大。

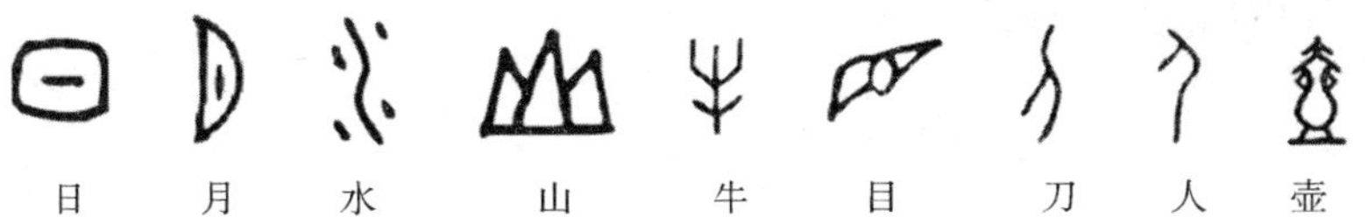

(a)独体象形字

(b)合体象形字

图 2－2　象形字

二、指事

《说文解字》将指事定义为“视而可识，察而见意，上下是也”。这是说看一眼可知道代表什么，但要仔细观察后才能明白它的意义。这类字一般都有指示符号表明字义（图 2－3）。

图 2－3　指事字

“上”“下”二字，是用纯符号来表示字义。

“亦”像一个人张开双臂，用手指着胳肢窝，本义为：两腋所在，后借来表示副词“也”，于是又给腋窝的“腋”再造了一个字“腋”。

“木”的最下端和最上端，就是“本末”两个字，“本”是树的根本，“末”是树的末梢。“朱”是在木中间加了一横，指树干或赤心木。

刀上面加一点，用来指刀上最锋利的地方，就是“刃”字。

三、会意

《说文解字》将会意定义为“比类合谊，以见指撝，武、信是也”。就是把两个或两个以上的字类比在一起，综合各个字的意义来构成新字的字义。

“武”，甲骨文为：，由“止”“戈”两个字组成，“止”是象形字，本义为脚趾头；“戈”为古代一种兵器，象形字。“止”“戈”合起来，表意为：人持戈行进，表示要动武。本义为勇猛、猛烈的意思。

“明”由“日”“月”构成；田里初生的植物为“苗”；人靠在树下休息，这是“休”。

“莫”，甲骨文为，太阳落在草丛里，指的是日落时候，本义为“日落”。

“比”，甲骨文为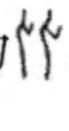，两人向右边，本义为靠近、挨着，词语“比邻而居”、成语“比肩接踵”皆用“比”的本义。

“北”，甲骨文为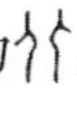，本义两人相背，背离。

会意字有两个特点，一是必须是合体字；二是必须由合体的几个字组成新的意义。通过造字法，人们一般可以分析出这个字在造字之初的意义。

四、形声

《说文解字》将形声定义为："以事为名，取譬相成。江、河是也"。形声造字法是一种能产性非常高的造字法，许慎的《说文解字》共收了9353个汉字，形声造字法创造出的文字占80%以上。现代常用汉字中90%以上的字是形声字。

"以事为名"是指确定它在万事万物中的属类，属类确定后就用表示这属类的文（或字）来作新造字的主要意义部分，也就是形旁。"取譬相成"就是根据口语取一个读音相同或相近的文或字来作新造字的标声部分，也就是声旁。形旁和声旁两个部分相辅相成构成新造的字。比如"江""河"，三点水是这两个字的意义类别，这两个字跟水有关，古代特指长江、黄河。"工""可"是表示事物的读音。这个读音是相同或相近的，当然，现代的读音与造字之初的读音有差异，这种读音差异大部分是由于语音历史变异造成的；也有一部分是由于造字时本来就是用相似的读音造成的。由于现代汉字90%以上是形声字，因此大部分汉字是形、音、义相结合的独特的方块字。

形声字通常由形旁和声旁两部分组成，形旁一般只表示事物的类别，并不表示字的具体意义，有较大的概括性；声旁大多是近似读音，因此在认字时要谨慎"汉字读半边"这一惯例。

五、转注、假借

"六书"中的象形、指事、会意、形声四种造字法能创造出新字，但转注和假借不能创造新的汉字，只是两种用字法。

《说文解字》将转注定义为："转注者，建类一首，同意相受，考老是也"。清代学者戴震、段玉裁认为转注就是互训，即意义上相同或相近的字互引解释。比如"考""老"，"考"的甲骨文为，象形字，长发倚杖老人，本义就是老。"老"的甲骨文为，象形字，长发老人。

《说文解字叙》将假借定义为："本无其字，依声托事"。"六书"里的"假借"是永借不还，一经借用，本义要另造新字或本义消亡。

"亦"，本义指人的腋窝，后来"亦"的形和音假借表示"也"的意思，于是又采用形声造字法再造一个"腋"来表示腋窝。

"它"甲骨文为，三角头，长长的身子，本义指"蛇"，后假借为代词，表示别的、另外的，于是用形声造字法造了个"蛇"字。

"我"甲骨文为，左边像一个耙子，右边是手持的柄，整个字就是一种兵器的象形，本义是一种兵器，后假借做第一人称代词，由于这种兵器现在已经不再用了，所以就没有再造字来表示这种兵器。

汉字在最开始是用象形、指事、会意的造字法，通过表意和记号来造字，然而，这样造字有很大的局限性，会出现无限多的字形，要解决这个难题，聪明的先人们找到了一条出路，采用表音方法，即借用某个字或某种事物的图形作为表音符号，来记录和这个字或这种事物的名称同音或音近的词。

知识链接

汉字性质

根据汉字的造字法可以确定汉字的性质，依据不同的标准，汉字可有不同的归类。

1. 以字符跟语言单位的音还是义相联系作为标准，汉字90%以上是形声字，形声字通常是形旁表意类，声旁与这个字的读音相同或相近，因此汉字是一种意音文字。

2. 根据与汉字字符发生关联的语言单位为标准，汉字在造字之初，一个汉字就是一个词，因此，可称之为词语文字。

第四节　汉字与中国文化

PPT

一、汉字是承载中国文化的重要工具

作为华夏文化的一个重要组成部分，汉字是华夏文化的根，是华夏民族的魂。它既是承载中华民族灿烂文化的重要工具之一，也是中国文化走向世界的重要媒介。从我国最早的历史文献汇编《尚书》，到马王堆汉墓出土的帛书和简牍这些文史典籍中，人们能够深切感受华夏民族丰富多彩的社会生活，也能探寻源远流长的文化脉络。

二、汉字形体反映华夏文化

通过研究同一汉字的不同形体，可以了解到不同时期人类对客观世界的理解和认识。比如“国”字（图2-4），最初是一个会意字，表示以戈守卫城邦；金文时城邦四周加了四条短线，表示用戈来守卫四周疆界。这说明人们的认识提高了，人们不仅有自己的城邦，而且还应与别的城邦有分界，城邦有界正是私有制的产物，“国”字加边就是私有文化的反映。“天下为公”被“天下为家”所代替。另外，通过汉字形体还可以了解古人的服饰、饮食、家族、婚姻、风俗等。

国（甲骨文）　国（金文）　国（小篆）　国（隶书）

图2-4　“国”字的形体演变

三、字谜和缺笔避讳传统

（一）字谜

通俗地说，字谜即是用汉字做谜底的谜语，在中国有悠长历史，种类繁多，变化无穷。它曾在文人雅士中流行，现在更多的是作为一种文化层次较高的娱乐活动在民间流行，受到广大群众喜爱。

根据汉字形成规律和语言拆解转化规律，拆字法、会意法是猜字谜的两大法宝，另外还有离合法、移位法、通假法等方法。

一点一横，两眼一瞪。(打一字)

又进村来。(打一字)

村前庄后。(打一字)

接一半，断一半；接起来，还是断。(猜一字)

(二) 避讳

“避讳”是古代封建社会的一种特有的文化现象。相传起源于夏商周时期，古代帝王及其祖辈的名讳，臣民百姓在文书中不可提及，在书写过程中，必须避开这个字。于是就有了缺笔避讳的方法。比如，“世”字，唐代柳公权楷书为避唐太宗李世民的“世”，而写作廿，中间少笔画。

四、独特的书法艺术和印玺艺术

(一) 书法艺术

春秋战国时期，各国文字差异很大，这是发展经济文化的一大障碍。秦始皇统一中国后，丞相李斯主持统一全国文字，这在中国文化史上是一伟大功绩。

秦代书法，开创了书法先河。李斯的《绎山石刻》，历代对其都有极高的评价。

书法艺术的繁荣期是从东汉开始的。魏晋时期，人们愈发认识到书写文字具有一种审美价值。其中最具影响力的书法家王羲之，他创作的《兰亭序》被誉为“天下第一行书”。

一直到近现代，人们都将书法作为一种艺术进行着各种审美创作。汉字书法为汉族独创的表现艺术，被誉为无言的诗、无形的舞、无图的画、无声的乐。

(二) 印玺艺术

中国的印玺发展，有很悠久的历史，在三千六百多年前的殷商时期，印玺作为一种表示身份的物件就已经开始流行在上流社会。人们在玉石、金属、木头、石头等材质上进行雕刻，因印章多用篆文刻成，故称篆刻，用作印于文件上表示鉴定或签署的文具。如“部曲将印”[图2-5(a)]、“遂久令印”[图2-5(b)]，都是官印。

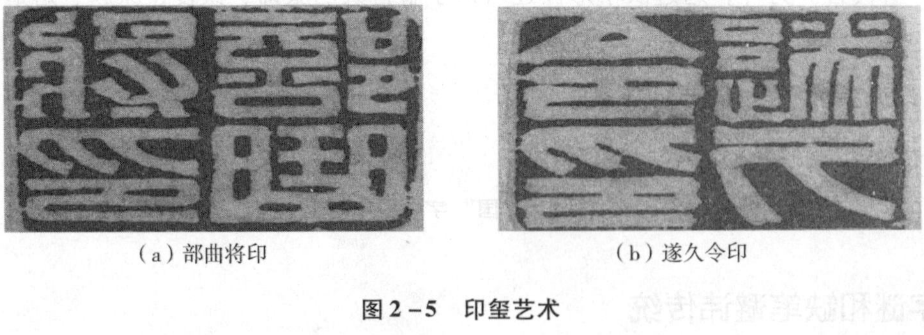

(a) 部曲将印　　(b) 遂久令印

图2-5　印玺艺术

印章的实际用途是表明身份的，是一种凭证、一种信物。但随着时代的发展，印章所包含的用途和意义已经不仅仅局限于此，篆刻与书法密切结合，形成了具有中国特色的传统印玺艺术，2009年，中国篆刻入选联合国教科文组织的《人类非物质文化遗产代表作名录》，正式成为世界级非物质文化遗产。

课堂互动

分析汉字造字法

学生思考：学习歌曲《生僻字》，找歌词，列举分析歌词中的造字法。

教师指导：魃魈魁鬾魑魅魍魉，又双叒叕，火炎焱燚，水沝淼㵘，㙓，茕茕孑立，沆瀣一气，踽踽独行，醍醐灌顶，绵绵瓜瓞，奉为圭臬，龙行龘龘，犄角旮旯，娉婷袅娜，涕泗滂沱，呶呶不休，不稂不莠，卬，咄嗟蹀躞耄耋饕餮，囹圄蘡薁觊觎龃龉，狖轭鼯轩怙恶不悛，其靁虺虺腌臜孑孓，陟罚臧否针砭时弊，鳏寡茕独一张一翕。我们中国的汉字，落笔成画留下五千年的历史……

象形：火、水、瓜；指事：一、五；会意：双、炎、森、休、比；形声：涕、莠、囹、圄；假借：不、又。

本章小结

汉字经历了漫长的发展过程，与社会文化、民族文化产生了密切的联系。在原始社会，人们在集体劳动中因相互交际的要求而产生语言，但语言储存的时间有限，时间长了容易忘记，于是原始人类在生产和生活实践中学会了运用各种物件做成符号，来帮助记忆。

随着社会的发展，从氏族到部落，到后来国家的出现，交际的地域范围越来越大，文字得到发展。中国文字是从甲骨文、金文、篆书、隶书、草书、楷书、行书一脉相承下来，它是社会文化、民族文化发展的结晶，代表着民族的自尊、自强，使整个民族成为一个文化的集合体，并且从多个方面体现中华民族的文化、信仰、风俗习惯等，使中华民族的古代文明世代相传，发扬光大。中国汉字从一个侧面反映了中华民族的文化观，也积淀着中国文化的结晶，中华传统文化依靠汉字流传得更为久远。

习题

一、选择题（1～5 题为单选题；6～10 题为多选题）

1. 请查阅资料，找出“医”的本字的造字法属于（　）。

A. 象形　　B. 指事

C. 会意　　D. 形声

2. 汉字形体演变的总趋势是（　）。

A. 由大到小　　B. 由繁到简

C. 由象形到会意　　D. 由图画到符号

3. 从汉字形体演变的历史看，打破古汉字象形的传统，奠定现代汉字基础的是（　）。

A. 小篆　　B. 楷书

C. 行书　　D. 隶书

4. “礻”作为形旁的字，它的意类为（　）。

题库

A. 表示祭祀一类　　B. 表示衣服一类

C. 表示古代礼仪一类　　D. 表示宗教一类

5. 当前要提高汉字的使用效率，首要的是（　）。

A. 继续简化汉字　　B. 促进汉字规范化

C. 实现汉字拼音化　　D. 提高汉字书写水平

6. 古代有三位学者对“六书”的名称进行解说，他们是（　）。

A. 郑众　　B. 司马迁

C. 班固　　D. 许慎

7. 清代以后，人们对于“六书”的说法，一般采用（　）的名称，（　）的次序。

A. 刘熙　　B. 许慎

C. 郑众　　D. 班固

8. 汉字创造的文化，其中包括汉字的（　）等所体现的文化内涵，以及汉字本身所包含的各种文化信息。

A. 起源　　B. 演变

C. 构形　　D. 绘画

9. 中国文字经历了漫长的发展过程，是（　）发展的结晶。

A. 宗教信仰　　B. 社会文化

C. 民族文化　　D. 法律制度

10. 属于汉字造字法的有（　）。

A. 象形　　B. 指事

C. 会意　　D. 假借

E. 形声　　F. 转注

二、思考题

为什么说汉字形体演变的总趋势是简便易写，但它的简化却又是有限度的？

第三章　取名之道——姓氏文化

学习目标

知识目标

1. 掌握姓氏的主要来源以及名、字、号之间的关系。
2. 熟悉中国人姓名所蕴含的中国文化内涵。
3. 了解姓氏的产生、发展。

技能目标

1. 能够运用取名之道分析名字。
2. 能够运用所学的知识来取名。

案例讨论

【案例】姓名尽管只是每个人特定的名称符号，但是有些人的名字还是会成为大家的谈资，比如毕夏、杜琦燕、朱逸群、夏建仁、范剑、赖月金等。

【讨论】你认为本案中哪些人名不太妥当，哪些人名取得好，为什么？

第一节　姓氏的产生与发展

PPT

微课

一、姓氏的产生

姓氏是表明某人从属于某一祖系家族的字。中国人的姓氏来源历史悠久，源远流长。

“姓氏”，是“姓”和“氏”的全称。秦代以前，作为维系宗法制度的重要标志，“姓”和“氏”是有别的，它们产生的时间有先有后，作用也不同。

“姓”，甲骨文作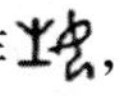，是会意字。“生”的字形像地上长出幼苗，表示植物生长；右边为“女”，合起来表示一位女子旁边有植物出生，引申为女性所生。许慎在《说文解字》中解释“姓，人所生也。古之神圣，母感天而生子，故称天子，从女从生”，所以，同一女性所生的后代即为同姓，因此许多古姓从“女”字旁。比如，姬、姜、嬴、姚、嫘、姒等。“姓”应该产生于原始社会后期的母系氏族阶段。

“氏”可能产生于母系社会向父系社会过渡阶段。“氏”，甲骨文作，形体像人手提着器皿，本义是“提”，假借为“姓氏”的“氏”。由于同一母系血统子孙的繁衍增多，其子孙分为若干支族迁往不同的地方生活，每个支族除了保留姓以外，还为自己取一个区别于其他支族的称号，这个称号就是“氏”。比如，夏王族姓姒，后来分出夏、曾、褒等氏；商王族姓子，后来分出殷、边、宋等氏；周王族姓姬，后来分出王、张、吴等氏，一个氏族分成多少个支族就有多少个氏，但姓是相同的。

二、姓氏的发展

最初阶段，姓氏的根本区别，可以从《通鉴外纪》看出：“姓者，统其祖考之所出；氏者，别其子孙之所自分。”姓代表母系血统，氏代表氏族分支。姓产生后，世代相传，一般不会改变；氏则可以改变。姓用来明血统别婚姻，即同姓不能通婚；氏则用来别子孙。随着私有制的产生，人们之间阶级地位、个人财产、男女之间的社会角色发生了变化，姓氏的功能随之具有了深厚的阶级色彩。男子称氏，不以姓相称；女子称姓无氏。氏被赋予别贵贱（即区别地位与财富）的作用。先秦时期，只有贵族男子才有氏，而且氏可以根据其封邑、官职或居住地的改变而改变。比如，人们熟知的商鞅，原是卫国公族，可称为“公孙鞅”或“卫鞅”，后来被封于商，故而称“商鞅”。普通平民没有别贵贱的必要，一般没有氏。

大约在汉代，氏作为别贵贱的的作用淡化、消失，仅作为以男子为中心的家族标志，并且逐渐取代了姓的地位，人们往往以氏为姓，姓氏逐渐合二为一。姓和氏全都叫姓，人人有姓，一直沿用下来。这就表明，后来的子孙，都是男姓血缘。从此，姓氏便成为氏族传统之纽带、团结宗族之象征，尊祖敬宗便成为几千年来中华民族的传统美德。

第二节　姓氏的主要来源

PPT

一、姓氏

中国的姓氏起源于母系氏族社会，但随着我国古代多民族不断融合，人口不断增加，姓氏也在不断发展。在《百家姓》中收入了 504 个姓，2010 年版《中国姓氏大辞典》，一共收入了 23813 个姓氏。关于姓氏的来源，学界广泛认可的主要有八种。

（一）以居住地为姓

上古时期有八大姓：姬、姚、妫、姒、姜、妘、妊、嬴。这八大姓都是女字旁，可以推测是产生于母系社会，都是以居住地为姓。姬姓，《国语·晋语》中有“黄帝以姬水成，成而异德，故黄帝为姬”。后来尧帝姓姬，后稷承继姬姓，是周朝的始祖，姚姓是从舜帝开始。舜生于姚墟。有学者认为炎帝姓姜，因炎帝生于姜水旁而得姓。秦始皇姓嬴。

除了上古的一些姓以居住地为姓外，东郭、西门、南郭、东方等姓也是来自地名。

（二）以祖先封国、封地为姓

作为万姓之祖的姬姓，在周代，周天子分封同姓国有鲁、晋（韩、魏）、燕、郑、虞、虢等；异姓国有秦、齐、楚、赵、陈等，据统计从姬姓衍生出来的姓有 411 个之多。晋姓，是由于周成王封他的弟弟唐叔于晋国而来。司马迁在《史记》中记载“桐叶封弟，玉成诸侯”，就是讲这一对兄弟和睦的典故。《叶公好龙》的主人公叶公，原本姓名叫沈诸梁，是春秋时楚国人，因被楚昭王封到叶县作县令，故称叶公。被尊为中国传统道德典范的“坐怀不乱”柳下惠，原本姬姓，鲁国的大夫，因封地在柳下而得柳姓。

（三）以官职为氏

西汉史学家、文学家司马迁，北宋政治家、史学家司马光，都姓司马，这是以官职为氏。司马是专门负责管马匹的官，因为马在中国古代的战争中占据重要地位，所以司马是非常重要的军职。除了司马，还有司空、司徒、司寇等，都是以官职为氏的。司空，相传在远古帝王少昊时就已设置，专管水利、土木工程建设，相当于当今的水利部与住建部部长。据说大禹就担任过帝尧时期的司空。大禹治水有功，建国有勋，其后裔子孙中有以先祖官职称谓为姓氏者，称司空氏。

（四）以祖先的名字、谥号为姓

这一类姓有文、武、穆、宣、简、闵等。文姓最早出自姬姓，周朝建立后，武王追谥父亲西伯为周文王，后人有以此谥号为氏者，尊周文王为文姓始祖。

（五）以排行次第为姓

自周礼以来，中国很注重长幼有序，周代以孟（伯）、仲、叔、季作为子孙的排行次序，他们的后代则可以此为姓。如“伯”“叔”姓的始祖，伯夷、叔齐因周武王灭殷商之后而“耻食周粟”，最后绝食而亡。伯夷原是炎帝后裔孤竹国君的长子，叫墨胎允，后以行次称为“伯”，其后裔子孙承袭先祖之姓氏。

（六）以职业为姓

古代手工业职业和技艺多为家族世袭，这些技艺常带有连贯性和隐秘性，因此世袭的职业和技艺就成了家族的标志，甚至成为姓氏的来源。比如，会厨艺的庖姓（成语“庖丁解牛”中的庖丁，就是以他所从事的职业加上名构成的称号）、会下棋的弈姓（弈秋，就是古代叫秋的下棋的人的姓名）、制陶的陶姓、屠宰牲畜的屠姓、巫师职业的巫姓、专司占卜的卜姓等。

（七）皇帝赐姓和避讳而改姓

皇帝常把所谓“国姓”赐给自己的功臣，以表殊荣。比如，唐代的许多开国功臣都被赐姓李。还有为避讳而改姓的，如汉文帝名为刘恒，凡恒姓因避讳而改为常氏。

（八）古代少数民族融合到汉族中带来的姓

我国是一个统一的多民族国家，古代民族融合时，由少数民族将姓氏带到汉姓中，如金庸武侠小说《天龙八部》里的慕容复，慕容姓源于鲜卑族。此外长孙、宇文、鲜于、尉迟等姓，都是民族融合带来的。

二、《百家姓》

《百家姓》是一部关于中文姓氏的作品。按文献记载，由北宋钱塘一个书生所作。原收集姓氏 411 个，后增补到 504 个。《百家姓》作为中国古代幼儿的启蒙读物，被包含在“三百千”里。“三百千”分别是指《三字经》《百家姓》《千字文》三本书。

《百家姓》采用四言体例，形式为“赵钱孙李，周吴郑王，冯陈褚卫，蒋沈韩杨……”四个姓为一句。为什么“赵钱孙李”可以成为《百家姓》前四姓呢？这是因为这本书形成于宋朝，宋朝开国皇帝赵匡胤姓赵。当赵匡胤统一北方的时候，吴越国国王钱弘俶，主动献地归顺宋朝，放弃了吴越王位，为钱家对于宋朝的贡献，也是因为作者就是吴越人，所以将钱姓排在第二位。钱弘俶的王后姓孙。吴越国的邻国南唐国王姓李，“赵钱孙李”就成了《百家姓》前四位。总的来说《百家姓》的排名并不是按人口来排的，而是按照当时姓氏的尊贵程度，也就是说按政治原因排列的。

在国家自然科学基金的支持下，2010 年由江西人民出版社正式编纂出版的《中国姓氏大辞典》，一共收入了 23813 个姓氏，目前仍在使用的中国人姓氏超过 7000 个。据第六次全国人口普查报告统计分析，人口排名前十的是姓分别是李、王、张、刘、陈、杨、赵、黄、周、吴。据研究，中国 100 个常见大姓，约占中国总人口的 85.9%，每个姓氏的背后都包含着丰富的文化。

PPT

第三节　中国人的名、字、号

一、名

古代同姓氏的人很多，为了区分彼此，便于人际交往，故取名。

名，甲骨文作，会意字，由“口”和“夕”（傍晚）（古代月和夕其实是一个字，后来才分化出来的）两部分组成。《说文解字》解释“名”为：“自命也。从口从夕。夕者，冥也。冥不相见，故以口自名。”本义兼名词和动词，名词指人的名字，动词指自己称呼自己的名字。

自古以来，中国人很讲究命名，每个人的名字都或多或少地打上了一定的时代特征或家族烙印，折射出不同时代的审美情趣和价值取向，凝聚着家族长辈的殷切期望和美好愿景。

自周朝以来，取名都有一定的规范。通常人一出生或满三个月，就由父亲或长辈为其取名。《左传·桓公六年》说到取名应遵循五个礼制，即“名有五，有信、有义、有象、有假、有类”。

（一）有信

“以生名信”是指以出生时的情况命名，即出生的时间、地点以及事件等。

1. 以出生时间命名　《红楼梦》中元春、王熙凤的女儿巧姐，这两个人的名字都是以出生时间来命名的。元春生于正月初一，这是一个“一元复始，万象更新的日子”，也是春天的开始。古人认为正月初一是个特殊而又有着非凡意义的日子，于是给这位大小姐起名“元春”。巧姐生于农历七月初七，正是乞巧节，刘姥姥就顺势取名“巧哥儿”，希望她能遇难成祥，逢凶化吉。

以出生时间来取名，还需要配合出生的天干地支与五行。这种取名方式在商代非常流行。商代社会生活单纯，当时处于农业社会早期，生活中非常重视天干地支，于是人们常常以生日命名，最突出的是三十位商王几乎全以天干为名，其他人则以地支为名。明代著名才子唐寅，从名字分析他出生于虎寅年。

出生时辰还跟五行“金木水火土”相关，而五行讲究相生相克，在科技并不发达的古代及近代，这种理论有它的生存土壤。比如一个人出生的年、月、日、时，各有天干地支相配组成生辰八字，再与五行相对，即可推算出这个人的命运。宋代往往用以五行字为偏旁的字按五行相生的顺序为后代取名，比如，南宋大学问家朱熹的“熹”从“火”，他儿子朱塾的“塾”从“土”，他的孙子朱钜的“钜”从“金”，曾孙朱渊的“渊”从“水”，这就是按火生土，土生金，金生水的顺序来命名的。这样取名的用意就是希望家族世世代代、生生不息地繁衍下去。

2. 以出生地点命名　以孩子出生地命名。出生地的范围可大可小，既可以是县、市、省名，也可以是家庭、医院、村庄名，如王沪生、廖湘生、李湘等。还有以父母原籍地起名，如陈鲁豫

（名为父母原籍的简称）。

3. 以出生时发生的事情来命名　《红楼梦》中贾宝玉因含玉而来，取名为“宝玉”。《左传·郑伯克段于鄢》中的郑伯即郑庄公，因“庄公寤生”就是出生时脚先出来，所以取名“寤生”。

（二）有义

“以德命为义”是指以通过起名的方式来表达对美好道德情操的向往。如周文王出生时有祥瑞显示，太王认为他的品德必将使周得以昌盛，因此取名“昌”。唐朝李渊的二儿子被一书生预言“必能济世安民”，于是取名为“世民”。还有以“仁、义、礼、智、信、忠、孝、恩、慧、聪、敦、厚”等表示传统美德的字为名。

（三）有象

“以类命为相”，即根据出生时身体某特征与自然界某事物相像来命名。孔子名丘，据说是孔子生下来头顶中间低而四周高，像他家乡的尼丘山之形，因此取名叫丘。春秋五霸中的晋文公，名叫重耳，应是耳朵先天畸形，有副耳因而得名。

（四）有假

“取于物为假”，假就是借，借万物之名来命名就是“假”。比如，孔子的儿子名“鲤”，是因为孔鲤出生时，国君鲁昭公送来鲤鱼，孔子以之为荣耀，就借物为儿子取名为鲤。

（五）有类

“取于父为类”，用新生儿与父亲相关的内容来命名。《左传桓公六年》载：鲁庄公与他的父亲桓公出生在同一干支，就取名为“同”。

《周礼》中“有信、有义、有象、有假、有类”五种取名方法，同时取名还有“六限”，即不以“国、官、山川、疾病、牲畜、器物礼品”命名。现今，这种“五法六限”的命名方式仍具有一定的影响力，像疾病、牲畜等，一般不用来作名。

其后，每个时代都有其取名特点，比如，魏晋一些大族喜欢把“之”字放到名当中，如书法大家王羲之、王献之，数学家祖冲之，画家顾恺之，史学家裴松之等。中华人民共和国成立初期，取名具有较强的政治色彩，很多人取名或改名为解放、建国、国庆、新华等。20 世纪 70 年代，则出现了像跃进、超英、超美、卫兵、卫东等政治色彩深厚的名。改革开放以来，人们追求个性、为标新立异，出现一批挑战传统、洋味十足的名，如丽娜、安娜、琳达、安妮，甚至还有赵 C、李 B 等。

二、字

现代生活中，人们常常先介绍姓，然后介绍名或者名字，或者姓名一起介绍，基本上没有单独来介绍字的。而有名有字的命名模式，在古代被视为一种制度延续不衰，直到近现代，文化阶层依然流行“名”与“字”并存的传统。《礼记·曲礼》中说：“男子二十冠而字”“女子十五许嫁，笄而字”，就是说男子 20 岁以后可以称呼其字，女子到了许嫁之时加“字”，未许嫁时叫“待字”，成语“待字闺中”就是这样来的。

古人命名取字，一般“因名取字”。古人有云“闻其名即知其字，闻其字即知其名”，因而，名与字有着紧密的关系。

（一）名与字意义相同或相近

三国时期蜀国名相诸葛亮，名亮，字孔明，“亮”与“明”同义；周瑜，名瑜，字公瑾，“瑜”和“瑾”都是美玉，是近义词。

（二）名与字意义相反

北宋婉约词派著名词人晏殊，字叔同，“殊”和“同”意义相反；唐宋八大家的老大韩愈，字退之，“愈”和“退”意义相反。

（三）名与字意义相关联

孔子名丘，字仲尼。相传孔子的父母祈祷于尼丘山才生下孔子，仲是排行老二，尼丘山与其名、字相关。孔子的儿子名鲤，字伯鱼，同类相关。孟子名轲，字子舆。屈原，名平，字原，由平而原。苏轼字子瞻，轼是古时的车厢前供乘车人靠或扶的横木，倚轼而望。三国时赵云字子龙，古人认为“云从龙，风从虎”，云与龙因此相关。唐代著名山水田园诗人，被称为“诗佛”的王维，字摩诘，维摩诘为梵文音译，《维摩诘经》是佛教经典。

还有用拆字法来取字的，拆字，有拆名的，有拆姓的，如老舍，原名舒庆春，字舍予，舍予是舒姓的拆分。中国武侠小说的集大成者金庸，本名查良镛，是“镛”字一分为二，成为固定笔名“金庸”。

三、号

古人在名、字之外还有“号”，“号”是中国姓氏文化中一个独特的现象。号起源很早，但流行于唐宋以后，明清时盛行。

“号”一般是有文化的人才有的，通常是自己所取，也有的是别人所赠，一般多用三个字以上。取号方式根据文人士大夫的性情、爱好、居住环境而定，以表现本人的性情理想和兴趣爱好。

因陶渊明自己著有《五柳先生传》一文，文中说“宅边有五柳树，因以为号焉”，故自号“五柳先生”。因李白生长于青莲乡，故号“青莲居士”。苏轼号“东坡居士”，这是因他曾被贬于黄州居于东坡。李清照号“易安居士”，出自陶渊明《归去来兮辞》中的“倚南窗以寄傲，审容膝之易安”。

此外，还有“谥号”，这是古代王侯将相死后被追加的称号，一般用一两个字对一个人的一生做概括性的评价，这是对历史人物盖棺定论。比如，陶渊明谥号靖节先生，欧阳修谥号文忠公，范仲淹谥号文正。

当然还有年号，这是指开国或继任君主即位时，为区别于前代皇帝而确立的纪年称号。先秦到汉初没有年号，汉武帝即位后首创年号，为建元。年号被认为是帝王正统的标志，一个政权使用另一个政权的年号，被认为是藩属、臣服的标志。一个皇帝用一个或多个年号。明清皇帝大多一人一个年号，故后世即以年号作为皇帝的称呼，清朝的顺治、康熙、雍正、乾隆、嘉庆、道光、咸丰、同治、光绪、宣统都是年号。

四、人的称呼

在中国古代，一个人身上有多个符号：名，由父辈所取；字，人成年礼后所得；号，常是自己起的。这些符号都是被用来称呼的，具体叫法有以下几种。

（一）称名法

名有卑贱的含义，一般而言，在很正式的场合、长者对幼者、尊者对卑者以及个人自谦这四种情况下用名。以名称呼，是彼此之间不太相熟或者陌生、疏远的表现。

子曰：巧言、令色、足恭，左丘明耻之，丘亦耻之。匿怨而友其人，左丘明耻之，丘亦耻之。（《论语·公冶长篇》）

句中加点的“丘”是孔子自己的谦称。

（二）称字法

“字”有表示恭敬、尊崇的意思，一般用于下对上、少对长或同辈之间。以字称呼，是彼此之间相熟、亲近和尊敬的表现。

称名还是称字是不能用反的，否则便有不敬之意。所谓“指名道姓”“直呼其名”，均含有不恭不敬之意。

夫运筹策帷幄之中，决胜于千里之外，吾不如子房。（西汉·司马迁《史记·高祖本纪》）

“子房”是张良的字，这是汉高祖刘邦对张良的评价，刘邦对张良用的是敬称。

（三）称谥号

称谥号是表示尊称，如靖节先生（陶渊明）、范文正（范仲淹）。

（四）称地名

以地名代称。柳宗元，河东人，因此称柳河东。贾谊曾被贬为长沙王，因而又称贾长沙。

才子浮生促，泉台此路赊。官卑扬执戟，年少贾长沙。（唐·卫象《伤李端》）

（五）官爵代称

杜甫，因曾任左拾遗，而称“杜拾遗”，后又出任检校工部员外郎，固而又称“杜工部”。

感我此言良久立，却坐促弦弦转急。凄凄不似向前声，满座重闻皆掩泣。座中泣下谁最多？江州司马青衫湿。（唐·白居易《琵琶行》）

唐代诗人白居易曾被贬任江州司马。

现代社会也有以官位或职位代称的，在姓氏后加上职位，比如李科长、张局长、王经理、李董事长等。

（六）谦称与贱称

古人在平时对话中常使用谦称、敬称和贱称，而且通常会有些专用词语。

鄙人不慧，将有志于世。——明·马中锡《中山狼传》（“鄙人”是谦称）

贤侄，老夫想你令尊，为国忘身，归天太早。——《说唐》第八回面来讲（“令尊”是敬称）

竖子不足与谋。——汉·司马迁《史记·鸿门宴》（“竖子”是贱称）

古代女子，以生育传宗接代为主要任务。为了防止他们同姓通婚，最看重她们的姓，要求其姓必须十分明确，但却不讲究名，因此，有名的女性微乎其微。那么，对于古代女子怎么称呼呢？

女子成婚前，用姓标明血统，在姓前加上孟（伯）、仲、叔、季来表示排行，比如，广为中国人所熟知的“孟姜女”，并不是姓孟名姜女，而是姜姓家里的长女。

女子出嫁之后，可以在姓前加自己所在国的国名。比如，周幽王的宠妃褒姒，姓姒，来自褒国。姓姜的女子来自齐国，那就叫“齐姜”。另一种情况，如果女子嫁给别国的国君或卿大夫，则在姓前加配偶的国名或氏或邑名。比如，姓姜的女子嫁给卫国国君，那就叫卫姜；姓姬的女子嫁给越地卿大夫，那就叫越姬，“越”是丈夫的邑名。这有如现在西方国家，女子出嫁，前加夫家的姓一样。

PPT

第四节　中国人的取名之道

简单来说，名字是区别于他人的代号，呼之有声，写之成形，同时这个代号还有义，这就体现出汉字的特性——汉字是形、音、义三者结合的意音文字，因此在取名时，需要从兼顾汉字的音、义、形三方面来考虑。

微课

一、音

（一）讲求抑扬顿挫、避免拗口

中国现代人的名字，一般加上姓是三个字，偶见四个字，通常名字要朗朗上口，注意平仄。常见的三个字，有八种平仄组合关系，平平平和仄仄仄这两种比平平仄、平仄平、平仄仄、仄平平、仄平仄、仄仄平六种相比律动少了些。如柳影景，是仄仄仄的格式，缺少抑扬顿挫。

双声、叠韵字也容易造成拗口，如王万文、张昌商、傅筑夫、周啸潮等，取名时要尽量避开。

（二）讲究响亮

古代一般男子的名带有阳刚之气，所以名的最后一个字声母首选塞音或鼻边音，如刘备、诸葛亮。韵母尽量是开口呼，这样读出来的声音会更洪亮一些，如张飞。

至于女子的名，在古代是不讲究的，因为她们连起名的权利都没有，在家用小名称呼，婚后往往就在丈夫的姓后加个“氏”字，作为她的终身代号。而现代女子的名则体现出其温婉娴静、心灵手巧，透着阴柔之美的一面，韵母为齐齿呼的字能体现这一点，例如林徽因。

（三）注意不当的谐音

有些人的名，表面上看非常高雅，但读起来会与另外一些不雅的词语声音相同或相似，容易成为笑谈的对象。如：陶华韵（谐音：桃花运）、何商（谐音：和尚）、蒋卫生（谐音：讲卫生）、胡礼经（谐音：狐狸精）、范统（谐音：饭桶）等。父母起名如果不慎重，很容易给儿女造成心理负担。

二、义

取名在字义选择上，讲究字的良好寓意和深刻含义。一般有以下几种方法。

（一）寄托希望

父辈通过取名来寄托对孩子的种种希望，或通过命名寄予孩子建功立业的远大志向。

如西汉的霍去病，父母希望他身体健康，长生不老。相声表演艺术泰斗马三立老先生的名“三立”，就是一种言志的表现，这名字源于《左传·襄公二十四年》：“太上有立德，其次有立功，其次有立言，虽久不废，此之谓不朽。”“立德”“立功”“立言”为“三立”。

（二）袭用古人、前人名字

袭用古人、前人名字来命名。比如，汉赋大家司马相如，年少名长卿，因仰慕战国名相蔺相如而改名。

（三）化用典故

从古代的诗文辞章中选字取意变化而成名字。中国取名有“女诗经，男楚辞，文论语，武周易”一说。

比如，朱自清，原名朱自华，他在1917年报考北京大学时改名朱自清，其典故出自《楚辞·卜居》“宁廉洁正直以自清乎”，皆在勉励自己在困境中不丧志，不同流合污，要保持清白。民国女子才女林徽因，原为“徽音”，源自《诗经》“大姒嗣徽音，则百斯男”，指太姒继承太任、太姜的美德，必能多生儿子。但常被人误认为当时一男作家“林微音”，故改名“徽因”。2015年诺贝尔医学奖获得者屠呦呦的名字源自《诗经》“呦呦鹿鸣，食野之苹。”

（四）连姓取名表达完整意思

唐代诗人孟浩然取名自“我善养吾浩然之气”。梅兰芳、何其芳、万能、舒展等都是用这种取名方法。

（五）拆字、增字、减字命名

1. 拆字　通常是将姓拆成几个字为名。如李木子、张长弓、许言午、杨木易、雷雨田、冯二马、江水工等。

2. 加减笔画　在姓字的形体上加减笔画、偏旁为名。如万方、于吁、王玉、李季、吴昊、栗粟、孙逊、谷峪等。

3. 姓名共用偏旁　如高亨、张弛、江河、崔嵬、吕品、石磊、牛犇、林木、木林森、聂耳等。

（六）合姓与四字命名法

比如，“徐徐清风、马到成功”本为四字短语，现在也有人作为姓名在用，这就是四字命名，单姓徐，后加三字名，表达出一定的意境；单姓马，加三字名寄托希望。

复姓+二字名，形成区别性强而重名率低的四字名，比如司马相如。

现在有合父母姓氏成双姓的，如父亲姓李，母亲姓叶，女儿的姓名为李叶竹影，这名字既有诗意的美感，同时重名率也低，张扬了孩子的个性。四字名大大拓展了命名的空间。

（七）外来元素命名

有一些父母为了张扬孩子的个性，吸收化用欧美元素来命名，如丁保罗、夏威夷等。

中国人取名首先是考虑名字的意义，因此取名时一定要注意名字中所包含的政治、传统文化习俗、大众心理等，这样才能是一个令人满意的名字。

三、形

在字形的选择上，大姓忌用单名，以免造成大量重名，比如，张伟、王伟、李伟等；同时还要避免使用时髦字。

课堂互动

取名之道

学生思考：

1. 下列名字是袭用哪位名人而命名的？

孔宗尼、颜美渊、周今旦、萧望何、张希良、李慕白、杜敬甫

2. 下列为朱元璋后代的名字，找找他们取名的规律。

第一代：朱标　朱棣

第二代：朱允炆　朱高炽

第三代：朱瞻基　朱文圭

第四代：朱祁镇　朱祁钰

第五代：朱见深　朱见济

教师解答：

1. 孔宗尼（孔子）、颜美渊（颜渊）、周今旦（周公旦）、萧望何（萧何）、张希良（张良）、李慕白（李白）、杜敬甫（杜甫）。

2. 第一代“木”旁，第二代“火”旁，第三代“土”旁，第四代“金”旁，第五代“水”旁，按五行相生规律取名，木生火、火生土、土生金、金生水，以希望家族世世代代、生生不息地繁衍下去。

本章小结

中华姓氏，源于上古，传续至今，在漫长的历史进程中，姓氏及其附着的文化内涵是打通古今交流通道的最好载体。中华民族的姓氏文化以一种血缘文化的特殊形式记录了中华民族的形成史。探索姓氏的过程，实际上就是在探寻中华民族先祖、家族、民族逐梦的过程，更是在探寻一种家国情怀。

习题

题库

一、选择题（1～5 题为单选题；6～10 题为多选题）

1. 陶渊明，字潜，号（　）。

A. 青莲居士　　B. 五柳先生

C. 东坡居士　　D. 易安居士

2. 请观察朱元璋后代的名字，他们是用（　）方式命名。

第一代：朱标　朱棣；第二代：朱允炆　朱高炽；第三代：朱瞻基　朱文圭；

第四代：朱祁镇　朱祁钰；第五代：朱见深　朱见济

A. 通过起名的方式来表达对美好道德情操的向往

B. 根据出生时的时间与地点来命名

C. 根据出生时身体某特征与自然界某事物相像来命名

D. 名字配合五行相生相克

3. 下列姓氏中，不以官职为氏的是（ ）。

A. 司马　　B. 司空

C. 司徒　　D. 穆

4. 请问下面句子中加点字是用（ ）来称呼的。

子曰：巧言、令色、足恭，左丘明耻之，丘亦耻之。匿怨而友其人，左丘明耻之，丘亦耻之。

A. 称字法　　B. 称名法

C. 称号法　　D. 称谥号法

5. 在取名时，应避免多音字；如果要用多音字，最好通过（ ）的办法标示读音，如“崔乐天”，通过“天”说明“乐”当读 lè，又如“孟乐章”，通过“章”说明“乐”读 yuè。

A. 连缀成义　　B. 谐音

C. 注释　　D. 其他

6. 氏在最初产生之时的作用有（ ）。

A. 明血缘　　B. 区别子孙

C. 别婚姻　　D. 别贵贱

7. 中国人取名要注意（ ）。

A. 讲求抑扬顿挫、避免拗口　　B. 忌用简单单名

C. 注意不当的谐音　　D. 讲究字的良好寓意和深刻含义

8. 为表示对人的尊敬，在称呼唐代诗人杜甫时，可以称为（ ）。

A. 杜甫　　B. 杜子美

C. 杜工部　　D. 杜拾遗

9. 周朝建立的礼制规范，在取名方面要有（ ）。

A. 信　　B. 义

C. 象　　D. 假

E. 类

10.《左传》曰“男女同姓，其生不蕃”，这说明在古代姓的作用有（ ）。

A. 别血缘　　B. 别贵贱

C. 别子孙　　D. 别婚姻

二、思考题

请结合本章学习的内容分析一下自己的名字（包括取名法、名字的含义与特别的寓意等）。

第四章　血缘之亲——伦理文化

学习目标

知识目标

1. 掌握中国传统伦理文化的基本特点。
2. 熟悉中国伦理文化的形成过程及其主要内容。
3. 了解伦理道德和伦理文化基本知识。

技能目标

1. 能够正确认识和评价中国传统伦理文化。
2. 能够形成正确的伦理道德观。

案例讨论

【案例】 2018 年 11 月，南方科技大学副教授贺建奎等人利用基因编辑技术修改了一对双胞胎婴儿的一个基因。该实验所涉及的伦理问题迅速引发公众与科学界的质疑。2019 年 12 月 30 日，贺建奎等人被判构成非法行医罪，被依法追究刑事责任。

【讨论】 你觉得基因编辑会给人类带来哪些伦理方面的危害？

PPT

第一节　伦理文化的内涵

“伦”，小篆写作，隶书写作，是个左右结构的会意字。左边站着一个人，右边为“仑”，象形字，像一根根竹片，也就是竹简，按次序有条理地聚集在一起，用牛皮绳串起来，本义就是条理、次序。因此，“伦”的本义是人与人之间的条理、次序，也就是人伦。“理”，本义治玉，后引申为条理、道理。那么，“伦理”就是指人伦秩序，即人与人相处的各种行为准则和规范。

学者一般认为伦理文化包含两部分的基本内容：一部分是理论形态，是指伦理学家概括出来的，或者由统治阶级提倡并上升为理论的道德规范；一部分是习俗形态，即那些虽然未能在理论上体现或表述出来，但在世俗生活中得到了广泛的认同，大多数人在日常生活中身体力行的习俗性规范。

PPT

微课

第二节　中国伦理文化

一、中国伦理文化的发展历程

中国古代伦理文化孕育于远古，形成于夏商周三代。春秋战国时，社会大变革时期，阶级分化和阶级斗争十分激烈而复杂，同时各种思想流派争芳斗艳，形成了“百家争鸣”的局面，为先秦时期的伦理文化流派的形成提供了丰厚的沃土。

“百家”是泛指思想流派多，但流传较广、影响较大、较为著名的思想流派。传统上关于“百家”的划分，最早源于司马谈，他在《论六家要旨》中，将“百家”首次划分为：“阴阳、儒、墨、名、法、道”六家。后来，西汉刘歆在《七略》中，又在司马谈“六家”的基础上，增加“纵横、杂、农、小说”四家，共计十家。这些不同的思想流派，尤其是儒、墨、道、法四家，对中国传统伦理文化影响深远。

（一）墨家伦理文化

墨家创始人是墨翟，“兼爱”是墨家伦理思想的核心和最高道德原则。墨家主张“爱无差等”“非攻”“尚贤”。“爱无差等”即爱人不应区别亲疏远近、尊卑上下，实际上是呼吁“爱利百姓”。“非攻”就是反对战争，认为战争没有正义与非正义的区别，战争所带来的伤害和损失巨大的，所以战争是没有意义的行为，实际上是典型的和平主义者。“尚贤”，即推荐有才能的人来管理国家，不论身份贵贱。当然，墨家还提倡节用，反对奢侈浪费等。在战争频繁，民不聊生的战国时期，墨家能够着眼并关切较为底层的平民的利益，难能可贵，闪耀着以人为本、博爱的人文主义光芒。但由于与主政者的权力和利益有所抵触，受到当时政治势力的排挤，墨家文化最终渐渐衰微。

（二）法家伦理文化

法家以管仲、子产为先驱，以商鞅、李斯、韩非子为代表。提出富国强兵、以法治国的思想。韩非子是集法家之大成者。法家强调“不别亲疏，不殊贵贱，一断于法”。法家是先秦诸子中对法律最为重视的一派，而且提出了一整套的理论和方法。这为后来建立中央集权的秦朝制定各项政策提供了有效的理论依据。此后汉朝继承了秦朝的集权体制以及法律体制，形成了我国古代封建社会的政治与法制主体。

（三）道家伦理文化

道家创始人是老子（即李耳），代表人物是庄子（即庄周）。道家提出尊崇自然，把“无为”作为道德原则，主张无知、无欲、无为，柔弱不争。老子第三章记载：“是以圣人之治，虚其心，实其腹，弱其志，强其骨。常使民无知无欲；使夫智者不敢为也。为无为，则无不治。”此处的“知”通“智”，是巧伪奸诈的心智，“无知”就是说不要有这种弄虚作假、奸诈狡猾的心思。“无欲”的意思是指不要有非分妄想的欲求、欲望。“无为”是指顺应自然、返璞归真的做法。无知、无欲是无为的具体表现。道家思想含有辩证法因素，着眼并探索自然、社会、人生之间的关系，反对战争，崇尚天性，实现无为而治。

（四）儒家伦理文化

儒家伦理文化的基本观点是以仁义道德为行为准则，认为道德高于一切。

春秋战国时期，“百家争鸣”主要集中在儒、墨、道、法四家的争论，历史学家易中天将其概括为“三大战役”。

儒墨之争，争论的焦点在是仁爱还是兼爱。儒家主张有差别、有等级的爱，墨家主张博爱。

儒道之争，争论的焦点在有为还是无为。儒家主张积极入世，强调社会责任担当；道家主张避世，强调无为而治。

儒法之争，争论的焦点在治国之道上是德治还是法治。儒家主张“仁政、德治”，法家主张法治，强调严苛刑罚。

二、儒家伦理文化的主要内容

中国传统伦理文化的思想主要来源于儒家思想，可以从儒家的道德规范体系来了解中国传统伦理文化的主要内容。

（一）儒家的“道德”范畴

《论语·述而》载有孔子教导弟子进德修业的训导：“志于道，据于德，依于仁，游于艺。”这句话的意思是，人要以道为志向，以德为根据，以仁为依靠，而游憩于礼、乐、射、御、书、数六艺之中。目标在“道”，根据在“德”，依靠于“仁”的内容，游憩于“艺”的形式。道德这一范畴在孔子这里是有分别的。“道”，就是道路，引申为途径、规则、规范、规律、道理等。“德”有以下几个方面的含义。

1. 指道德整体 比如，“为政以德，譬如北辰，居其所而众星拱之”（《论语·为政》）。

2. 指道德意识、道德境界 比如，“主忠信，徙义，崇德也”（《论语·颜渊》）。

3. 指品德、精神风貌 比如，“君子之德风，小人之德草，草上之风，必偃”（《论语·颜渊》）。

4. 指道德修养 比如，“德之不修，学之不讲，闻义不能徙，不善不能改，是吾忧也”（《论语·述而》）。孔子认为，一个有道德的人要具备两方面条件：守道与修德，即要立志学习，遵守道德规范，要有遵守规范的道德情操。

（二）以“仁”为核心的道德规范体系

“仁”是孔子伦理思想的核心，是孔子提出的最高道德原则和道德评价标准，以及最重要的道德规范及道德修养的目的。

据赵纪彬先生的《论语新探》统计，《论语》中，“仁”字在58章中出现过，在整个书中出现了105次。

儒家思想中“仁”有以下几个方面的含义。

1. 爱人是“仁”的第一要义 这也是“仁”的核心含义。

樊迟问仁。子曰：“爱人。”（《论语·颜渊》）

在儒家思想中，“人”是与己相对的他人，“爱人”是讲人与人之间的相互关系，后被孟子发展为“仁者爱人”。

《论语》中的“仁”字，往往与“人”互训，“人”与“仁”同义。比如，“观过，斯知仁矣”(《论语·里仁》);“井有仁焉”(《论语·雍也》)。这两句中,“仁”字就理解为“人”的意思。所以,《中庸》就直接解释“仁者,人也”。

儒家强调仁者爱人,对国君,对父母、兄弟及亲友等要爱,也要涉及老百姓,即“博施于民”(《论语·雍也》)。

“爱之能勿劳乎?忠焉,能勿诲乎?”(《论语·宪问》)这是对国君的爱,主张既要爱他,为他操劳;又要忠于他,向他规劝。

“孝悌也者,其为仁之本与”(《论语·学而》),这是对父母兄弟的爱。但对父母是“孝”,对兄弟是“悌”。

那么,儒家这种有差别的仁爱思想是怎么形成的呢?《周易·系辞下》说:“德不配位,必有灾殃;德薄而位尊,智小而谋大,力小而任重,鲜不及矣。”指出人德有高下,位就有尊卑,那么对人的爱自然也就有了差别。这种有差别的爱,与墨家“兼爱”思想形成差异。

2.“礼”为“仁”的表现形式 孔子是第一个把整个社会伦理规范体系集中于一体,形成了以“仁”为核心的伦理规范体系的人。礼是治国之法、立国之本、立身之基,也是人们处理人际关系、大事小情时要执行的标准。

儒家认为,“仁”应该受到礼的限制。“克己复礼为仁”,有仁德的人,要受礼的限制、约束,其行为才是善的,因此要按礼的规定去“爱人”,按尊卑、贵贱、亲疏的顺序去爱人。后来的儒学家解释为:爱有先后,爱有厚薄。对尊者、贵者、亲者,要爱在先,对卑者、贱者和血缘疏远的人,要爱在后,情感淡薄。如果以爱亲之心去爱疏,就会导致百姓非“礼”,社会伦理就会混乱。比如,君臣之间应该“君使臣以礼,臣事君以忠”(《论语·八佾》),即国君要以礼仪使用臣子,臣子要以忠心侍奉国君。君王应该成为尊礼的榜样,“上好礼,则民莫敢不敬”(《论语·宪问》)臣应该努力学礼并践行,“不学礼,无以立”(《论语·季氏》),平时“非礼勿视,非礼勿听,非礼勿言,非礼勿动”(《论语·颜渊》)。

子女对待父母应该“生,事之以礼;死,葬之以礼,祭之以礼”(《论语·为政》)。

国家用“德”与“礼”来治国,百姓就会归附。“道之以政,齐之以刑,民免而无耻,道之以德,齐之以礼,有耻且格”(《论语·为政》)。

在儒家看来,用政令、用刑法治理百姓,老百姓只求能免于犯罪受惩罚,却没有廉耻之心;用道德引导百姓,用礼制去同化他们,百姓不仅会有羞耻之心,而且有归服之心。

3.“孝悌”是实行“仁”的基础 君子务本,本立而道生;孝弟也者,其为仁之本与。(《论语·学而》)

“孝悌”是实行“仁”的基础,是仁学思想体系的根本支柱。孝自古就是中华民族的优秀传统美德,“孝”包含善事父母,友爱兄弟两层意思。

“孝”需要“敬”。

子游问孝,子曰:“今之孝者,是谓能养。至于犬马,皆能有养,不敬,何以别乎?”(《论语·为政》)意思是说,如果没有“敬”,那就只是和犬马一样侍奉人而已。所以现代汉语有“孝敬”一词,此外还有“孝顺”一说,待父母长辈要有精神慰藉。

“父在,观其志;父没,观其行;三年无改于父之道,可谓孝矣。”(《论语·里仁》)父母在世与否都秉承其志向,听从父母的教导。“三年无改父之道”的“道”是正道,而不是邪道。

“事父母几谏,见志不从,又敬不违,劳而不怨。”(《论语·里仁》)因此为人子女,不能盲目顺从父母,如果发现父母有错误,应该在萌芽阶段及时提醒,不要等父母酿成大错,才悔之晚矣。因此，对待父母的错误需婉转地劝谏。

在儒家伦理文化中，“孝”成为实行“仁”的根本，成为做人的根本。“孝”是父子关系的规范，上升为君臣关系就是“忠”，这就是“移孝作忠”。“悌”是兄弟关系的规范，扩充为上下级关系便是所谓的顺。“孝悌”可以防止犯上作乱。在孔孟时期，儒家提倡的“忠孝”，并不是愚忠愚孝，当上位者有错，是可以委婉地劝谏的。不过，后来这种忠孝被封建统治者利用变成一种毫无原则的忠孝，这是需要批判的。

4. “中庸”是实行“仁”的标准 中庸是儒家的重要思想内核，被视为个人道德修养和行为实践所应遵循的根本原则，同时也被推广为治国安邦的重要原则之一。

《中庸》：“君子之中庸也，君子而时中；小人之中庸也，小人而无忌惮也。”

按照儒家思想，中庸并不是不偏不倚，其真谛在于“时中”。“中”是指是在天地自然之道的正中运行，既不太过，又无不及，“时”是指与时势一致。君子为人处世，因“时”而“中”，因“地”而“中”，即“执中”“用中”，不拘泥，不片面，不偏激，求得适度、均衡、全面，从而求得和谐。小人则违反中庸，言行无所顾忌，会破坏和谐。应当说，中庸思想包含有积极意义的辩证因素。

5. “知”“勇”是实行“仁”的首要条件 孔子提出了关于“仁德”的三个内在标准。

《论语·子罕》：“君子道者三，我无能焉：仁者不忧，知者不惑，勇者不惧。”孔子把“知”“仁”“勇”三者联系起来，作为“能”的三要素，也是“君子”的三条内在标准。孔子非常看重“知”与“勇”，“未知，焉得仁?”（《论语·公冶长》）中“知”就是“智慧”的“智”，“知”是对道德的正确理解，对道德行为的正确选择。“仁者必有勇”（《论语·宪问》）中“勇”是无惧的品德，仁人一定勇敢。

同时，孔子也提出了“仁德”的四个外在标准。

“刚、毅、木、讷，近仁。”（《论语·子路》）

主张君子具备刚、毅、木、讷的品质，那么离仁就不远了。君子拥有了刚强、果断、坚毅、质朴、言语不轻易出口的品性，也就能够用温和、善良、恭敬、节俭、谦让的态度去对待别人。

（三）“五伦”

孔子主张“行有余力，则以学文”。孔子所提出的道德规范体系中，道德教育居于首要地位。到孟子时期则明确提出要“教以人伦”，孟子所说的“人伦”即君臣、父子、兄弟、夫妇、朋友五种人伦关系。

“父子有亲，君臣有义，夫妇有别，长幼有序，朋友有信。”（《孟子·滕文公上》）

1. “父子有亲” 父子要有骨肉之亲，孟子认为这是“仁”的表现。

事亲，事之本也。（《离娄上》）

仰足以事父母。（《孟子·梁惠王上》）

尧舜之道，孝悌而已矣。（《孟子·告子下》）

同孔子一样，孟子把“孝”作为做人的根本，看作是人的最高品德。

2. “君臣有义” 君臣要有礼义之道，这是孟子强调的又一道德规范。

君有过则谏，反复之而不听，则去。反复之而不听，则易位。（《孟子·任事篇》）

孟子认为，臣要服从国君命令，为国君服务，但又不是消极地服从，是可以劝谏君之过，多次劝谏不听可以辞职离开，甚至可以另立国君。

3. “夫妇有别”　夫妻挚爱而又内外有别，反映了孟子的“男尊女卑”的思想。

良人者，所仰望而终身也。《孟子·离娄下》

俯足以畜妻子。(《孟子·梁惠王上》)

妇女在经济上不独立，男人的责任在于“俯足以畜妻子”。

4. “长幼有序”　长幼间有尊卑之序，主要是指悌，即弟弟要尊敬顺从兄长。这反映了嫡长子继承制等宗法制度的思想。

5. “朋友有信”　朋友之间有诚信之德。

用“三纲五常”的教化来维护社会的伦理道德、政治制度，在漫长的封建社会中起到极为重要的作用。但是，到了宋、明以后，“三纲”却成为封建统治者用于奴化人民的工具，等级、名分、教化社会的观点被称作“天理”，如果违犯封建伦理纲常，即被视为“名教罪人”。这种观点一定程度上成为禁锢人们言行的桎梏，不利于人性、个性的培养与张扬。

第三节　中国传统伦理文化特点

PPT

中国传统伦理文化具有以下三个特点。

一、血缘根基

微课

中国传统的人伦关系是以血缘关系为纽带，血缘不仅是一种基本的人伦关系，而且是其他一切关系的原型。所有的人在整个社会角色中，首先是家族成员，然后才是社会公民。这种根基，造成了中国伦理文化的一些基本特色。

（一）家族为本位

社会伦理是从家族中诞生的。皇位的世袭制即是国家的政治制度，同时也是家族本位体现。根据中国古代社会常用的服制来描述，家族就是属于五服之内的、以血缘和姻亲关系组成的模式。一般宗族就是由若干五服以外共祖同姓的家庭或家族构成的。

（二）“孝悌”为核心

“孝悌”是传统道德的原点与始点，是传统道德体系的核心。它首先是一种家族道德，之后引申出社会道德乃至政治道德。“移孝作忠”，由“悌”扩充到上下级之间的关系“顺”，从而建立起整个社会的伦理关系与伦常秩序。

（三）“天下一家”的价值理念

人们习惯于由小家出发，最终归结为“天下一家”。比如，孔子认为，大同世界，人们“不独亲其亲，不独子其子”；孟子描述他的理想社会是“老吾老以及人之老，幼吾幼以及人之幼”，与孔子的大同思想是一脉相承的，都是由己及人，最后实现“老有所终，壮有所用，幼有所长，矜寡孤独废疾者皆有所养”“谋闭（指奸邪之谋）而不兴，盗窃乱贼而不作，故外户而不闭”的和谐太平盛世。

二、情理机制

中国伦理文化是以血缘、家族进而宗族为基础的，讲究“亲亲、尊尊、长长、男女有别”的亲情等级观念。与家国一体，由家及国的社会结构相应，中国伦理文化选择了情感的道路。“合情合理”成为伦理文化价值的判断标准，这里所谓的“理”，不是理性的理，而是人情之理，人伦之理。

《论语·子路》中载有这样一段话。叶公语孔子曰：吾党（乡）有直躬者（正直的人），其父攘（偷）羊，而子证之。孔子曰：吾党之直者异于是。父为子隐，子为父隐，直在其中矣。

这句话的意思是：叶公告诉孔子说，我们那里有个坦荡直率的人，他的父亲偷了羊，他便去告发了。孔子说，我们这里的人的正直与你说的这样的事不同。父亲为儿子遮掩承担责任，儿子为父亲隐讳，而正直就在这其中啊。孔子认为，“父为子隐，子为父隐”就是具有正直的品格。看来，他把正直的道德纳入“孝”“慈”的范畴之中了，一切都要服从“礼”的规定。后来人们把孔子的这个观点解释为：父子等亲人之间可以相互为对方的过错、罪行进行隐瞒甚至担责，人们把这种行为叫“亲亲相隐”，这也是从道德层面来解释的。“亲亲相隐”在今天肯定是错误的，甚至是违法犯罪的。但是，周朝礼法制度下的古代中国人为人处世，必须按照宗法、伦常与政治的要求宣泄、投射自己的情。所以，到秦汉代，即以法律形式肯定子、妻、孙等辈亲属为父母、夫、祖等尊亲进行违法隐匿的正当性，使法与情联系紧密。隋唐时期，儒家礼教纲常与法律制度融为一体，实现了情、礼与法的统一、道德与法律的融合。

三、入世取向

由家国一体的社会结构造就了伦理文化的入世取向，也体现了主流文化中的一种责任与担当。

人伦与人格是传统伦理文化的两大主轴，人格的目的是人伦，中国传统伦理文化的核心是“家国秩序”与“角色本位”。每一位家族、宗族或国家成员通过自身的修养，完成道德人格的锤炼与超越；同时，依照其角色定位，各守其位，各尽其职，按“伦”排序，按“理”行事，在家国秩序的构建中实现自己的价值。

PPT

第四节　中国传统伦理规范经典作品——《弟子规》

一、《弟子规》的来历与特点

《弟子规》原名《训蒙文》，是清朝康熙年间秀才李毓秀汇集《论语》等上古伦理经典中的文化内涵编纂而成的三言韵文。采用《论语》“弟子入则孝，出则悌，谨而信，泛爱众而亲仁。行有余力，则以学文”的文义，三字一句、两句一韵列述对弟子在家、出外、待人、接物与学习上应恪守的要求和规范。后经清朝贾存仁修订改编，定名为《弟子规》。

《弟子规》是传统伦理文化中的启蒙读物，核心思想是儒家的孝悌仁爱。从人的家族角色的规范和标准出发，进而延展到社会角色的行为规范。倡导通过在生活中学习、实践而成长为一个高尚的、有价值的、与人为善的人，最终达到家庭和睦、社会和谐。

二、《弟子规》内容

《弟子规》

清·李毓秀

弟子规，圣人训。首孝弟，次谨信。泛爱众，而亲仁。有余力，则学文。

父母呼，应勿缓。父母命，行勿懒。父母教，须敬听。父母责，须顺承。
冬则温，夏则凊。晨则省，昏则定。出必告，返必面。居有常，业无变。
事虽小，勿擅为。苟擅为，子道亏。物虽小，勿私藏。苟私藏，亲心伤。
亲所好，力为具。亲所恶，谨为去。身有伤，贻亲忧。德有伤，贻亲羞。
亲爱我，孝何难。亲憎我，孝方贤。亲有过，谏使更。怡吾色，柔吾声。
谏不入，悦复谏。号泣随，挞无怨。亲有疾，药先尝。昼夜侍，不离床。
丧三年，常悲咽。居处变，酒肉绝。丧尽礼，祭尽诚。事死者，如事生。
兄道友，弟道恭。兄弟睦，孝在中。财物轻，怨何生。言语忍，忿自泯。
或饮食，或坐走。长者先，幼者后。长呼人，即代叫。人不在，己即到。
称尊长，勿呼名。对尊长，勿见能。路遇长，疾趋揖。长无言，退恭立。
骑下马，乘下车。过犹待，百步余。长者立，幼勿坐。长者坐，命乃坐。
尊长前，声要低。低不闻，却非宜。进必趋，退必迟。问起对，视勿移。
事诸父，如事父。事诸兄，如事兄。朝起早，夜眠迟。老易至，惜此时。
晨必盥，兼漱口。便溺回，辄净手。冠必正，纽必结。袜与履，俱紧切。
置冠服，有定位。勿乱顿，致污秽。衣贵洁，不贵华。上循分，下称家。
对饮食，勿拣择。食适可，勿过则。年方少，勿饮酒。饮酒醉，最为丑。
步从容，立端正。揖深圆，拜恭敬。勿践阈，勿跛倚。勿箕踞，勿摇髀。
缓揭帘，勿有声。宽转弯，勿触棱。执虚器，如执盈。入虚室，如有人。
事勿忙，忙多错。勿畏难，勿轻略。斗闹场，绝勿近。邪僻事，绝勿问。
将入门，问孰存。将上堂，声必扬。人问谁，对以名。吾与我，不分明。
用人物，须明求。倘不问，即为偷。借人物，及时还。后有急，借不难。
凡出言，信为先。诈与妄，奚可焉。话说多，不如少。惟其是，勿佞巧。
奸巧语，秽污词。市井气，切戒之。见未真，勿轻言。知未的，勿轻传。
事非宜，勿轻诺。苟轻诺，进退错。凡道字，重且舒。勿急疾，勿模糊。
彼说长，此说短。不关己，莫闲管。见人善，即思齐。纵去远，以渐跻。
见人恶，即内省。有则改，无加警。唯德学，唯才艺。不如人，当自砺。
若衣服，若饮食。不如人，勿生戚。闻过怒，闻誉乐。损友来，益友却。
闻誉恐，闻过欣。直谅士，渐相亲。无心非，名为错。有心非，名为恶。
过能改，归于无。倘掩饰，增一辜。凡是人，皆须爱。天同覆，地同载。
行高者，名自高。人所重，非貌高。才大者，望自大。人所服，非言大。
己有能，勿自私。人有能，勿轻訾。勿谄富，勿骄贫。勿厌故，勿喜新。
人不闲，勿事搅。人不安，勿话扰。人有短，切莫揭。人有私，切莫说。
道人善，即是善。人知之，愈思勉。扬人恶，即是恶。疾之甚，祸且作。
善相劝，德皆建。过不规，道两亏。凡取与，贵分晓。与宜多，取宜少。
将加人，先问己。己不欲，即速已。恩欲报，怨欲忘。抱怨短，报恩长。
待婢仆，身贵端。虽贵端，慈而宽。势服人，心不然。理服人，方无言。
同是人，类不齐。流俗众，仁者希。果仁者，人多畏。言不讳，色不媚。
能亲仁，无限好。德日进，过日少。不亲仁，无限害。小人进，百事坏。

不力行，但学文。长浮华，成何人。但力行，不学文。任己见，昧理真。
读书法，有三到。心眼口，信皆要。方读此，勿慕彼。此未终，彼勿起。
宽为限，紧用功。工夫到，滞塞通。心有疑，随札记。就人问，求确义。
房室清，墙壁净。几案洁，笔砚正。墨磨偏，心不端。字不敬，心先病。
列典籍，有定处。读看毕，还原处。虽有急，卷束齐。有缺坏，就补之。
非圣书，屏勿视。蔽聪明，坏心志。勿自暴，勿自弃。圣与贤，可驯致。

课堂互动

古代文人的处世之道

学生思考：古代文人都有自己的处世哲学，请举例与大家分享一下。

比如：李白、杜甫、王维、苏轼等。

教师解答：儒家思想对中国社会及古代文人有着极其深远的影响，“穷则独善其身，达则兼济天下。”古代文人大都保持着自身的素养与境界。他们首选“兼济天下”作为使命和责任来实现自我价值的需要。如不能通达，那就“修身”，保持住个人节操。即使身处泥淖，也要出淤泥而不染。

同时，古代文人重视自己对社会的影响与改造，个人服从社会，因此对社会有着不可推卸的责任，这种强烈的社会责任感，使得人人充满积极进取的精神。“为天地立心，为生民立命，为往圣继绝学，为万世开太平”成为历史上一代代圣贤的光荣使命。

本章小结

中国传统伦理文化历史悠久，源远流长，在新时代又焕发出蓬勃的朝气，一个重要的原因就是中国传统伦理文化暗合了中国社会发展的客观规律。当然，中国传统伦理文化的尊卑等级、男女有别、忽视甚至限制人的个性发展等思想，无疑是中国传统伦理文化的糟粕之所在。了解和学习中国传统伦理文化，就必须坚持扬弃的态度，吸取精华，摈弃糟粕。在家族、单位、社会中，明确自我定位与角色职责，遵守道德行为规范，做一个真正对自我自信、对他人有用、对家族有情、对社会有益的人。

习题

题库

一、选择题（1～5 题为单选题；6～10 题为多选题）

1. 中国传统儒家思想是以（　）为核心的道德规范体系。

A. 仁　　B. 礼

C. 中庸　　D. 孝

2. 儒家学派与墨家学派争论的焦点是（　）。

A. 有为与无为　　B. 仁爱与兼爱

C. 德治与法治　　D. 情法与理法

3. 中国传统伦理文化是以（　）为核心。

A. 仁义　　B. 孝悌

C. 群臣　　D. 廉耻

4. “通五经贯六艺”中的“六艺”是指（　）。

A. 礼、乐、射、御、书、数　　B. 礼、乐、射、御、书、术

C. 诗、书、礼、易、乐、春秋　　D. 大学、中庸、论语、孟子、诗经、春秋

5. “达则兼济天下，穷则独善其身”是（　）说的。

A. 孔子　　B. 孟子

C. 荀子　　D. 董仲舒

6. 中国传统伦理文化的特点是（　）。

A. 血缘根基　　B. 情理机制

C. 个人自由　　D. 入世取向

7. 墨家的主要思想有（　）。

A. 仁爱　　B. 兼爱

C. 尚贤　　D. 非攻

8. 毛主席曾说过：“治国就是治吏，（　），国之四维；四维不张，国将不国。”

A. 礼　　B. 仁

C. 义　　D. 廉

E. 耻

9. “五伦”包括（　）的关系。

A. 君臣　　B. 长幼

C. 尊卑　　D. 朋友

F. 夫妇

10. “五常”是指仁、义、（　）、信。

A. 知　　B. 廉

C. 孝　　D. 礼

二、思考题

简述中国传统伦理文化与社会主义核心价值观之间的关系。

第五章　舌尖之味——饮食文化

学习目标

知识目标

1. 掌握中国饮食文化的历史及其特征。
2. 熟悉中国饮食文化的特点。

技能目标

1. 能够说出中国不同地域的菜系风味及特点。
2. 能够说出中国茶文化、酒文化所蕴含的丰富内涵。

案例讨论

【案例】“李家有女，人称子柒”，这是李子柒的简介。看过她视频的人，无一不对视频里中国式古风田园生活充满向往。她用传统手法制作各色美食：三月酿桃花酒、四月酿枇杷酒、入冬做腊肉等，将节气的美好、自然的馈赠全部倾注到美食与生活之中。李子柒田园牧歌式的生活在海外圈粉无数，激起了许多外国人对中华传统美食和文化的兴趣和热爱。2020 年 5 月 19 日，李子柒受聘担任首批中国农民丰收节推广大使，2020 年 8 月，当选第十三届全国青联委员。

【讨论】1. 你认为李子柒走红的原因是什么？

2. 你认为李子柒在国外的火爆是一种中华文化输出吗？

PPT

第一节　中国饮食文化的发展历程

饮食文化是社会物质生活水平发展到一定阶段，人们为追求饮食享受而形成的一种独特文化现象。中国的饮食孕育于古老的传统文化，根植于千家万户，其品类之繁，流派之多，做工之精，理论之妙，已经构成一道亮丽而又独特的文化风景线。

一、远古时期

远古时代，人类从野蛮的茹毛饮血阶段，进入燧人氏“钻木取火以化腥臊”的熟食阶段，从而揭开烹饪史的篇章。伏羲氏“养六畜，以充庖厨”，神农氏教民稼穑，轩辕黄帝“蒸谷为饭，烹谷为粥”，他们是中国食文化的奠基人，中华民族的饮食状况因此有了明显的改善。后来，人类发明了煮海水为盐，使饮食史由烹进入到调的阶段。

二、先秦时期

商周时期是中国饮食文化的形成时期。以谷物蔬菜为主食，烹饪技术日趋精湛。商朝政治家伊尹被传“善割烹”（《汉书》），即精通调味，发明了汤液，使美味佳肴层出不穷，被后世尊为饮食鼻祖。孔子在《论语·乡党》提出“食不厌精，脍不厌细”的主张，用“色恶，不食。臭恶，不食。失饪，不食。不是地，不食……”等十二个“不”字细化了饮食观点，比如，饮食要讲究营养、注意卫生、讲究刀工、追求调料等，成为对后世影响极大的饮食理论。秦、汉时期中原和西域饮食文化的交流，极大地丰富了人类的生活；人们追求养生与长寿，进一步促进了食疗理论的发展。

三、唐宋时期

唐宋时期是中国封建社会的繁荣时期，饮食文化进入一个新的阶段。烹饪技艺日益精湛，菜肴的品种有所增加，品位有所提高。人们追求安逸、享乐和口腹之欲，饮食上表现为大吃大喝；食物过分讲究，奢靡浪费之风盛行。

四、明清时期

明、清饮食业空前繁荣，形成饮食文化又一高峰。这一时期的饮食是唐宋食俗的继续和发展，同时又融入了满族、蒙古族饮食的特点，使饮食结构有了很大变化。烹饪技艺更加精湛，食材、菜肴品种更加丰富，器皿更加精致。寓意民族文化融合的满汉全席，精美绝伦，堪称清代饮食文化的最高水平。经典名著《红楼梦》描写过菜品“茄鲞”的做法：“才下来的茄子把皮签了，只要净肉，切成碎钉子，用鸡油炸了，再用鸡脯子肉并香菌、新笋、蘑菇、五香腐干、各色干果子，俱切成丁子，用鸡汤煨干，将香油一收，外加糟油一拌，盛在瓷罐子里封严，要吃时拿出来，用炒的鸡爪一拌就是。”一道简单的菜，食材、配料之多；制作工艺之精细令人叹为观止；《红楼梦》对备膳用的制作莲叶羹的模子的描写，则可看出清代讲究饮食与器皿的搭配。“四副做汤的银模子，都有一尺多长、一寸见方，上面凿着有豆子大小，也有菊花的，也有梅花的，也有莲蓬的，也有菱角的，共有三四十样，打得十分精巧”。虽然是文学作品，但清朝饮食的盛况由此可见一斑。

第二节　中国饮食的特点

PPT

我国地域辽阔，地理环境多样，气候条件丰富，动植物品类繁多，为饮食提供了坚实的物质基础。祖先们在漫长的生活实践中，不断选育和创造了丰富多样的食物资源。据调查，中国人吃的蔬菜有600多种，比西方多六倍。丰富的食材造就了多彩多样的饮食风味，也形成了一些鲜明的特征。

一、以谷物为主

中国人的传统饮食习俗是以植物性食料为主，即以“五谷”为主食，辅之以各种蔬菜外加少量肉食。南方主产稻米，以大米为主食；北方主产黍、稷、粟、麦、菽，以杂饭为主食；西北、北方少数民族则以肉食和乳酪为主。北方人嗜葱蒜，喜盐口重；蜀湘人嗜酸辣；粤人嗜淡，口轻；江浙人嗜糖，喜甜食。

二、以熟食为主

中国人的饮食历来以烹调精致而闻名。大约从魏晋时起，便逐渐形成了煮、烹、煎、爆、炸、卤、糟等一系列烹饪技术，并有了专门记载烹饪技术的书籍，如《食经》《随园食单》等。食品制作讲求营养与观赏并重。

三、形成聚食制饮食方式

聚食制的起源很早，从许多文化遗存的发掘中可见，古代炊间和聚食的地方是统一的，炊间在住宅的中央，上有天窗出烟，下有篝火，在火上做炊，就食者围火聚食。这种聚食习俗一直沿袭至后世。聚食制的长期流传是中国重视血缘亲属关系及家族家庭观念在饮食方式上的反映。

四、重视饮食礼仪

由于宗法观念和等级制度的影响，中国人十分注重以饮食活动来区别君臣、尊卑、长幼。中国饮食礼仪在宴会上的反映最为明显。邀客用请柬，客人来后敬茶、敬酒；宴会桌的规格要与客人地位、身份相称；入席时，以长幼、尊卑、亲疏、贵贱等排座次是宴会中的重要环节。

五、讲究色、香、味、形、器、效

对各种饮食讲究色、香、味、形、器、效并举。色就是食品的色泽看着要鲜艳，香就是食品闻着要香气浓郁，味就是食品吃着要滋味醇美，形就是食品摆放的形状和食品的外观形象要优雅，器就是盛放食品所用的容器要秀丽，效就是食品食用后的营养保健效果要优良。此外，中国古代人还有“药食同源”的观点。古人认为，药物和食物有着共同的根源，即从充饥角度看是食物，从治病角度看又是药物。唐代孙思邈所著《备急千金要方》中，把食治专立一科，收集唐代以前的食疗方剂，明确提出“食能排邪而安脏腑”，认为食物本身就有防病治病、补益人体的作用。

第三节　中国菜系

PPT

中国菜是一个总称，它是由各地区各具特色的菜系组成的，历史悠久、原料丰富、富有文化气息。我国幅员辽阔，又是一个多民族国家，各地区的自然环境、生活方式、风俗习惯等有很大差别，这是我国地方菜系形成的物质基础。所谓菜系，是指在一定区域内，因其独特的物产、气候、历史条件和饮食习俗不同，经过漫长历史演变而形成的一整套自成体系的烹饪技艺，并被全国各地所承认的地方菜。

微课

一、八大菜系

（一）鲁菜

鲁菜即山东菜，起源于春秋战国时期，成熟于三国两晋南北朝时期。鲁菜是北方菜的基础和代表，它还是御膳的重要组成部分。鲁菜由济南和胶东地方菜发展而成，以清香、鲜、味佳而著称，十分讲究清汤和奶汤的调制，清汤色清而鲜，奶汤色白而醇。济南菜的烹调方法以爆、炒、炸见长。胶东菜盛行于烟台、青岛一带，以烹制海鲜而驰名，口味以鲜为主，偏重清淡。

鲁菜的代表菜有糖醋鲤鱼、德州扒鸡、葱烧海参、油爆海螺、清蒸加吉鱼、九转大肠、清汆赤鳞鱼、清汤燕菜、锅塌豆腐等。

（二）川菜

川菜源于古代的巴国和蜀国，它是在巴蜀文化背景下形成的，唐宋时期发展迅速。明末清初，川菜用从南美引进种植的辣椒调味，使巴蜀“尚滋味”“好辛香”的调味传统进一步发展。川菜历史悠久，以成都、重庆两地风味为代表，具有用料广博、调味多样、菜式繁多的特征，也较经济实惠。川菜的特点是麻 、鱼香、味厚，注重调味，离不开“三椒”（辣椒、胡椒、花椒）和鲜姜。川菜享有“食在中国，味在四川”的美名。

川菜的代表菜有宫保鸡丁、麻婆豆腐、鱼香肉丝、灯影牛肉、毛肚火锅、干烧岩鲤、干煸牛肉丝、樟茶鸭子、怪味鸡、水煮肉片、锅巴肉片等。

（三）苏菜

江苏自古富庶繁华，人文荟萃，商业发达。远在帝尧时代，名厨彭铿因制野鸡羹供尧享用被封赏，地“彭城”（今徐州）。春秋时代，“调味之圣”易牙在江苏创制美馔“鱼腹藏羊肉”，成为“鲜”字之本。汉代淮南王刘安在江苏发明豆腐。江苏作为鱼米之乡，物产丰饶，饮食资源十分丰富。苏菜主要由金陵菜、淮扬菜、苏锡菜等流派构成，其影响遍及长江中下游广大地区。其特点是以江河湖海的水鲜为主，刀工精细，烹调方法多样，擅长炖、焖、煨、焐、炒，追求本味，清鲜平和，菜品风格雅丽，讲究造型。

苏菜的代表菜有金陵盐水鸭、三套鸭、大煮干丝、清炖蟹粉狮子头、松鼠鳜鱼、黄泥煨鸡（叫花鸡）、无锡肉骨头、虾仁锅巴、水晶肴蹄、清蒸鲥鱼、霸王别姬、羊方藏鱼等。

（四）粤菜

粤菜即广东菜。先秦时代，岭南为越族的领地，与经济文化已较发达的中原地带相比，其饮食相对粗糙。秦始皇南定百越，建立“驰道”后，南越的“越”字也渐为“粤”字所代替。粤菜是一个起步相对较晚的菜系，萌生于秦，发展于唐宋，完成于明清。粤菜由广州菜、潮州菜、东江（或称惠州）菜三大部分组成。它用料广博，菜肴新颖奇异，烹调吸收西菜制作方法，具有清鲜、嫩滑脆爽的特点。粤菜讲究清而不淡、鲜而不俗、嫩而不生、油而不腻。

粤菜的代表菜有龙虎斗、烤乳猪、东江盐焗鸡、白云猪手、爽口牛丸、沙茶涮牛肉、鲜莲冬瓜盅、广东叉烧等。

（五）浙菜

浙菜主要由杭州、宁波、绍兴三种地方风味菜组成，其中以杭州菜最负盛名。杭州菜善烹淡水鱼虾，菜肴制作精细爽脆、清雅精致的特点。近年来，新杭州名菜得到迅速发展，杭帮菜受到全国各地百姓的欢迎。宁波菜善于烹制海鲜，技法上以蒸、烤、炖见长，口味鲜咸合一，注重保持原味，鱼干制品成菜有独到之处。绍兴菜入口香酥绵，汤浓味重，富有乡村风味。

浙菜的代表菜有西湖醋鱼、东坡肉、龙井虾仁、宋嫂鱼羹、西湖莼菜汤、蜜汁火方、冰糖甲鱼、黄鱼羹、霉干菜焖肉、霉千张、清汤越鸡等。

（六）闽菜

闽菜即福建菜。闽地的祖先在开发利用本地饮食资源的同时，注意吸取外来的饮食文化，形成喜食河、海味等特点。闽菜起源于闽侯县，由福州、闽南、闽西三种地方菜构成。福州菜以烹制山珍海味著称，口味偏重甜、酸，清淡，讲究调汤；其显著特色是常用红糟调味。闽南菜则广传于厦门、泉州、漳州，接近广东潮州菜，调料讲究，善用甜辣。闽西菜则盛行于闽西客家地区，偏咸辣，多以山区奇珍异品作原料。

闽菜的传统菜有佛跳墙、淡糟炒香螺片、炒西施舌、醉糟鸡、沙茶焖鸭块、七星丸、油焖石鳞、鸡汁汆海蚌等。

（七）湘菜

湘菜即湖南菜。西汉时期，湖南的菜肴品种已达百种，从长沙马王堆汉墓出土的文物可以证明。南宋以后，湘菜自成体系已见端倪。明清两代是湘菜发展的黄金时期。湘菜主要由湘江流域（长沙、衡阳、湘潭）、洞庭湖区和湘西山区三地风味菜组成。由于湖南潮湿多雨的气候和较低的地势，人们习惯于以吃辣椒来去湿和祛风。湘菜的特点是用辣椒、熏腊制品多，口味偏重辣酸，讲究实惠。

湘菜的代表菜有麻辣仔鸡、东安鸡、腊味合蒸、吉首酸肉、炒腊野鸭条、板栗烧菜心、永州血鸭等。

（八）徽菜

徽菜是南宋时期的古徽州（今安徽歙县一带）的地方风味。徽菜主要由皖南、沿江和沿淮三地风味菜构成，以皖南菜为代表。皖南菜一向以烹制山珍野味著称，讲究火工，火大油重，保持原汁原味。沿江菜盛行于芜湖、安庆及巢湖地区，以烹调河鲜、家禽见长，善于运用烟熏技法。沿淮菜盛行于蚌埠、宿州、淮北、阜阳等地区，讲究咸中带辣，汤汁味重色浓，并习惯用香菜佐味和配色。

徽菜的代表菜有无为熏鸭、符离集烧鸡、火腿炖甲鱼、毛峰熏鲥鱼、臭鳜鱼、火腿炖鞭笋、凤阳瓤豆腐等。

二、其他地方风味菜

（一）京菜（北京菜）

北京是汉、满、蒙古、回等中华各民族人民聚居的地方，这使得北京菜具有鲜明的民族特色，同时吸收了宫廷菜、南方菜和西菜的精华。北京菜取料广泛，烹调方法独具一格，以爆、烤、涮、熘、炒最为见长。北京菜的代表菜有北京烤鸭、涮羊肉、白煮肉、炸佛手卷、烤肉、酱爆鸡丁等。

（二）沪菜

沪菜即上海菜，也叫“海派菜”。上海菜吸取广东菜、四川菜、北京菜、湖南菜、江苏菜、浙江菜等外帮菜的精华，同时又受西菜影响，善于推陈出新，富有时代气息。上海菜的代表菜有糟钵头、生煸草头、虾子大乌参、八宝鸭、枫泾丁蹄、五香烤麸、松仁鱼米等。

（三）鄂菜

鄂菜即湖北菜，又名“荆楚菜”。它主要由武汉、荆州、黄州三种地方风味菜组成，以武汉菜为代表。鄂菜工艺精致，汁浓芡亮，口鲜味醇，注重本色，以质取胜，擅长烹制淡水鱼鲜、禽畜野味，富有民间特色。鄂菜的代表菜有冬瓜鳖裙羹、清蒸武昌鱼、瓦罐鸡汤、鸡泥桃花鱼等。

（四）秦菜

秦菜即陕西菜，是我国最古老的菜系之一。秦菜有关中、陕北、汉中三种不同的风味。关中菜的特点是以猪羊肉为主要原料，料重味浓，香肥酥烂，滋味纯正。陕北菜以羊肉为主，具有一定的少数民族特色。汉中菜口味多辛辣，擅长用胡椒等调味品。秦菜的代表菜有驼蹄羹、葫芦鸡、醋芹、奶汤锅鱼、煨鱿鱼丝、带把肘子等。

（五）豫菜

豫菜即河南菜。北宋时豫菜已初具色、香、味、形、器五美，并包含宫廷菜、官府菜、寺庵菜、市肆菜和民间菜五种类型。豫菜的代表菜有糖醋软熘鲤鱼培面、桂花皮丝、清汤荷花莲蓬鸡、道口烧鸡等。

三、宫廷菜

宫廷菜是指我国历代封建帝王、后妃等享用的菜肴。我国宫廷菜主要以几大古都的宫廷菜为代表风味，有南味和北味之分。南味以金陵、临安（今杭州）、郢都为代表，北味以长安、洛阳、开封、北京、沈阳为代表。流传至今的宫廷菜主要有北京的仿膳宫廷菜、开封的仿宋菜和杭州的仿宋菜等。

北京的仿膳宫廷菜主要由山东风味，满族风味和苏、杭风味三种组成。其特点是华贵珍奇，用料广泛而稀有，菜名寓意吉祥高贵，餐具豪华独特。

河南开封是我国的历史名城，七大古都之一。从张择端的《清明上河图》可以看出汴京饮食业的高度发达。当时涌现出一批名菜、名厨和名店。开封的仿宋菜有焙面、两色腰子、烧臆子、东华鲊等。

南宋时期江南饮食业发达，杭州市的餐饮企业依据古代的烹饪文献资料，挖掘出一批著名的仿宋菜，如东坡脯、莲花鸡签、蟹酿橙等。

四、官府菜

我国历代封建王朝的许多高官极其讲究饮食，常请各地名厨为其服务，创造了许多有特色的名菜名点，形成了有一定影响的官府菜。

（一）孔府菜

孔府菜是我国最著名、最典型的官府名菜。孔府菜主要是孔子的后代秉承孔子有关饮食卫生、养生之道的理论逐步研制而成的。孔子讲究"食不厌精，脍不厌细"，这样的饮食原则对后世孔府菜和饮食观产生了极其重要的影响。孔府菜的代表名菜有诗礼银杏、一品锅、八仙过海、怀抱鲤鱼等。

（二）谭家菜

谭家菜是清末封建官僚谭宗浚家庭的菜肴，是清代家庭风味的典型代表。谭家菜的烹调讲究原汁原味，南北均宜，独创一派。谭家菜最擅长制作海味，其中以燕窝、鱼翅的烹调最为有名。民间有"戏界无腔不学谭（谭叫天），食界无口不夸谭（谭家菜）"的说法。作为北京清末的官府家庭菜，其主要名菜有清汤燕窝、黄焖鱼翅、红烧鲍鱼、扒大乌参等。

（三）随园菜

随园菜是根据清代袁枚《随园食单》这部烹饪著作总结和研制而成的。《随园食单》总结了历代名家的烹饪经验，融汇了各地饮食风味，尤其是官府家庭的名馔和风味点心300余种，可以说是官府菜的代表作。随园菜的代表菜有白玉虾圆、素燕鱼翅、雪梨鸡片、黄芪蒸鸡、鸡粥等。

（四）红楼菜

红楼菜是根据曹雪芹《红楼梦》中记述的肴馔烹制的菜肴。它是钟鸣鼎食之家贾府的菜肴，其饮食讲究豪华，代表了官府菜的风味特色。红楼菜的代表菜有火腿炖肘子、糟鹅掌、炸鹌鹑、茄鲞、银耳鸽蛋、怡红祝寿等。

知识链接

中西餐礼仪的差异

1. 上菜的顺序和摆放差异　大部分中餐按照汤、主菜、主食、餐酒或水果的顺序上菜，而西餐则大都按照开胃菜、沙拉、汤、水果、餐酒、主食、甜点和咖啡的顺序上菜。中餐在上菜时会一次性将所有的菜肴上齐，同时摆放在餐桌上，而西餐则是用完一道菜再上另外一道菜。

2. 餐具差异　中餐的餐具一般都比较简单，多以杯、盘、碗、碟、筷、匙等为主。而西餐的餐具则是五花八门，享用不同的菜肴也会使用不同的刀叉，餐具用法讲究颇多，即使是喝酒的玻璃杯，也要同所喝的酒相对应。

3. 入座座次差异　中餐用餐时的座次大都是按照长幼尊卑来定，"尚东为尊"或"面朝大门为尊"。而西餐用餐时，面对门的且离门最远的那个座位是女主人的，与女主人相对的是男主人的座位。女主人右手边的座位是第一主宾席，一般是位先生，男主人右边的座位是第二主宾席，一般是主宾的夫人。

4. 着装要求差异　除非在正式场合，中餐对于就餐者的着装要求并不高，穿着都比较随便。而西餐对于就餐者的要求比较高，特别是在高档的西餐厅，男士要穿着整洁的西装和皮鞋，并且要打领带，女士要穿套装和有跟的鞋子，无论是男士还是女士都不可穿休闲服到高档西餐厅用餐。

PPT

第四节　中国茶文化

一、茶的起源

茶文化是指在与茶有关的社会实践活动过程中形成的文化特征，即作为物质形式的茶，渗透至其他人文科学形成茶文化，并对人的精神品质和社会发挥正向功能。

相传在秦代以前，中国就已经种茶和饮茶。据《神农本草经》记载，“神农尝百草，日遇七十二毒，得荼而解之”，这里的“荼”就是古“茶”字。饮茶习惯始于巴蜀人，秦统一六国以后，这个习惯由四川传播出来。魏晋南北朝时期开始，人文饮茶逐渐兴起，17世纪以后，中国的茶叶陆续传入印度尼西亚、印度和欧美大陆，成为一种世界性的饮料。唐代是茶文化的形成时期，公元780年陆羽著《茶经》，这是唐代茶文化形成的标志。《茶经》概括了茶的自然和人文科学双重内容，探讨了饮茶艺术，把儒、道、佛思想融入饮系中，首创了中国茶道精神。唐代以后出现了大量茶书、茶诗，如《茶述》《煎茶水记》《采茶记》《十六汤品》等。在唐代形成的中国茶道分宫廷茶道、寺院茶礼、文人茶道。

明、清是茶文化的普及时期。此时已出现蒸青、炒青、烘青等茶类，茶的饮用方法已改成“撮泡法”。明代不少文人雅士留有与茶有关的传世之作，如唐伯虎的《烹茶画卷》《品茶图》，文徵明的《惠山茶会记》《陆羽烹茶图》《品茶图》等。

微课

二、茶的种类

由于我国产茶历史悠久，茶区辽阔，自然条件各异，茶树品种繁多，更因采制加工方法不同，从而形成了千姿百态、丰富多彩的茶品。人们通过长期的实践，创造并采用了不同的加工制作工艺，发展了从轻发酵、半发酵、全发酵到后发酵一系列不同的茶类，逐步形成了中国传统意义上的六大茶类，即绿茶、黄茶、白茶、乌龙茶（青茶）、红茶、黑茶。此外，花茶和砖茶也是有名的茶品。

（一）绿茶

绿茶是一种不经发酵制成的茶，叶片及汤呈绿色。中国著名的绿茶有西湖龙井、洞庭碧螺春、信阳毛尖等。绿茶是我国产量最多的一类茶叶。绿茶具有香高、味醇、形美、耐冲泡等特点，其工艺都经过“杀青—揉捻—干燥”的过程。由于加工时干燥的方法不同，绿茶可分为炒青绿茶、烘青绿茶、蒸青绿茶和晒青绿茶。

（二）黄茶

黄茶属发酵茶类，黄茶的制作与绿茶有相似之处，不同点是多了一道闷堆工序。这个闷堆过程是黄茶制法的主要特点，也是它同绿茶的基本区别。黄茶在制茶过程中，经过闷堆渥黄，因而形成黄叶、黄汤。黄茶分为黄芽茶（包括湖南洞庭湖君山银芽、四川雅安和名山区的蒙顶黄芽、安徽霍山的霍内芽）、黄小茶（包括湖南岳阳的北港毛尖、湖南宁乡的沩山毛尖、浙江平阳的平阳黄汤、湖北远安的鹿苑茶）、黄大茶（包括广东的大叶青、安徽霍山的黄大茶）三类。

（三）白茶

白茶属轻微发酵茶，具有天然香味，茶分大白、水仙白、山白等类。其中以银针白毫最为名贵，特点是遍披白色茸毛，并带银色花泽，汤色略黄而滋味甜醇。它加工时不炒不揉，只将细嫩、叶背满茸毛的茶叶晒干或用文火烘干，而使白色茸毛完整地保留下来。白茶主要产于福建的福鼎、政和、松溪和建阳等县，有“银针”“白牡丹”“贡眉”“寿眉”几种。

（四）乌龙茶（青茶）

乌龙茶是一种半发酵茶，特征是叶片中心为绿色、边缘为红色，俗称“绿叶红镶边”。乌龙主要产于福建、广东、台湾等地。一般以产地的素树命名，如铁观音、大红袍、乌龙等。它有红茶的醇厚，而又比一般红茶味浓烈；有绿茶的清爽，而无一般绿茶的涩味。其香气浓烈持久，饮后留香，并具提神、消食、解暑等功效。

（五）红茶

红茶是一种经过发酵制成的茶，叶片及汤呈红色，红茶与绿茶的区别在于加工方法不同。红茶加工时不经杀青，而是萎凋，使鲜叶失去一部分水分，再揉捻（搓成条或切成颗粒），然后发酵，使所含的茶多酚氧化，变成红色的化合物。这种化合物一部分溶于水，另一部分不溶于水而积累在叶片中，从而形成红汤、红叶。红茶主要有小种红茶、工夫红茶和红碎茶三大类。中国著名的红茶有安徽祁红、云南滇红和湖北宜红等。

（六）黑茶

黑茶属于后发酵茶，是我国特有的茶类，生产历史悠久，以制成紧压茶旦边销为主要特点，主要产于湖南、湖北、四川、云南、广西等地。主要品种有湖南黑茶、四川边茶、云南普洱茶等。其中云南普洱茶于古今中外久负盛名。

黑茶原料粗老，加工时堆积发酵时间较长，使叶呈暗褐色。黑茶原来主要销往边区，是藏族、蒙古族、维吾尔族等民族不可缺少的日常必需品。黑茶还有湖北老青茶、广西六堡茶等品种。

除以上六种茶之外，花茶和砖茶也是有名的茶品。花茶是成品绿茶之一，将香花放在茶胚中窨制而成。常用的香花有茉莉、珠兰、玳玳、玫瑰、柚花等。花茶以福建、江苏、浙江、安徽、四川为主要产地。砖茶属紧压茶，将绿茶、花茶、老青茶等原料茶蒸制后放入砖形模具压制而成，主要产于云南，四川、湖南、湖北等地，砖茶又称边销茶，主要销往边、牧区等地，属半发酵茶。

三、饮茶器具

茶具，古代也称茶器或茗器，是茶文化不可分割的重要组成部分。西汉辞赋家王褒的《僮约》有“烹茶尽具，酺已盖藏”之说，这是中国最早提到“茶具”的一条历史资料。到唐代，茶具在唐诗里随处可见，如唐代诗人白居易《睡后茶兴忆杨同州》说：“此处置绳床，旁边洗茶器。”宋、元、明这几个朝代，茶具一词在各种书籍中都可以看到。宋代皇帝常将茶器作为赐品，可见宋代茶具十分名贵。元代画家王冕《吹箫出峡图》中有“酒壶茶具船上头”的句子。

茶具狭义上是指茶杯、茶壶、茶碗、茶盏、茶碟、茶盘等饮茶用具。中国的茶具种类繁多，造型优美，除实用价值外，也有颇高的艺术价值，为历代茶爱好者所青睐。根据制作材料的不同可分为陶土茶具、瓷器茶具、漆器茶具、玻璃茶具、金属茶具、竹木茶具和玉石茶具等几大类。

四、茶的饮用方法

（一）红茶饮法

饮用红茶的方法有杯饮法和壶饮法。一般来说，工夫红茶、小种红茶、袋泡红茶和速溶红茶大多采用杯饮法，其他红茶一般采用壶饮法或袋泡饮法，以便分离茶渣。根据茶汤中是否添加调味来分类，饮用红茶的方法分为清饮法和调饮法。中国大多数地方习惯清饮法，不加调味品。欧美国家的人则普遍采用调饮法，爱饮牛奶红茶，即在泡好的红茶汤中加入牛奶和白糖调和后饮用。

（二）绿茶饮法

在中国，高级绿茶一般用透明的玻璃杯冲泡，以显出茶叶的品质特色，便于欣赏。眉茶、珠茶采用瓷质茶杯冲泡，可以得到比较浓厚的茶汤。中国的绿茶销往世界各国，各国的饮法与中国不同。例如，摩洛哥、毛里塔尼亚、阿尔及利亚、马里等国家的人们取茶入壶熬煮，再加入两三枝新鲜薄荷叶和适量白糖与茶同煮。

（三）乌龙茶品饮法

乌龙茶的泡饮方法十分讲究。茶具配套，小巧精致，称为“四宝”，即玉书碨（开水壶）、潮汕炉（火炉）、孟臣罐（茶壶）、若琛瓯（茶杯）。品饮乌龙茶时，先用玉书碨煮水，后用沸水烫热孟臣罐和若琛瓯，再把乌龙茶放入罐内，茶量约占罐容量的十分之六七，冲入开水再用水在盖上淋浴，把若琛瓯热。半分钟后，把茶汤均匀地倾入杯里，通常一壶茶分注四杯，每杯先倾一半，周而复始，使每杯茶汤气味均匀。慢慢品啜，回味悠长，满口生香。

（四）花茶饮法

花茶是饱含天然花香的茶叶。一位外国著名诗人在品尝中国花茶之后，写下了这样美妙的诗句：“在中国的花茶里，我闻到了春天的气息。”泡饮花茶多用瓷杯，取一撮花茶置于杯内，用沸水冲泡，四五分钟后，即可品饮。但需注意防止香气的散失，选用白瓷、有盖的茶杯，可保持花茶的芳香。

（五）特殊饮法

我国古代用茶叶煮作羹饮或作为菜肴，现在我国一些少数民族地区至今还留存了几种茶叶特殊饮用法，如烤茶（爆冲茶），云南普洱、勐海一带的各族人民习惯饮烤茶，将空瓦罐置于火塘上烤烫，随即取一把晒青茶叶放入罐内，待茶叶全烤成黄色化发出焦香、并发出爆声时冲水煎熬，注入茶盅品饮。烤茶带有焦香味，汤色清黄，滋味醇和回甜，令人陶醉。

五、茶道

我国早在唐代就有了“茶道”这个词。尽管“茶道”一词至今已使用了一千多年，但至今没有一个科学的、准确的定义。1977 年，谷川激三先生在《茶道的美学》一书中，将茶道定义为：以身体动作作为媒介而演出的艺术。它包含了艺术的因素、社交因素、礼仪因素和修行因素等四个方面。目前，日本普遍认为其茶道的精神是村田珠光提出的“和、敬、清、寂”。

中国人的民族特性是崇尚自然，朴实谦和，不重形式。饮茶亦如此，不像日本茶道具有严格的仪式和浓厚的宗教色彩。台湾中华茶艺协会第二届大会通过的茶艺基本精神是“清、敬、怡、真”。台湾教授吴振铎解释，“清”是指“清洁”“清廉”“清静”“清寂”。茶艺的真谛不仅要求事物外表之清，更需要心境清寂、宁静、明廉、知耻。“敬”是万物之本，敬乃尊重他人，对己谨慎。“怡”是欢乐怡悦。“真”是真理之真，真知之真。

我国大陆学者对茶道的基本精神有不同的理解，其中最具代表性的是茶业界泰斗庄晚芳教授提出的“廉、美、和、敬”。庄老将其解释为：“廉俭育德，美真康乐，和诚处世，敬爱为人。”

“武夷山茶痴”林治先生认为“和、静、怡、真”应作为中国茶道的四谛。因为“和”是中国这茶道哲学思想的核心，是茶道的灵魂；“静”是中国茶道修习的不二法门；“怡”是中国茶道修习实践中的心灵感受；“真”是中国茶道终极追求。

六、茶艺

茶艺是茶道的基础，是茶道的必要条件，茶艺可以独立于茶道而存在。茶道以茶艺为载体，依存于茶艺。茶艺与茶道结合，艺中有道，道中有艺，是物质与精神高度统一的结果。

广义的茶艺是研究茶叶的生产、制造、经营、饮用的方法和探讨茶艺的原理、原则，以达到物质和精神全面满足的学问，狭义的茶艺指泡好一壶茶的技艺和享受一杯茶的艺术。茶艺主要包括以下六个方面的内容。

第一，茶叶的基本知识。学习茶艺，首先要了解和掌握茶叶的分类、各茶的品质特点、制作工艺，以及茶叶的鉴别、贮藏、选购等内容。

第二，水的基本知识。学习茶艺，必须懂得水，茶性必发于水。

第三，茶艺的技术。是指茶艺的技巧和工艺，包括茶艺术表演的程序、动作要领、讲解的内容，茶叶色、香、味、形的欣赏，茶具的欣赏与收藏等内容。这是茶艺的核心部分。

第四，茶艺的礼仪。是指服务过程中的礼貌和礼节。包括服务过程中的仪容仪表、迎来送往、互相交流与彼此沟通的要求与技巧等内容。

第五，茶艺的规范。茶艺要真正体现出茶人之间平等互敬的精神，因此对宾客都有规范的要求。作为客人，要以茶人的精神与品质去要求自己，投入地去品茗赏茶。

第六，悟道。道是指一种修行，一种生活的道路和方向，是人生的哲学，道属于精神的内容。悟道是茶艺的一种最高境界，是通过泡茶与品茶去感悟生活，感悟人生，探寻生命的意义。

第五节　中国酒文化

PPT

一、酒的起源

在中华民族悠久的历史长河中，酒文化作为一种特殊的文化形式，在中国传统文中有着独特的地位，几乎渗透到社会生活的各个领域中，成为人类表达情感和相互交流沟通的媒介。关于酒的来历，民间有很多种说法，如“上天造酒说”“猿猴造酒说”“仪狄造酒说”。不过，大多数人熟悉的还是“杜康造酒说”。古书记载：“（杜康）有饭不尽，委之空桑，郁绪成味，久蓄气芳，本出于代，不由奇方。”意思是说，杜康将未吃完的剩饭放置在桑园的树洞里，剩饭在树洞中发酵，有芳香的气味传出。这就是酒的做法，杜康就是酿酒之祖。曹操在《短歌行》中写道：“何以解忧？唯有杜康。”自此之后，人们大多认为酒就是杜康所创。

二、酒德与酒礼

酒德，即酒行为的道德，它是与酒礼互为表里的。古人认为，酒德有凶和吉两种。《孔氏传》云：“以酒为凶谓之酗，言纣心迷政乱，以酗酒为德，戒嗣王无如之。”故首先提出“酒德”概念的周公提倡“毋彝酒”，即不要酗酒。《礼记》对君子饮酒做出制度性约束：“君子之饮酒也，受一爵而色酒如也，二爵而言言斯，三爵而油油以退。”此谓“三爵之礼”孔子曾提出“唯酒无量，不及乱”，就是说各人饮酒的多少没有什么具体的数量限制，以饮酒之后神志清晰、形体稳健、气血安宁、皆如其常为限度。战国时期的名医扁鹊就说：“久饮酒者溃髓蒸筋，伤神损寿”。唐朝“药王”孙思邈曰：“空腹饮酒多患呕逆”。明代大家李时珍也说：“过饮不节，杀人顷刻”。现代医家还总结了不少饮酒的科学方法。总之，制止滥饮，提倡节饮，文明饮酒，科学饮酒，这就是中国酒文化所提倡的饮酒之德。

酒礼即喝酒时的礼节礼仪。我国古代饮酒有以下一些礼节：主人和宾客一起饮酒时，要相互跪拜。晚辈在长辈面前饮酒，叫侍饮，通常要先行跪拜礼，然后坐入次席。长辈命晚辈饮酒，晚辈才可举杯；长辈酒杯中的酒尚未饮完，晚辈也不能先饮尽。古代饮酒的礼仪约有四步：拜、祭、啐、卒爵。就是先做出拜的动作，表示敬意，接着把酒倒出一点在地上，祭谢大地生养之德；然后尝尝酒味，并加以赞扬令主人高兴；最后仰杯而尽。在酒宴上，主人要向客人敬酒，客人要回敬主人，敬酒时还要说上几句敬酒辞。客人之间相互也可敬酒。敬酒时，敬酒的人和被敬酒的人都要“避席”，起立。普通敬酒以三杯为度。

三、酒与文学的不解之缘

自古以来，中国的酒不仅是一种饮品，更是一种精神、一种文化。酒神精神以道家哲学为源头。庄周主张，物我合一，天人合一。庄周倡导“乘物而游”“游乎四海之外”，宁愿做自由地在烂泥塘里摇头摆尾的乌龟，而不做受人束缚的昂首阔步的千里马。在艺术的王国中，酒的精神无所不往。第一“醉鬼”刘伶在《酒德颂》中有言：“有大人先生，以天地为一朝，万期为须臾，日月有扃牖，八荒为庭衢。”

酒与诗有着不解之缘，历代诗人所留下的作品当中，酒的影子随处可见。陶渊明把诗、酒、田园结合在一起，并从其中寻求人的本真，也即人的本性。他在《饮酒》诗中说：“山气日夕佳，飞鸟相与还。此中有真意，欲辩已忘言。”

李白与朋友喝酒反客为主，“五花马，千金裘，呼儿将出换美酒，与尔同销万古愁”，孤独时“花间一壶酒，独酌无相亲。举杯邀明月，对饮成三人”。连杜甫都说，“李白斗酒诗百篇，长安市上酒家眠，天子呼来不上船，自称臣是酒中仙”。苏轼在《和陶渊明〈饮酒〉》中写“俯仰各有志，得酒诗自成”。杨万里说，“一杯未尽诗已成，涌诗向天天亦惊”。南宋政治诗人张元年说，“雨后飞花知底数，醉来赢得自由身”。甚至女词人李清照，所留下的词作当中也随处可见酒的影子：“常记溪亭日暮，沉醉不知归路。”

不仅诗如是，在中国绘画和书法艺术中，酒神的精灵更是活泼万端。画家中，“吴带当风”的画圣吴道子，作画前必酣饮大醉方可动笔，醉后为画，挥毫立就。“书圣”王羲之醉时挥毫而作《兰亭序》，“遒媚劲健，绝代所无”，而至酒醒时“更书数十本，终不能及之”。

课堂互动

学生思考：1. 你吃过的名菜有哪些？说说其各自的特点。

2. 中国有哪六大茶类，分别有哪些代表茶？

教师解答：1. 略 。

2. 绿茶（西湖龙井、洞庭碧螺春、信阳毛尖），黄茶（洞庭湖君山银针、霍山霍内芽、广东大叶青），白茶（福建银针、白牡丹、贡眉、寿眉），乌龙茶（铁观音、大红袍、乌龙），红茶（安徽祁红、云南滇红和湖北宜红），黑茶（湖南黑茶、四川边茶、云南普洱茶）。

本章小结

中国的饮食文化可谓博大精深，源远流长。中华民族崇尚“天人合一”，在饮食上构成了“以食表意、以物传情”的特点。中国人极讲究吃，在烹饪时不仅仅注重食物的内在品质，也注重菜式的外在美观。中国的茶与酒，同样蕴含着中国人的人生智慧与处世哲学。

习题

题库

一、选择题（1～5 题为单选题；6～10 题为多选题）

1. 提出“ 食不厌精，脍不厌细……色恶，不食，臭恶，不食。失饪，不食，不时，不食。割不正，不食，不得其酱，不食”的是（　）。

A. 《论语》　　B. 《道德经》

C. 《诗经》　　D. 《大学》

2. 以辣、酸、麻出名，菜式离不开“三椒”（辣椒、胡椒、花椒）和鲜姜的是（　）。

A. 湘菜　　B. 川菜

C. 闽菜　　D. 徽菜

3. 下列菜品属于闽菜的名菜是（　）。

A. 龙虎斗　　B. 佛跳墙

C. 东坡肉　　D. 霸王别姬

4. 茶的故乡在（　）。

A. 日本　　B. 中国

C. 印度　　D. 巴西

5. 《茶经》的作者是（　）。

A. 陆羽　　B. 神农氏

C. 有巢氏　　D. 共工氏

6. 中国传统饮食文化发展大致分为（　）阶段。

A. 原始社会　　B. 先秦

C. 秦唐　　D. 宋元明清

7. 中国饮食的特点有（ ）。

A. 以谷物为主　　B. 以熟食为主

C. 重视饮食礼仪　　D. 讲究色、香、味、形、器、效

8. 下列属于八大菜系的有（ ）。

A. 湘菜　　B. 鲁菜

C. 川菜　　D. 苏菜

9. 中西餐礼仪的区别有（ ）。

A. 上菜的顺序和摆放差异　　B. 餐具差异

C. 入座座次差异　　D. 着装要求差异

10. 属于中国传统六大茶类的有（ ）。

A. 绿茶　　B. 黄茶

C. 白茶　　D. 黑茶

二、思考题

若向世界推介中国饮食文化，你有哪些好的方法？简单说一说。

第六章　三教之偕——宗教文化

学习目标

知识目标

1. 掌握中国主要宗教的基本教义对中国文化及个人的影响。
2. 熟悉宗教的本质。
3. 了解世界三大宗教及中国本土宗教的基本知识。

技能目标

正确认识宗教的本质，树立正确的世界观和价值观。

案例讨论

【案例】 唐代禅师在一棵古树上筑了一个形似鸟巢的住所结庵栖身，观人生，察世象，寻找生命哲学的真谛，被人称为“鸟巢禅师”。白居易为官杭州时，曾向鸟巢禅师问道。大师说了八个字：“诸恶莫做，众善奉行。”白居易听后很受启发：为人为官之道，不仅要知善，重要的是行善。于是勤政爱民，创下不少佳绩。

【讨论】 1. 你认为鸟巢大师所说的“善”与中国传统文化的哪些内容是相融合的？

2. 邪教与宗教的本质区别是什么？当代大学生应该怎样同邪教做斗争？

PPT

第一节　宗教的本质

一、宗教的定义

大部分学者认为，宗教是关于超人间、超自然力量的一种社会意识，以及因此而对之表示信仰和崇拜的行为，是综合这种意识和行为并使之规范化、制度化的社会文化体系。宗教对上帝、神道、精灵等超人间力量加以信仰和崇拜，并以这种信仰和崇拜支配生活方式并规范自身行为。

二、宗教的基本要素

宗教的基本要素包括教义、教仪、教团等。

（一）教义

宗教的教义即宗教的思想观念和感情体验，是宗教所信奉的义理。不同的宗教对生命、宇宙的认识和解释各有不同，那么，他们所信奉和宣扬的教义自然也就不同。比如，基督教认为人生而有罪，而佛教认为人生而是苦的，苦的根源在于人的贪嗔痴念，强调人有三生三世、因果轮回等。

（二）教仪

宗教需要有宗教的崇拜行为及礼仪规范，这就是教仪。基督教通常要求信众每周日做礼拜，包括祈祷、读经、唱诗、讲道等。佛教讲究“三皈五戒”。“三皈”指的是皈依佛、法、僧三宝；“五戒”指的是戒杀生、偷盗、邪淫、妄语、饮酒五种行为。

（三）教团

教团即宗教的教职制度和社会组织。每种宗教都有自己的崇拜对象，如佛教的释迦牟尼、伊斯兰教的安拉、基督教的耶稣等。每种宗教都有可见的外在形式，如佛教的寺庙、基督教的教堂、伊斯兰教的清真寺等，教团为信众提供活动场所，使得缥缈的神灵有了物质存在的形式。

宗教的教义、教仪和教团三要素常常通过文化、艺术、哲学、道德的形式表现出来，因此，宗教与文化、艺术、哲学、道德，甚至与政治、经济等之间，都有着相当密切的关系。

PPT

第二节　中国主要宗教

原始社会时期，氏族部落在神灵的崇拜上各有差异，形成自发的原始宗教。到了阶级社会，由于社会利益的不同和信仰上的差异，产生了不同宗教或教派，从而形成了各种不同的宗教组织。为了对外表现不同和对内表示认同的需要，便相应地把本教的基本宗教观念教义化、信条化，并建立与教义相适应的各种戒律规范和教会生活制度，把信仰者纳入共同的组织体制，规范他们的信仰和行为。

世界上最古老的宗教有五种，按照产生的时间先后顺序分别是印度教、犹太教、佛教、基督教和伊斯兰教。中国是一个多宗教国家，中国信众所信奉的宗教主要有佛教、伊斯兰教、基督教、天主教，再就是中国本土宗教道教。

一、儒家思想与宗教

微课

宗教作为一种信仰，中国的儒家思想是不是宗教，到现在还没有定论。

持反对意见的学者认为孔子本身是不赞成宗教的，孔子很少谈论怪异、暴力、变乱、鬼神。

子不语怪力乱神。（《论语·述而》）

季路问事鬼神。子曰：未能事人，焉能事鬼？曰：敢问死？曰：未知生，焉知死？（《论语·先进》）

季路问事鬼神一事，孔子把“事人”看得比“事鬼”更为重要，这显然出乎季路的意料，于是追问孔子对死亡的看法。孔子用同样的方式以“焉知”拒绝讨论。孔子不信鬼神这些超自然的力量，因此，儒学本身是否定宗教的。

樊迟问知。子曰：务民之义，敬鬼神而远之，可谓知矣。（《论语·雍也》）

天道远，人道迩，非所及也，何以知之？（《左传·昭公·昭公十八年》）

但是持肯定意见的学者认为儒家思想中推崇“敬天事鬼神”之礼。天就是宇宙的最高主宰者。宗教一般认为宇宙有一个主宰者，称为“帝”或者“天”，属于一种超自然的神力。因此认为儒家思想属于宗教。

孔子的天命观更多的是一种道德支撑，而非宗教信仰。据统计，《论语》记录孔子“论天”12次，“论命”5次。孔子的天命观源于周朝的祭祀宗族礼仪。孔子对待鬼神的态度十分理性。孔子时代的鬼神偏指“鬼”，而这个“鬼”就是指已故亲人祖先的亡魂。所以这些鬼神，原本就是可亲可敬之人。孔子对于鬼神以敬为主，依照礼法祭祀，而不盲目迷信和绝对服从。从这个意义上讲，鬼神可敬在孔子的思想体系中更多的是作为先祖前人而产生的，是一种礼仪宗法上的要求，而不是含有宗教迷信色彩的供奉。

在孔子的天命观中，“天”是有判断力和意志的，可以对人的行为形成约束和教化。孔子说，人“三十而立，四十而不惑，五十而知天命”。“知天命”这样的大事，只有像尧这种身份、才能、仁德的至善之人才可了解一二。作为平民或者是普通君子，能力德行都不足以理解天命，就只需要知道他存在，敬畏他的存在，从而规范自身行为，以天的仁德来约束自身的行为，符合仁礼，那么天命自然会护佑的。

孔子畏天命，敬畏的不是天之神力，而是天的至善至仁。可以说，孔子的思想不是用宗教信仰来约束人，而是通过思想伦理道德来要求人。经历2500多年积淀，孔子的教诲对中华民族的道德与行为产生了深远的影响，也成了中国人的一种精神信仰，影响着人们生活的方方面面。

二、主要宗教

（一）道教

1. 道教的思想来源 道教是中国的本土宗教，具有鲜明的中国特色，并对中华文化的各个层面产生了深远影响。它是以道家思想为主干，并吸收了儒家、墨家以及黄老学说等诸多传统文化要素而形成的一门传统宗教。

道教思想主要来源于老庄的道家思想。道家思想主要尊崇“天道”，崇尚自然，主张“无为而治”“小国寡民”以及修德。“道生一、一生二、二生三、三生万物，万物负阴而抱阳，冲气以为和”，这为后来形成气一元论、阴阳五行学说奠定了基础。一气生阴阳、阴阳成五行、五行化万物，万物这个整体是统一的、相互平衡、相生相克、刚柔并济且和谐圆满的。

道教思想还吸收了黄老学说的文化要素。黄即黄帝，老即老子。黄老之学以道家思想为主，发展黄帝的数术方技，并兼采阴阳、法、儒、墨等诸家观点，形成自己的一家之言。黄老之学以道为依据，结合养生、方技、数术、兵法、谋略等，在政治思想上强调休养生息、无为而治；在修行上强调修身养性、丹道养生。

2. 道教的基本要素 道教是一个崇拜诸多神明的多神教，尊崇太上老君为道教始祖，即道教中具有开天创世与救赎教化的太上道祖。太上老君化为元始天尊、灵宝天尊、道德天尊三位尊神，被称为“道教三清”，是道教的最高主神。

道教的经典有老子的作品《道德经》，庄子的《南华真经》，也就是《庄子》。《黄庭经》传说是西晋王朝时天师道著名的女道士魏华存创作的，被奉为内丹修炼的主要经典，其在中医理论的基础上结合解剖学来说养生。

道教以尊道贵德、仙道贵生、天人合一、返璞归真，清静寡欲、天道承负、自然无为、柔弱不争、性命双修等为基本教义，主要宗旨是追求长生不老、得道成仙、济世救人。而修炼成神仙的主要方法有服食仙药、仙丹，自身修炼、行善和悟道。道教将道家的“道”神话，综合传统的鬼神崇拜、神仙思想、阴阳术数并与汉代所崇尚的黄老思想融合，才逐渐形成了道教的“道”。

3. 道教的发展简史　道教是中国土生土长的宗教，并经过了长期的历史发展过程。道教成为一门独立的宗教，大约是在东汉，其标志性事件是《太平经》的广泛传播和张道陵创立五斗米道。

南北朝时期，道教理论不断丰富并系统化，成为与佛教并立的中国正统宗教之一。唐朝唐高祖李渊尊老子李耳为祖先，奉道教为国教，规定“道大佛小，先老后释”，采取措施大力推崇道教，提高道士地位。唐高祖甚至到唐玄宗时期，道教发展到全盛期，社会上的崇道之风发展到极致。北宋统治者继承了唐朝崇奉道教的政策。宋元时期的王重阳创立全真道，之后丘处机为蒙古成吉思汗讲道，劝其不要滥杀无辜，颇受成吉思汗信赖，被成吉思汗尊称“神仙”，拜为国师，被元朝统治者授予主管天下道教的权利，为全真道的迅速发展奠定了基础。后尹志平、李志长相继掌教，全真道进入鼎盛期，道门兴旺，宫观遍地。

唐宋时期，道教不仅在中国内部有所发展，而且还借由迁徙和文化交流发扬至亚洲其他各处。

明朝的皇帝对道教采取尊崇的态度。明太祖在全国各地建设了成千上万座城隍庙和土地庙；明成祖自诩为真武大帝的化身，对全真道士张三丰及其门派极为尊崇，明朝道教最大的特点是世俗化和民间化。道教依然在中国的各种宗教中占据着主导的地位。

清朝统一全国后信奉藏传佛教，对主要为汉族人信仰的道教采取了严格的防范和抑制的政策。鸦片战争后，国家落后衰弱，西方思潮入侵，道教则日渐衰微。

中华人民共和国成立后，在法律和政策上保障了人民的宗教信仰自由。1957 年，中国道教协会在全真龙门派祖庭北京白云观成立，道教第一次有了统一的全国性组织。

（二）佛教

相传佛教是由距今 3000 多年古印度的迦毗罗卫国的王子乔达摩悉达多创立的，由于他是释迦族，因此人们称他为释迦牟尼。作为王子，他看过人间的繁华，同时也看到了人世间存在着很多的苦难，于是他立志要为众生寻求脱离苦海的道路。29 岁时他出家苦修，四处流浪，最后在菩提树下对人生的各种问题大彻大悟而成佛，“佛”就是“觉悟者”。

原意“僧”是梵语“僧伽”的简称。“僧伽”是出家弟子的团体，至少要有四个人以上组成；一个人称僧人。年满 14 不到 20 岁的少年男性出家者称为“沙弥”；年满 20 岁的出家男众受戒称为“比丘”。年满 14 不到 18 岁的少女出家者称“沙弥尼”，年满 20 的出家女众受戒称为“比丘尼”。在家信佛修道的人被称为“居士”。中国古代许多诗人、画家等喜欢自号居士，比如，白居易自号“青莲居士”，苏轼自号“东坡居士”，李清照自号“易安居士”等，这些传统文人借“号”来表明他们想要摆脱现实的困境与烦恼、寄情自然风物、寻求精神超越的思想与观念。可以看出佛教对中国社会和文化影响深远。

1. 佛教分类　中国佛教按经典使用语言来分类，可以分为汉传佛教和藏传佛教。汉传佛教以汉语为经典载体，如《楞伽经》《金刚经》，藏传佛教以藏语为经典载体。汉传佛教传承了古印度大陆各个部派的主流教法，其所影响的地区不仅地域宽广，人口众多，而且其所在地政治、经济、文化各方面在全世界都举足轻重。到了隋唐时代，中国已取代印度而成为世界佛教的中心。

按流传路径和传播方向来分类，佛教可以分为南传佛教和北传佛教，即小乘佛教和大乘佛教。汉传佛教是从西域，也就是从北印度这一带地区，沿着丝绸之路传到中国，再由中国传入朝鲜、日本、越南等地的佛教。因此我国的汉传佛教是以北传佛教即大乘佛教为主。

2. 大乘佛教的基本教义 大乘佛教包含缘起、三法印、四谛、八正道、十二因缘、因果业报等理论。

（1）人生而是苦的 这苦的根源是一切众生的贪、嗔、痴。贪是由对事物的喜好而产生无止境的追求、占有的心理欲望。嗔的产生和作用与贪正好相反，是由对众生或事物的厌恶而产生愤恨、恼怒的心理和情绪，从而起怨恨之心。痴是指心性迷暗、愚昧无知，也就是不明白事理，是非不明，善恶不分。

（2）解脱 是佛教全部教义的出发点和归宿。佛教认为世间一切皆空，一切皆苦。佛教空观是建立在缘起论基础之上的，认为一切事物都是因缘和合而成，缘聚则生，缘散则灭。空观的目的是破除人们的贪执，而人最大的执着是“我执”，认为自己拥有的是实有，以自我为中心，从而引发种种贪念之心，进而带来无穷无尽的烦恼。

佛教认为，依照佛法修行，“看破、放下、随缘、自在”，灭尽人的贪嗔痴，就能脱离苦海，达到涅槃寂灭的境界。

（3）业报轮回观 佛教强调因果业报，生死轮回。认为人有三生三世，前世、今生和来世，人的前生决定今生，今生决定来世的因果规律，众生在生与死的六道中轮回。佛教的因果报应论有重大的伦理意义，对于一般人而言，因果轮回，因果报应，直接关系到其道德观念与行为准则，今生行善是为来生积福报。今生遇到的情况可以解释成前世的果报，而不必用今生的行为来解释，鼓励人们修炼今生与当下，努力行善求仁。这在一定程度上与中国传统伦理价值趋于一致。正因为如此，佛教传入我国以后，不断与中国传统思想文化和宗教信仰相融合，逐渐演变为中国的民族宗教之一，对中国社会和文化产生深远的影响。

（三）伊斯兰教

伊斯兰教与佛教、基督教并称为世界三大宗教，主要分布在亚非两洲，世界上有 30 多个国家把伊斯兰教定为国教。我国称清真教、回回教等。截止到 2018 年，全球约有 16 亿穆斯林，在信徒人数上，被认为是世界第二大宗教。

伊斯兰是阿拉伯语音译，原义为“顺从”“和平”，指顺从和信仰创造宇宙的独一无二的主宰安拉及其意志，以求得两世的和平与安宁。信奉伊斯兰教的人被称为“穆斯林”，意为“顺从者”。穆斯林既要坚定信仰、顺从真主安拉，又要行善戒恶。

伊斯兰教是七世纪初由麦加的穆罕默德在阿拉伯半岛上首先创办。伊斯兰教是严格的一神教，相信除安拉之外，别无神灵，安拉是宇宙间至高无上的主宰，她能“前定”万事万物，是人的意志不能违抗的。伊斯兰教的经典作是《古兰经》。伊斯兰教的信众穆斯林共同恪守着古老而纯洁的教义——“六大信仰”，即信安拉、信天使、信经典、信先知、信末日、信前定。伊斯兰教提倡两世兼顾，穆斯林既要在现世努力创造美满生活，亦应以多做善功为未来的后世归宿创造条件。

穆斯林要严格遵行五项宗教功课，即念、礼、斋、课、朝。“念”功即念清真言，就是信仰的表白，当众表白一次，名义上就是一名穆斯林了。“礼”功就是礼拜，每日五次礼拜，每周一次的聚礼拜，一年两次的会礼拜，就是古尔邦节和开斋节的礼拜。“斋”功，要清心寡欲，以近真主。“课”功，是伊斯兰对占有一定财力的穆斯林规定的一种功修。伊斯兰教认为，财富是真主所赐，富裕者有义务从自己所拥有的财富中，拿出一定份额，用于济贫和慈善事业。“朝”功，即朝觐，教历每年 12 月 8 ~ 10 日为法定的朝觐日。凡身体健康，有足够财力的穆斯林在路途平安的情况下，一生中到圣地麦加朝觐一次是必尽的义务。

（四）基督教

基督教是对信奉耶稣基督为救世主的各教派的统称，是目前世界上拥有信徒最多的宗教。

基督教产生于公元1～2世纪，脱胎于犹太教。基督教的创始人为耶稣，出生在犹太的伯利恒，母亲名叫玛利亚。耶稣从30岁开始在巴勒斯坦地区传道。他在传教过程中宣讲天国的福音，劝人悔改，转离恶行，施行了许多神迹，受到了下层群众的欢迎，这使得罗马帝政下的犹太教祭司团和罗马贵族的既得利益受到了影响，遭到了他们的记恨，耶稣最终被罗马派驻犹太的总督彼拉判处死刑，被钉死在耶路撒冷一座小山的十字架上。但据耶稣门徒们见证，耶稣死后三天复活了，其后又升到天国，回到天父上帝那里去了，因此，基督教有了“复活节”。

1. 基督教在中国的传播　可以追溯到唐朝贞观九年，当时被称为景教。公元845年受唐武宗崇信道教而“灭佛”事件的影响，景教绝迹于中原地区。

元朝时期，基督教再度进入中原，但随着元朝帝国的灭亡，基督教再次在中国中断传教。

明朝万历年间，利玛窦受天主教耶稣会派遣来到中国传教，其后，他和他的教团成员获得在京永驻的许可。

雍正年间，东正教开始在中国传播。鸦片战争以后，基督教以沿海通商口岸为基地迅速发展。

2. 基督教基本要素　基督教教义是以《圣经》和教会传统为依据，基督教相信上帝是唯一的真神，上帝有圣父、圣子、圣灵三个位格，耶稣为圣子、神子。

基督教相信人是按上帝的形象所造，但整个人类有原罪。由于人类的始祖亚当和夏娃，受蛇的引诱而违背上帝的命令，偷吃了伊甸园“知善恶树上的果子”即“禁果”而犯了大罪，被驱逐出乐园。这种罪世代相传，被称为“原罪”，也是人世苦难的根源。耶稣为神子并被钉上十字架从而清洗人类原罪，拯救人类。而人类不能自救，只能靠信仰基督，才能赎罪获救。

基督教主要有天主教、东正教、新教三大派别。

基督教的主要礼拜活动有洗礼、告解、礼拜。洗礼，即教徒入教仪式，基督教认为受洗礼可以免除“原罪”，并能接受上帝的恩宠。告解，俗称忏悔，在忏悔圣事中，信徒向合法的圣职人告罪，且对所告的罪痛悔并定改。礼拜，包括祈祷、读经、唱诗、讲道，通常在教堂里举行，由牧师主礼。由于认为耶稣基督是在星期日复活的，所以称星期日为“主日”，并在这天上午举行礼拜。有时也在其他日子举行礼拜。

基督教重要的节日有圣诞节、复活节、受难节、感恩节等。

第三节　儒、释、道的生死观

PPT

作为一种信仰，宗教是由个人的世界观、人生观、价值观、伦理观所构筑的信念体系，是个人用于衡量利害关系和精神追求的准则。它作为人的精神支柱，体现出人们决心超越有限人生、渴望无限存在的终极意义，获得不朽。

儒、释、道三种信仰对“人从哪里来”有不同的解释，但对人的终极追求的阐释却有着一致性，那就是都想寻求“不朽”，通俗地说，即追求肉身的长生不死或精神的永恒不灭。但是，寻求“不朽”的方式不一样，因此就有着不同的生死观。这从中国的古典名著中可以窥见一斑。

一、佛家生死观

佛家是通过前世、今世、来世的"三世轮回""因果报应"的方式来达到永恒，从而在一定程度上满足人们渴求不朽的需要。

比如，在四大名著之一《红楼梦》中，贾府的兴衰更替，宝黛的爱情悲剧中蕴含着佛教的生死观。盛极时，宁荣两府地位显赫，富可敌国，繁华奢侈，结局却归于寂灭——贾府被抄，人作鸟兽散，贾府似大厦倾倒。"繁华之后即幻灭"，这是一个时代的终结，贾府代表着封建时代、封建制度终将走向消亡，新的时代、新的制度终将来临。

林黛玉容貌俊俏，品性高洁，但体弱多病，寄人篱下的处境造就了她敏感谨慎的性格。她与宝玉心有灵犀，真心相爱，但无人为她做主，她时常陷入猜忌、患得患失的忧戚和自怨自艾的哀伤哭泣中，终日郁郁寡欢，泪水涟涟，终至香消玉殒。其实，林黛玉经典的形象，正是佛教因果报应生死轮回思想的反映。黛玉的前世是西方灵河岸三生石畔的绛珠仙草，贾宝玉则是赤霞宫神瑛侍者。神瑛侍者经常给绛珠仙草浇水，绛珠仙草茁壮成长，后来神瑛侍者犯了天条，被打落人间，转世为贾宝玉。绛珠仙草为了报恩，就转世成了林黛玉。为报答神瑛侍者当年给他浇灌的仙露，在今世黛玉就用眼泪来偿还。

二、道家生死观

道家在生死观上，重视生命，崇尚自然，追求成道成仙，长生不死。

唐宋八大家之一的苏轼被贬黄州时，正值人生低俗，他常常思考人生，思考生与死，在《前赤壁赋》中借主客问答表明了自己的人生观与生死观。客人感叹即便如曹操那样伟大的人物，也终将消逝，无法与世界永存，因而悲从中来，以至于吹的箫声悲伤至极，"舞幽壑之潜蛟，泣孤舟之嫠妇"。但苏轼开导客人说，从变的角度来看，天地都是瞬息万变的；从不变的角度来看，世间万事万物都是无穷尽的。天地万物各有主，"非吾之所有，莫取一毫"，只有江上之清风与山间之明月，取之不尽，用之不竭，这是大自然的馈赠，是大家所共有的。苏轼淡看人生成败、得失、生死与存亡的这种豁达与睿智，让生命突破狭隘的时间限制，将生与死放到一个无始无终的无限空间中来考虑。这种崇尚自然，主张以一种自然平常心来对待生死，不为生而欢天喜地，也不为死而哭天抢地，那么生命将与"道"永存，这正是道家的生死自然。

三、儒家生死观

微课

儒家崇尚生命，热爱生活，提倡积极入世，以"立德""立功""立言"来创造"不朽"，对抗死亡。

《左传·襄公二十四年》对"不朽"作了界定，"太上有立德，其次有立功，其次有立言，虽久不废，此之谓不朽"。"立德""立功""立言"，就是积极进取的现实人生，造福社会的人生才能不朽。

杀身成仁，舍生取义的人生，是最高价值的人生，属于"立德"。被称为"亚圣"的孟子提倡"舍生取义"；文天祥践行"人生自古谁无死，留取丹心照汗青"。人为了维护国家、民族利益甘愿舍弃自己的生命，慷慨赴死，铸就了中华民族的浩然正气与爱国主义的灵魂。在生死与仁义、生死与名节之间需要作出抉择时，他们甘愿抛头颅、洒热血，以高尚的精神超越死亡，留给后世一个永恒的人格楷模。

抗金名将岳飞虽然早已立下“三十功名尘与土，八千里路云和月”的功绩，却仍然满怀“待从头，收拾旧山河，朝天阙”的宏愿。辛弃疾即使“白发生”，也在思谋“了却君王天下事，赢得生前身后名”。岳飞、辛弃疾是以建功立业来作为自己的终极目标，属于“立功”。

书圣王羲之在《兰亭集序》中指出“一死生”“齐彭殇”是一种虚妄的人生观，明确地肯定了生命的价值。然而，俯仰之间，“向之所欣，已为陈迹”“老之将至”；而且“修短随化，终期于尽”。王羲之通过著书立说，提出真知灼见而流芳百世，属于“立言”。

课堂互动

生命的永恒

学生思考：你想在有限的生命中寻求一种怎样的永恒？

教师解答：我们受着中国传统文化的滋养，应该汲取儒家的“立德”价值观，以高尚的精神超越死亡，这是最高价值的永恒。

本章小结

宗教作为一种社会意识形态，既是一种特定的社会信仰，也是人类社会发展到一定历史阶段出现的一种文化现象，历来与政治、经济、文化关系密切，对人们的生活方式、行为规范产生一定的影响。我国是宗教信仰自由的国家，公民合法的宗教信仰与宗教活动受到国家法律保护。作为当代大学生，务必树立正确的宗教观。既要能够正确区分宗教与邪教，合理吸取宗教的积极内容，坚决拒绝抵制邪教，又要尊重他人的宗教信仰自由。将积极入世、崇尚生命、热爱生活、追求仁义、勇担国家民族大任作为自己的最高追求。

习　题

题库

一、选择题（1～5 题为单选题；6～10 题为多选题）

1. 属于中国本土宗教的是（　）。

A. 佛教　　B. 道教

C. 伊斯兰教　　D. 基督教

2. 佛教认为人生而（　）。

A. 有罪　　B. 是苦的

C. 是善的　　D. 是恶的

3. 王羲之在《兰亭集序》中是想通过（　）来获得“不朽”。

A. 立德　　B. 立功

C. 立言　　D. 立志

4.（　）是世界上拥有信徒最多的宗教。

A. 基督教　　B. 佛教

C. 伊斯兰教　　　　D. 道教

5. 信奉佛教出家修道的人被称为（　）。

A. 佛　　　　B. 穆斯林

C. 居士　　　　D. 僧

6. 宗教的三个基本要素是（　）。

A. 教义　　　　B. 教仪

C. 教学　　　　D. 教团

7. 世界三大宗教分别是（　）。

A. 佛教　　　　B. 道教

C. 伊斯兰教　　　　D. 基督教

8. 属于一神崇拜的宗教是（　）。

A. 道教　　　　B. 基督教

C. 伊斯兰教　　　　D. 犹太教

9. 道教的主要思想来源于（　）。

A. 老庄的道家思想　　　　B. 阴阳五行学说

C. 神仙方术　　　　D. 黄老思想

二、思考题

儒家思想是不是一种宗教？为什么？

第七章　雅俗共赏——民俗文化

学习目标

知识目标

1. 掌握民俗的概念和分类。
2. 熟悉民俗的特征与功能。
3. 了解民俗与旅游的关系。

技能目标

1. 能准确说出民俗的概念和分类。
2. 能分析民俗与旅游的相互作用和影响。

案例讨论

【案例】据新华网报道：七夕节当天，游乐场大办水下接吻大赛，电商超商高唱“浪漫情歌”，五星酒店重磅推出百万情侣套餐……这个传统节日催生了“浪漫经济”，一系列贴有“中国情人节”标签的商业活动正如火如荼在全国各地开展。对此，专家表示，七夕节并非“中国情人节”，像许多其他中国传统节日一样，七夕节文化也正在被“庸俗化”，这种情形引人深思。

【讨论】1. 你认为商家的这些行为是否妥当？为什么？

2. 我们应该怎样结合时代特点传承传统文化精髓？

第一节　民俗的概念与特征

PPT

民俗是人类文化的一个重要组成部分，生活中的各种民俗事项无论是在文化的形成、发展，还是在文化的保持、传递和延续的过程中，都占有非常重要的地位。

一、民俗的概念

“民俗”一词在中国很早就已出现。《礼记·缁衣》中就有“故君民者，章好以示民俗。”《史记·孙叔敖传》：“楚民俗，好庳车。”《汉书·董仲叔传》：“变民风，化民俗。”后来的许多笔记、杂记中还把“民俗”单列为一条，如《东京梦华录》《梦粱录》。此外，还有不少意义与其相近的词，如“风俗”“习俗”“民风”等。

关于民俗的定义，其实学术界并没有一个统一的界定。20 世纪 40 年代，在美国出版的《民俗、神话与传说的标准辞典》一书中，记载有民俗一词概念的简明定义达 21 条之多。归纳起来大致分成以下七类。

（一）民俗是旧时的残余遗风

完整的阐述是民俗学标准辞典的两则定义："古时候大众信仰、风俗及传统的整个本体，它在文明社会内受教育较少的分子中一直残留到现在"；"民俗是不愿死的一种活化石"。

（二）民俗是民俗文化的传统部分

包括原始民族及文明民族的传统创造，或专指说不出确实可信的发明人或造作人而一代一代传下来的那些东西。

（三）民俗指含意广泛的传统现象

它们比其他文化现象或社会现象更可表现出传统的任务，内容包括舞蹈、歌谣、故事、传说和传统、信仰和迷信，以及任何地方的民族的谚语，还包括一个民族传统的风俗、信仰以及文学。

（四）民俗是退化的宗教

这种观点认为民俗是还模模糊糊地残存在文盲和乡下人生活中的古代宗教仪式，是一种民间宗教的残余物。

（五）民俗仅指民间故事

一种范围界说不明确，而且和神话分别不明显的故事。同时，这些故事的内容和用意在原先传诵人心目中也不够严格和清晰。

（六）民俗是一种主要由口头流传的大众文学

即民俗是口传的民间故事、神话、传说、谚语及其他文学方式的东西。

（七）民俗是民俗文化

换句话说，民俗是庶民的文化表现，或者说是民间传承的生活文化现象。

产生以上分歧的原因主要有三个。一是不同学者受到各国不同政治制度、生活环境、不同时代、学术观点与研究目的等多种因素的影响与制约；二是由于各国、各民族、各地区所拥有的民俗事项千差万别，民俗学者对民俗概念的界定自然有着截然不同之处；三是这门学科是一门新兴学科，人们对其还没有形成一个较为清晰和共同的认识，对民俗一词内涵与外延的认识还处于有待深化的过程之中。但分歧中，学者们也达成了某些共识，认为民俗是存在于民众之中的，民众既是民俗的承受者和创造者，又是民俗的载体，它的核心在于传承。

综上所述，民俗的定义可以概括为，民俗即民间风俗，是指一个国家或民族中，由广大民众所创造、享用和传承的生活文化。民俗起源于人类社会群体生活的需要，在特定的民族、时代和地域中不断形成、扩布和演变，为民众的日常生活服务。民俗一旦形成，就成为规范人们的行为、语言和心理的一种基本力量，同时也是民众习得、传承和积累文化创造成果的一种重要方式。

至于民俗的专业术语"Folklore"，它是英国人类学家威廉·汤姆斯（William Thomas）于1846年写给《雅典娜神庙》杂志的一封信当中首先提出的，他建议用撒克逊语的"folk"（民众、民间）和"lore"（知识、学问）合成为一个新词"Folklore"，来替代以往的各种术语，它既指民间风俗现象，又指研究这种现象的学问。后来，该词逐渐被其他国家的学者们接受，成为国际上通用的学科名词。近些年来，鉴于“Folklore”一词既指“民俗”，又指“民俗学”，容易混淆，国际学术界又以“Folkloristics”一词专指民俗学，而将“Folklore”专指研究对象的民俗。

二、民俗的特征

（一）群体性和类型性

1. 群体性　是指民俗在产生、流传过程中表现出来的基本特征，也是民俗的本质特征。人的根本属性是他的社会性，民俗文化的产生离不开人类的群体活动。当人类社会产生时，相应的各类民俗文化就孕育产生了。随着社会的发展，部落和村镇的出现，民族的形成，人类社会出现了种种人群集合体，民俗文化便由这一群体不断创造、完善、传承和保护下来。民俗的群体性可以从以下两个方面来理解。

首先，任何一种民俗，都产生于特定的群体。虽然有些民俗事项的倡导者也许是个人，但即便是个人的创造，也必须得到群体的响应和施行，否则就不能成为普遍传承的民间习俗。总之，民俗文化不是个人行为，而是群体的心态、语言和行为类型。个人行为构不成民俗，民俗的形成、发展永远是群体参与的结果。一种民俗一旦形成，就会成为群体的行为习惯，流传于一代又一代的群体中。

其次，民俗在流传中会由群体进行不断补充、加工和完善。民俗在流动和传承过程中会不断加入新的因素。比如，汉民族的春节习俗，在汉代以前，“年”只标志新旧交替，并没有固定日期。中国后来的年节大约形成于汉代。汉武帝颁布《太初历》，以夏历正月为岁首，也就是现在的正月初一，年节习俗才一直固定下来并延续至今。当年节确定后，民间信仰习俗渐渐浸染到了年节习俗当中，庆祝丰收、祭祀神灵、祭祀祖先与年节相结合，驱邪逐疫等巫术活动也成了年节习俗的重要组成部分。除此之外，具有喜庆气氛的娱乐活动也加入进来，使春节变成具有丰富内涵的民间文化节日。因此，春节民俗文化是群体智慧的创造，是在传承过程中逐步形成的。没有后世的补充创新，就不会有如今丰富多彩的春节节日习俗。

2. 类型性　也称为模式性。民俗文化的表现形式是一种民众共同遵守的标准，这种标准既是一种定型化的思维习惯，也是一种约定俗成的行为方式。上层文化强调个性化、独创性，文学史上没有哪位伟大作家的作品是没有个性的，个性化被作为衡量文人作品的标准，个性就是价值。而民俗文化则不然。由于民俗文化是靠群体创造、流传，价值在流传中不断扩布和变异，不易形成个性化的符号系统。这就决定了民俗文化的传递主要不是个性的，而是类型的，即众多传承因素汇合成一个民俗文化的类型传递。民俗文化的类型性有以下几层不同的含义。

其一，不同的区域存在相同的民俗文化内容，表现出人类共有的模式或类型。这种共有的类型，使人们在研究民俗文化时，即使国度不同，学术传统不同，社会制度不同，却可以得出相同的民俗文化类型或类型的概括。如将一般的民俗分类为物质民俗、社会民俗、精神民俗及游艺民俗四类。

其二，出于不同的生活需要，人们虽生活于各地，却形成了相同的婚丧喜庆等民俗文化类型。这种类型在A民族有，在B民族也存在，在C民族也实行。大多数情况下，喜庆就用歌舞等形式加以表达，相聚则用美酒加以庆贺等，这是一种人类共有的模式和类型。

其三，相同的民俗文化内容，有着相同的程序模式和类型。比如，传统的婚礼，除了亲迎之外，还有哭嫁、拦门、撒谷豆、上轿、拜堂、闹洞房等仪式，这是任何一个婚礼都必须有的程序，否则婚礼就是残缺不全的。这种类型，在A民俗文化圈存在，在B民俗文化圈也同样存在。其他像过年，不管是在南方还是北方，都有贴春联、祭祖、吃团圆饭、守岁、放鞭炮及贺岁等习俗，习俗模式越来越趋向一致。

（二）传承性与传播性

1. 传承性 指民俗在发展过程中所呈现出来的具有世代相袭的特点，具有历史的纵向延续性；同时也是指民俗文化的一种传递方式。在传统与现代社会中，每个人的成长都离不开民俗文化的教化和熏陶。从孩童到成人，人们从民俗文化中学得一系列知识、技能和道德观念，甚至是祖先留下的成见。这是人类社会的一种潜在能力，一切教化都在潜移默化中进行，使人在民俗传承过程中获得知识和能力。同时民俗传承又是积极、主动的，这又使民俗文化的传承有目的地进行，比如，在家庭中，长辈对晚辈负有传承责任；在社会上，村落、社区和众多的民间组织对其成员同样负有传承责任，民俗的传递就这样一代一代绵延不断。

2. 传播性 也称扩布性，指民俗文化在空间上的延展性，也是指民俗文化的横向传播过程。纵向的继承和横向的扩布相结合，使民俗文化占有广大的时间和空间，形成多元民俗文化的互相撞击与吸收、融合与发展。民俗文化是一种心态、语言和行为类型，这种行为类型不是死板的、静止的，而是流动的和扩布的。但它和传承中的传递方式有所不同，传承是自上而下，从古至今；扩布则是前后左右的空间流动。生活中经常会有这样的现象，一种新的民俗在一个民族、一个地区形成，在经历了一段时间的完善之后，它的功能和价值被充分显现出来，它不仅为该民族、该地区的民众所接受，成为传统文化的延续和发展，而且开始向其他民族地区渗透，民俗文化的这种传递方式随处可见。

民俗文化的传播是有条件、有选择的。从民俗传播的自身规律看，那些发生时间比较早、社会功能比较广泛的民俗，其传播的地域和民族也相对广大；而那些发生时间较晚，又不大贴近民众生活的民俗，传播的地域和民族就要狭小得多。传播的形式主要有两种，一种是在和平环境中自然进行的扩散；另一种是因为战争、灾荒、瘟疫等突发特殊事件造成大规模的迁徙引起的，民俗文化随民众一起转移出去，有的与当地民俗相结合，有的相对独立地保存了下来。

（三）稳定性与变异性

1. 稳定性 民俗一旦产生，就会随着人们的生产和生活方式的稳定而相对地固定下来，成为人们日常生活的一部分，这就是民俗的相对稳定性。只要社会稳定，人们的生产生活方式不发生剧烈变革，民俗文化的稳定性就会越强。民俗文化是在一定的政治、经济、社会和文化基础上形成的，只要经济基础不变，即便是社会发生了巨大变革，民俗文化仍然具有稳定性。此外，民俗文化的传承，常常受到传统观念的制约，社会变革如果不和观念变革结合起来，民俗文化也会失去传承的思想基础。

我国是一个农业古国，在数千年的历史发展中，形成了自己的民俗文化特色，这种特色也正是通过民俗文化的稳定性体现出来的。例如，在中国许多地区，立春要举行打春牛的习俗；旧历新年要扫尘、贴春联、贴门神、吃年夜饭、放鞭炮；元宵节吃元宵、放烟火、舞龙灯、猜灯谜；清明节出门踏青、插柳条；中元节放河灯等。这些传统节日活动，从起源看，大都跟原始信仰有关。比如，从前清明节放风筝，为的是“放晦气”；端阳划龙舟，为的是驱逐瘟疫。在中国，许多习俗自先秦两汉就已经定型，并一直传承至今。这正说明了民俗文化传承具有稳定性。

2. 变异性　民俗文化的稳定性是相对的，稳定中随时包含着可变因素，这就是变异性。变异性也是民俗文化的显著特征，它是指民俗文化在传承和扩布过程中引起内容和形式上的变化。民俗是靠语言和行为传承的，这种方式决定了民俗在传承过程中要不断适应周围环境而做出相应的变化，因此，在传播过程中，从横向上容易产生许多“异文”。例如，流传甚广的灰姑娘故事，有学者指出，它在全世界有五百多个版本。最著名的是《格林童话》版，但最早的版本其实是出现在我国的唐朝时期，段成式所撰写的《酉阳杂俎》有一篇《叶限》的故事，除了故事发生的地点和人物不同，故事中的情节和元素跟灰姑娘如出一辙。这正体现了民俗在传播过程中具有变异性。

民俗文化的变革也在不断适应着社会发展的需要。在历史上，除一部分民俗文化不适应社会的发展需要而自然消亡外，也有一部分民俗在社会变革中发生新的变异。随着社会的发展，人们的思想观念和道德行为随着时代前进发生了很大变化，在回归恢复传统风俗习惯的同时，也在不断简化那些过于繁琐守旧的习俗。例如，现在人们过春节提倡燃放电子鞭炮，环保过节。中原汉族地区曾盛行近亲结婚，中华人民共和国成立后，政府以法律形式明令禁止这一行为，使“姑表亲，辈辈亲，打断骨头连着筋”的表亲联婚陋俗在政府的干预下被取缔。

（四）地方性与民族性

1. 地方性　如果说群体性是指民俗文化的主体参与性，那么地方性则是指民俗文化的存在方式。这是一种具有时间和空间限制的、存在于区域之内的文化现象。它有自己的主体族群，也有自己存在的自然和地理环境背景。

俗话说“十里不同风，百里不同俗”“一方水土养一方人”，指的就是民俗的地方性。地方性是民俗在空间上所显示出来的地理特征和乡土气息。由于所处的地理环境和自然环境不同，各类民俗不同程度地染上了地方色彩。比如，中日两国文化有千丝万缕的联系，在某种程度上具有一定的相似性。但从审美的角度看，两者却有着相当大的差异，这一点在建筑领域表现尤为明显，同处东亚的两国传统建筑虽然都使用木结构形式，但日本强调朴素自然，廊柱、屋顶甚至包括室内装饰，都使用原木本色而绝少人工雕琢；相反，中国的建筑则更讲究人工化的雕梁画栋，红柱绿梁，强调人工美。又如饮食上，日本料理讲究清淡典雅，注重保持原料的原色原味；而中国菜肴更注重各种调料的综合运用，川菜的麻辣鲜香、湘菜的浓油赤酱等都是典型例证。

2. 民族性　在一定程度上大于地方性，但有时相对于一些较小的而且聚族而居的民族来说，地方性也就等于民族性。在漫长的历史长河中，各民族创造了自己独特的民族文化，从饮食、建筑、服饰，到语言、禁忌和信仰，各民族的文化事项都独具特色，差异明显。例如，作为我国五大少数民族之一的藏族，该民族不仅拥有自己的语言、文字，而且有着灿烂的民间文化。藏式民歌唱腔独特，藏族服饰色彩艳丽，藏族饮食以奶制品和牛羊肉为主。另外，还有丰富多彩的节日习俗，比如，雪顿节期间有隆重热烈的藏戏演出和规模盛大的晒佛仪式等。这些藏民族的独特文化，充分体现出了民俗的民族性特征。

（五）规范性与服务性

1. 规范性　指的是民俗对民间社会所有成员的行为方式都具有约束作用，它迫使人们在一定的道德和习惯规范中行事，以得到心理和环境的协调和平衡。最常见的是民俗社会中经常使用的不成文法或习惯法，它对民众的思想和生活产生强大的约束力量。民俗的约束作用几乎涉及人类的衣食住行、婚丧嫁娶等方方面面，每一类民俗都有相应的礼制规范约束人的行为，人们自觉地在民俗约定的范围内进行活动。

民俗规范性的形成是一个历史过程。一个时代有一个时代的民俗规范，同样，一个地区和民族也有自身的民俗规范。民俗规范性的形成，受到人们经验和观念的支配，将经验和观念变为规范的过程，就是民俗文化中经常见到的对某一民俗的约定俗成。比如，在原始社会，生产资料归氏族所有，氏族成员共同劳动，共同消费。在这种生活环境中，自然形成人们的原始共产主义观念，表现为生产中的“共耕制”和分配中的“共享制”。民间信仰更是如此，人类早期的自然崇拜、图腾崇拜、巫术占卜等，在氏族和部落社会几乎是每个成员的事。图腾制的一些规范，包括观念和行为规定都是十分严格的。

总之，社会生活的方方面面，没有规范就不能统一意志，没有规范社会成员就不能自由行动。家族有家教、家法、家规；村落有村规、村约；婚姻、丧葬有一定的程序和规范；饮食结构和进餐方式也有大体规范。人们为了协调生活，随时都在调整自己的观念和行为，用规范化的民俗构成大家的行为准则。民俗规范是民众心理和价值观念整合的结果。

2. 服务性 是指民俗文化为人们认识世界和为人处世提供了现成的经验和套路，使人们不假思索地享受到行事的便利方式。民俗包含着丰富的文化内涵，体现了群体的智慧和创造。民俗文化传统是一个庞大的知识系统，包括信仰、宗教、道德、法律、文学、艺术等创造，它是人类取之不尽、用之不竭的宝库。民众创造了丰富多彩的民俗文化，而这种创造又处处体现着它的服务功能。

民俗文化的创造是服务于社会的。人的社会性主要表现为行为的社会性，作为规范了的行为，是为社会的需要服务的。比如，尊老爱幼习俗，不仅表现在家庭中，也表现在社会上，它是一种上下共同遵守的礼节，这是道德规范服务于社会的典型事例。

民俗文化还服务于生产和生活实践。比如，天文观测和农业生产相结合，形成了农业生产习俗。一年中的二十四节气的制定，主要服务于农事活动，而信仰习俗和农事活动及民间艺术相结合，则形成一系列的岁时节日。人们创造了节日文化，同时也享受这种文化所带来的欢乐。

民俗文化还可以服务人的精神生活。人不只是生活在物质环境中，同时也生活在精神环境中，民俗历来都是物质文化和精神文化相结合的产物。在精神生活中，民俗信仰占有十分重要的位置，人们怀着虔诚的心理，并通过一定的仪式，祈求神灵保佑，满足某种愿望，求得心理平衡。同时，信仰激发出来的艺术创造行为，在民俗文化中也比比皆是，比如，春节时贴的门神、窗花、年画等，这些东西不仅给人以美的享受，同时也体现了民众的审美意识和创造智慧。

民俗文化的这些特征，只是民俗的重要特征，但不是民俗的所有特征。有些特征对某一地区、某一民族是适用的，也有些可能是某一类民俗的特征，不具备普遍意义。需要强调的是，民俗文化的各种特征不是孤立存在的，它们相互之间存在内在联系，需要全面地进行看待和分析。

第二节　民俗的分类

PPT

民俗作为一种生活文化，渗透于人类生活的各个领域，从一个社会的经济基础到上层建筑的各种制度和意识形态，大都附有一定的民俗行为及有关的心理活动，它的内容在不断地变化或扩展。但是，民俗也有它自身独特的类型和构架。关于民俗的分类，不同的学者分类方法也不一样，目前学术界一种较为普遍的分类方法是把民俗事项分为四大类，即物质民俗、社会民俗、精神民俗和游艺民俗。

一、物质民俗

物质民俗也称经济民俗，指人们在创造和消费物质财富的过程中所形成的民俗。它主要包括生产民俗、商业民俗和生活民俗。

1. 生产民俗　是劳动人民在长期生产实践过程中，对生产对象及其规律进行观察、感受和思考的结果，主要反映的是人与自然的关系。人民大众进行物质生产时，需要依附于不同生态环境的自然条件。我国南方多雨，适合水稻生长；北方干旱，适合小麦生存。东部临海，渔业发达；西部高原，牛羊成群。同时，人与自然的斗争，还要受自然现象规律的制约，会随天体运转、气象变化而形成生产的季节性和周期性。我国民间有“春分有雨家家忙，先种瓜豆后插秧”“春分种菜，大暑摘瓜”的农谚，这些谚语就是用来提示每年农作物的耕种时间。

2. 商业民俗　是指在长期的商贸活动中所形成的独特商贸习俗。从商业形式来划分，大致有集市、行商和坐商三种商业民俗类型。集市是最古老、最原始的交换方式，行商类似于今天的流动商贩，坐商是有固定店铺的商业形式。每种类型的商业形式都有独特的习俗，例如，骡马市上的“牙子”，与交易双方总是在袖筒中捏指头议价，而从不说出钱数，这种被称为“袖里吞金”的交易方式是很有特色的商业习俗之一。传统的市井流动商贩在推销商品或提供服务时，会运用顺口的词句和特殊的腔调大声吆喝，招徕顾客，极富节奏感和音乐感。或是利用各种响器来代替人吆喝，因所售商品和地域的差异而不同，并逐渐成了小商贩固定的标识声，熟悉其声的居民，一听见某种敲击声，就知道是卖何物的来了。最常见的敲击物有拨浪鼓、小锣、梆子、铃铛、竹板等。

3. 生活民俗　涉及衣食住行各个方面，包括服饰民俗、饮食民俗、建筑民俗等。服饰民俗除了能反映民族审美之外，还具有强调礼仪伦常、求福趋吉、表现民族自我意识等功能。有的地方，人们给小孩戴虎头帽，穿虎头鞋，祈望借虎的威力保佑孩子健康成长。日常食俗除了食物和制作方式外，还包括食用方式、用餐禁忌等。我国的日常食俗具有南米北面、东甜西咸的特点，并形成了风格各异的地方菜系。此外还包括节日食俗和祭祀食俗。我国有元宵吃汤圆、端午吃粽子、中秋吃月饼、冬至吃馄饨等食俗；各民族还有祭祀食俗，人们认为各种神灵、祖先在另一个世界里过着像凡人一样的生活，需要享用人间的各种美味佳肴。祭祀时，以食品供奉他们，就可以使他们感到愉悦，从而赐福人类。建筑民俗方面，与自然条件有直接关系。北方气候干燥寒冷，故多建造土木结构或木石结构的房子，居住空间主要在地面。南方气候炎热，潮湿多雨，故南方民族多采用干栏式建筑，房屋悬空构建在木柱之上，楼下关牲畜，楼上住人。此外，中国建筑民俗还讲究风水，认为地理环境、山川形势与人的吉凶祸福乃至子孙的命运前程有关。所以无论是建新宅还是选墓址，都要请地理先生看风水。至今，这种习俗在民间仍有不小的影响。

二、社会民俗

社会民俗是指人类社会生活所产生的社会关系体制，表现为人们在交往过程中使用并传承的群体行为方式。它包括社会组织民俗、岁时节日民俗和人生礼俗。

1. 社会组织民俗　常见的社会组织包括宗族、社团、社区组织等，其组织结构的建立与调整需遵循着一定的习俗惯制。宗族是同聚落居住的父系血亲按伦常建立的社会组织，其需要遵循的习俗惯制有分家、立族、入族、合谱等。除宗族以外，还有两类民间组织：一类是按个人意愿结成的社团，大型的有行会、民间秘密宗教组织、帮会；小型的有钱会、结拜兄弟等。另一类是按地缘形成的社区组织，如村落组织、村落联盟、庙会等。这些组织都有自己必须要遵守的行规惯制及仪式程序。

2. 岁时节日 亦称“传统节日”，主要指与天时、物候的周期性转换相适应的、在人们的社会生活中约定俗成的、具有某种风俗活动内容的特定时日。岁时节日的形成有两项必不可少的要素：一是有相对固定的节期；二是节期中有特定的民俗活动。岁时节日历史悠久、流传面广，具有极大的普及性、群众性、全民性，这种民俗活动年年重复、代代相传。节日风俗的发展演变，是一个历史文化积淀的过程。有神话传说的嵌入，有上层统治者的参与和提倡，有民众历史情感在节日风俗中的积淀，还有宗教节日的渗透和各民族节日风俗的融合。元宵节是我国传统节日中的大节，因为节期是新的一年中第一个月圆之夜，而古代称夜为宵，因此叫元宵节。因元宵节的主要节俗活动是放花炮烟火、张灯、观灯、赏灯，故又称为灯节。元宵节的节令食品是汤圆，它寄托着人们期求一年圆满顺遂的心愿。

3. 人生礼俗 是指人在一生中几个重要环节上所经过的具有一定仪式的行为过程。这些重要阶段包括诞生、成年、结婚和去世。此外，标明进入重要年龄阶段的祝寿仪式和一年一次的生日庆贺举动，亦可视为人生礼俗的内容。在这些重要的阶段，都会有一些特别的仪式风俗。古代传统的婚礼，其程序有六，也称“六礼”，即纳采、问名、纳吉、纳征、请期和亲迎六个环节。纳采，是男方向女方送彩礼求婚。问名，是男方的媒人问女方的名字、生辰，然后到宗庙里占卜吉凶，为吉才能进行下一步。纳吉，就是占卜得到吉兆后定下婚姻。纳征，是男方派人送聘礼到女方家。请期，是请女方确定结婚日期。亲迎，即婚礼之日，男方必须亲自去女方家迎接。现在的婚礼仪式已经大大简化了。

三、精神民俗

精神民俗，是指在物质文化与精神文化基础上形成的有关意识形态方面的民俗。包括民俗信仰、民间巫术和民间禁忌等。

民俗信仰，是指在长期的历史发展过程中，在民众中自发产生的一套神灵崇拜观念、行为习惯和相应的仪式制度。民俗信仰具有一定的崇拜对象，它世代传承，拥有广泛的社会基础。神灵涉及对自然神（比如山神、海神）、祖先神（比如汉族的女娲、伏羲，苗族的央母，满族的佛托妈妈）、生育神（例如送子娘娘）、行业神（比如工匠神鲁班、酒神杜康）等的崇拜。

在信仰思想支配下，人们认为世界除了自然界外，是由人和鬼神组成的，人与鬼神为取得密切联系就必须有沟通的桥梁，于是出现一种媒介，叫巫觋或萨满，这是南方和北方对巫的不同称呼。人们认为可以借助巫术这种超自然的神秘力量，对人或事物施加影响，以达到某种目的。民间常见的巫术有招魂巫术、辟邪巫术、放蛊巫术等。例如，民间通常在人刚死时，要进行“喊魂”，目的是把刚刚走失的灵魂叫回来，使其复活。有的地方认为，小孩或成年人生病，是灵魂暂时出走，丢了魂，必须把魂招回来，病才会好。

禁忌是一种特殊的文化现象。《礼记·曲礼》上记载了这样一段话：“入境而问禁，入过而问俗，入门而问讳。”显然，“禁忌”是禁止或抑制人们信仰活动、社会行为的某种观念与做法，是一种传统风俗。禁忌具有危险和惩罚的特征，所有的禁忌都是危险的，不能违犯，若违犯了禁忌，都将受到人或神的惩罚。

民间禁忌源远流长，长期规范着人们的思想道德和行为，并渗透到人们的物质生活和精神生活的各个领域。禁忌是现实生活中的一种存在，它在传统社会中有着广泛的影响和作用，是一种常常对生活进行规范的习俗内容。禁忌的内容非常丰富，包括节日禁忌、婚丧喜庆禁忌、行为规范禁忌、民间信仰禁忌和语言文字禁忌。比如，除夕日忌打碎碗碟、说不吉利的话；初一忌扫地；结婚忌生肖相克、礼品忌单数，寡年（无立春之年）忌结婚；朋友之间忌送伞，“伞”同“散”谐音；夫妻之间忌分梨，“梨”与“离”谐音等，这些都是属于民间禁忌。

四、游艺民俗

游艺民俗，指民间传统的文化娱乐活动。主要包括口头语言民俗、民间艺术民俗和游戏竞技民俗等。

我国是个多民族的国家，每个民族都有自己的语言体系，众多的方言差异显示出民间语言的多姿多彩。作为民俗学研究对象的民间语言，主要是指社会中下层群众的惯用语，既包括俗语、谚语、歇后语等常用型民间俗语，也包括行话、暗语、吉祥语、忌讳语等特用型民间俗语。民间语言不仅自身就是一种民俗，而且还记载和传承着其他民俗事象。比如，“请神饺子送神面”的熟语展示了北方农村春节时请神祭祖的习俗。“好狗不咬鸡，好汉不打妻”的熟语体现了家庭伦理文化。另外，口头语言民俗还包括口头流传的民间神话、民间传说和民间故事等，比如流传甚广的哪吒闹海、女娲补天。

民间艺术是在社会中、下层民众中广泛流行的音乐、舞蹈、美术、戏曲等艺术创造活动。民间音乐，由广大民众自己创造并广泛传播于民间的一种艺术形式。它包括民间歌舞、民间说唱、民间戏曲、民间器乐在内的诸类形式。我国有着非常丰富的民间音乐形式，比如，陕西的民歌、蒙古族的长调、傣族的歌舞以及昆曲、越剧等各种地方戏曲。民间美术是指在宫廷美术、宗教美术和文人美术之外，由广大民众自发创造、享用并传承的美术。相当多的民间美术品与原始宗教和巫术活动有着密切联系，主要内容涉及祝福祈祥、镇恶辟邪、生殖崇拜等方面。比如年画、门神、剪纸等民间美术。

游戏竞技民俗，是一种以消遣休闲、调剂身心为主要目的，而又有一定类型的民俗活动。包括民间游戏、民间竞技和民间杂艺。民间游戏的形式多种多样，有益智类游戏猜谜语、助兴类游戏行酒令，赌博类游戏玩麻将等。民间竞技主要指各种各样的体育技巧的比赛活动，比如蒙古族那达慕大会上的摔跤、骑射、赛马等活动都属于民间竞技活动。民间杂艺是指流传于民间以杂耍性表演为主的娱乐活动，包括民间艺人的杂手艺、动物表演及诸种斗戏，也被称为“百戏”或者“把戏”。常见的民间杂艺有杂技、戏法、斗鸡、猴戏等。

第三节　民俗的社会功能

PPT

民俗事项之所以能够传承下来，依赖于它们所具有的社会功能。总而言之，民俗主要有四种社会功能，即教育功能、规范功能、维系功能、调节功能。

一、教育功能

教育是民俗的一项重要功能。在一些地区，尤其是对那些没有文字和教育设施相对欠缺的种族和人群来说，一些民俗事项，如神话、谚语、寓言、故事、童话等，便成为一种教育工具，它

微课

们着重在道德伦理、行为规范、团体和个体之间的关系等方面，对下一代人进行培养和训练，对传播文化知识、提高儿童辨别是非善恶的能力等具有重要意义。

人是社会文化的产物。民俗文化作为社会文化的一个组成部分，在人的社会化过程中起着非常重要的作用。人从出生到死亡都在特定的社会环境中完成，因此民俗的教化在使一个人成为具体社会群体成员的过程中，起着其他任何文化事项都无法取代的作用，如称谓、节日习俗、人际交往礼仪以及婚丧等规范，都在生活过程中逐渐地从民俗文化中得到训练。正如美国学者本尼迪克特（R. F. Benedict）在《文化模式》中所说：“个人生活历史，首先是适应由他的社区代代相传下来的生活类型和标准。从他出生之时起，他生于其中的风俗就在塑造着他的经验与行为。到他说话时，他就成了自己文化的小小的创造物，而当他长大成人并能参与这种文化的活动时，其文化的习惯就是他的习惯，其文化的信仰就是他的信仰，其文化的不可能性就是他的不可能性。”人生活在民俗中，就像鱼生活在水中一样，须臾不可离开。

二、规范功能

民俗的规范功能，指民俗对社会群体中每个成员的行为方式所具有的约束作用。

人类社会生活需要满足，往往有多种方式可供选择。民俗的作用在于根据特定条件，将某种方式予以肯定和强化，使之成为一种群体的标准类型，从而使社会生活有规则地进行。

一些民俗不只具有使信仰、观念、法规法制化或制度化的作用，还具有实施社会压力和社会控制的功能。许多民俗并不是法律，但在某些情况下却具有法律的意义，对人们的思想和行为具有强烈的约束作用。这种约束作用一般是借助于强大的社会舆论和人们的良心、负罪感、内疚感等一系列心理活动来实现的。各种习俗、惯例、禁忌、迷信等民俗都具有这种功能。例如，在一些地区，节女烈妇的思想迫使许多寡妇放弃了再婚的念头，因为她们无法抵御社会舆论道德的谴责。

民俗是一种约束面最广的行为规范，它像一只看不见的手，无形中支配着人们的所有行为，从吃穿住行到婚丧嫁娶，从社会交际到精神信仰，人们都在不自觉地遵从着民俗的指令。在日常生活中，人们很难意识到民俗的规范力量，因此也就不会对其加以反抗。民俗对人的控制是一种“软控”，但确是一种最有力的深层控制。

三、维系功能

民俗的维系功能，指民俗统一群体的行为与思想，使社会生活保持稳定，使群体内所有成员保持向心力和凝聚力。

民俗能维系社会稳定。任何一个社会都在不断变化，每一种文化都必须根据外部环境与内部情况的变化而不断加以调整。在社会生活的世代交替中，民俗作为一种传承文化，不断被后代所复制，由此保持着社会的连续性。在文化变迁中，民俗就像是一个巨大的胃，将新产生的或外来的生活方式、价值观念进行消化，并吸收某些新东西进入原有的民俗体系。即使是在大规模的急剧社会变革中，与整体民俗体系相比，发生的变化总是局部的、渐变的，这就有效防止了文化的断裂，维系了社会生活的相对稳定。

民俗不仅统一着社会成员的行为方式，更重要的是维系着群体或民族的文化心理。每个民族和社会群体，都生活在特定的自然条件与社会环境中，有自己独特的历史道路，因而形成了特定的群体心理。民俗是人们认同自己所属集团的标志。民俗文化的认同，使每一个个体都拥有自己的“出处”和“身份”背景，是一种心理的皈依和一种对共同文化的完全归顺。

四、调节功能

民俗的调节功能，是指通过民俗活动中的娱乐、宣泄、补偿等方式，使人类的社会生活和心理本能得到调剂的作用。

民俗的娱乐功能显而易见。许多民俗事项如故事、游戏、谜语、绕口令、民间舞蹈、民间竞技等都显示着民俗的娱乐功能，没有人把讲故事、做游戏、扭秧歌等当作是一种工作或沉重负担，相反它们是人们工作之余的一种放松和休息方式，是人类生活的调节剂。

民俗也有宣泄功能。民俗的一些特殊活动，婚礼中的闹洞房、丧葬中的哭丧、节日中的大量饮酒和美食佳肴，这些习俗内容，使人们感受到一张一弛的需要。在某些语言民俗中，许多内容通过类似于人们现在所说的“精神胜利法”的方式，获得情绪上的宣泄和精神上的补偿。民俗文化的这种宣泄功能，从根本上缓冲了个体与族群之间由于强调群体性或族群利益而存在的矛盾冲突，达到个体在族群中生存的自在性。

民俗还有补偿功能。人们在现实生活中难以得到满足的种种需要，往往可以在民俗中得到某种补偿。例如在情歌中，人们歌唱美好而大胆的爱情；各种各样的民间工艺、民间文艺，不仅使人赏心悦目，而且使生活充满了吉祥和希望。所有这些都是民俗给予人们单调而贫乏的日常生活的补偿。

第四节　民俗与旅游

PPT

一、民俗旅游的概念

民俗旅游指旅游者被异域或异族独具个性的民俗文化所吸引，以一定的旅游设施为条件，离开自己的居所，前往某一区域进行民俗文化消费的一个动态过程的复合体，是一种物质与精神活动的总和。民俗旅游属于较高层次的文化旅游。

二、民俗旅游资源的概念及类型

民俗旅游资源是发展民俗旅游的基础和前提。民俗旅游资源是人文旅游资源的内容之一，它是指那些可以激发旅游动机，并可以被旅游业利用，产生经济、社会、环境效应的民风民俗现象。民俗旅游资源包括节庆游乐、婚丧嫁娶、文娱体育、神话传说、宗教仪式、民间文学、音乐舞蹈、戏曲艺术、雕刻绘画、建筑形式、民族工艺、服装、饮食、待客礼仪等。

民俗旅游资源具有非常明显的三个特点。一是可以对旅游者产生旅游吸引力，是激发旅游动机的重要因素；二是可以被旅游业利用，并可以产生经济效益、社会效益、环境效益；三是它必须是一种可以被感知的民风民俗现象。

根据民俗旅游资源的存在形态和表现形式，可以把民俗旅游资源分为物质民俗旅游资源、社会民俗旅游资源、精神民俗旅游资源；按民俗旅游者的行为动机可以将民俗旅游资源分为四种类型：观光型民俗旅游资源、参与型民俗旅游资源、娱乐型民俗旅游资源和商品型民俗旅游资源；

按民俗旅游资源的本体属性可将民俗旅游资源分为物质民俗旅游资源、社会民俗旅游资源和意识民俗旅游资源。

三、民俗在现代旅游中的作用

（一）民俗本身就是重要的旅游资源

民风民俗本身就是重要的旅游资源。我国是个多民族的国家，民俗事项浩如烟海，它蕴涵着丰富的民俗旅游资源。民族的不同从根本上导致了民俗的差异，即使是同一民族，由于所处的区域不同，民俗现象也迥然不同。民俗的差异性成为吸引旅游者到异域旅游的主要动机。这种差异性的民俗文化，就成为旅游吸引力的重要因素。旅游者之所以乐于去他乡异域旅游，就在于可以享受不同民俗所给予的娱乐和新奇。比如，壮族的三月三歌节、满族的萨满仪式等都是重要的旅游活动。民俗文化游，已经与山水风光游和文物古迹游构成了我国三大旅游系列产品。

（二）民俗增强旅游活动的参与性

民俗本身是一种生活方式，游客到民俗景区旅游，可以与当地居民进行交流，深入当地的生活，体验当地的习俗，亲自体验各种独具特色的民俗文化，这是其他类型的旅游活动比较难做到的。对旅游者来说，民风民俗旅游活动都需要亲身体验、参与，仅仅观看表演难以留下深刻的印象，对民风民俗文化的了解也会比较肤浅。正是旅游者的亲身参与，使得民风民俗旅游活动更具新鲜感和生命力。

民俗旅游地的当地民众，既是民俗的主体，也是民俗的载体，其本身就是一道活的民俗风景。一些民俗活动项目中的服务者、经营者、表演者大多是本地居民，《印象·刘三姐》情景剧，参加演出的人员几乎全部来自当地少数民族，由于游客想观看的是当地居民生活方式的再现，而非专业演员的表演，这种形式会让游客产生一种融入本地文化的身临其境之感。

（三）民俗旅游提高旅游目的地的经济效益

旅游的经济属性和文化属性是密切相关的。旅游地的经济效益，靠的是对其文化内涵的挖掘。越是文化差异性大的旅游目的地，其旅游吸引力就越强，越有助于获得良好的经济效益。民俗本身就是文化现象，民俗旅游又是民俗在旅游业中的运用和发展，也是利用民俗为经济建设服务的具体体现。民俗旅游开发项目相对于其他类型的旅游开发来说，具有投资小、见效快的特征，尤其是原始民俗村落的开发，稍加投入改造就具备基本的旅游接待功能。居民也可以作为旅游从业人员参与其中，因此对旅游接待地来说，不仅可以增加经济收入，还可增加就业机会，增加服务业比重，助力调整产业结构。

四、旅游对民俗文化的作用

（一）积极影响

1. 旅游促进民俗文化的交流与传播 旅游活动是一种以不同地域、不同社会、不同民族、不同文化传统的人群之间的交往和接触为基本特征的访问活动。了解和接触异域社会和文化，既是很多旅游者的主要出游动机，同时也是所有旅游者访问异国他乡所产生的必然结果。在这种接触中，促进了民俗文化的交流和传播。例如由于国际旅游的发展，国外游客对中国传统文化的了解越来越多，出现了一大批着汉服、说汉语、学中国文化的外国粉丝，越来越多的中国元素出现在国际舞台上。

2. 旅游促进接待地民俗文化的现代化　在现代民俗旅游的发展中，为了契合旅游需求，更好地展示和传播民俗文化，提高民俗旅游的参与性，需要将民俗文化中的传统元素与现代元素相结合，借助现代科技手段提高民俗文化的魅力，创造出高附加值的文化旅游产品。在传播媒介上，新媒体已作为一种全新的传播样式，打破了时间和空间的限制，为地方民俗文化传播提供了空前的便利条件，加速了民俗旅游的发展。

3. 旅游促进民俗文化的保护和发展　民俗文化是一种重要的旅游资源，由于旅游业的发展和接待外来旅游者的需要，一些几乎被人们遗忘了的传统习俗和文化活动得到了恢复和开发。一些传统的手工艺品因市场需求的扩大得到传承，传统的民间歌舞和戏曲又得到重视和发掘，濒临湮灭的历史建筑得到修缮和管理。不少原先几乎已被遗忘，甚至即将消失的文化遗产，随着旅游业的开发而获得了新生。

（二）消极影响

在社会中，当两种不同的文化接触时，强势文化对弱势文化有一定的同化作用。随着旅游业的发展，大多来自经济和文化比较发达地区的游客源源不断地进入旅游地，他们所带来的外来文化往往是一种强势文化，而旅游接待地，其经济文化相对落后，在文化碰撞中会处于一种弱势地位。因此，当这两种文化接触时，本地文化会出现被同化现象。比如，当地居民会自觉不自觉地模仿、学习游客所带来的外来文化，随着时间的推移，本地人就会慢慢忘记或遗失自己的传统文化，逐渐被外来文化所同化或取代。

旅游的发展使民俗文化在被同化的同时，还有被庸俗化的风险。传统的民间习俗和庆典活动是有固定的时间，有传统的活动方式和方法，是有一定讲究的，也唯有这些讲究才能真正体现民俗文化的深刻内涵。但是由于某些旅游开发商的逐利行为，致使这些讲究被抛诸脑后，将一些民俗活动搬上舞台，不分场合不分地点，只要消费者需要就上演，民俗风情完全被商品化了，甚至连内容也开始向低俗化、庸俗化方向发展。

旅游的发展，交通条件的改善，使民俗文化的地理封闭性被打破，外来文化不可避免地会对本地文化产生冲击。虽说外来旅游者与当地居民之间是相互作用、相互影响的，但实际上，外来旅游者带给旅游地当地居民的影响要远远大于当地居民对旅游者的影响，主要是因为游客与当地人的接触时间一般都比较短，但对当地民众来说，他们同外来旅游者的接触是长期不断的，在这种长期接触中，外来文化会对本土文化产生潜移默化的长期影响，可能会导致本地文化的失真。

外来旅游者在旅游消费的过程中，其消费行为并不是日常消费方式和水平，这种失真的消费容易给当地居民产生错误的示范效应，误以为所有的游客都是有钱人，羡慕和嫉妒他们这种时间自由、花钱大方的生活。特别是当地年轻人最容易受这种错误示范的影响，往往不顾实际情况，盲目追求自由和物质享受，甚至为此不择手段。在这种思想和观念的驱动下，民俗旅游地的盗窃、赌博、诈骗、卖淫等犯罪行为和不良现象增多，很可能导致以前那种善良、淳朴的民风不复存在。

PPT

第五节　移风易俗

我国有着悠久的文化历史，民族文化博大精深。在文化的传承和发展中，要注意取其精华去其糟粕，让优良的民俗得以传承和发扬光大。

一、传统节日习俗辨析

中国的传统节日数目繁多，节日习俗丰富多彩。我国重大的传统节日主要有春节、元宵节、清明节、端午节、中秋节、重阳节、腊八节；还有寒食节、七夕节、中元节、冬至等传统节日，各民族也有各自不同的民族节日和习俗。

（一）春节

春节是我国最盛大、最热闹的一个古老传统节日，俗称过年。传统的庆祝活动从正月初一持续到正月十五。每到除夕，家家户户阖家团聚，一起吃年夜饭、守岁、相互祝福新年。北方地区的人们还有吃饺子的习惯，取“更岁交子”之意。而南方有吃年糕的习俗，象征生活步步高。守岁达旦，喜帖春联，敲锣打鼓，张灯结彩，送旧迎新的活动热闹非凡。另外，还有舞狮子、耍龙灯、演社火、逛花市、赏灯会等习俗。

（二）元宵节

农历正月十五，又称上元节、灯节。正月十五闹元宵，将从除夕开始延续的庆祝活动推向又一个高潮。元宵之夜，大街小巷张灯结彩，人们赏灯、猜灯谜、吃元宵，成为世代相袭的习俗。

（三）清明节

公历四月五日。清明节既是传统节日也是二十四节气之一。清明节的前一天是寒食节。两节恰逢春光明媚、桃红柳绿。寒食节的设立是为了纪念春秋时期晋朝的介子推。清明寒食期间，民间有禁火寒食、祭祖扫墓、踏青郊游等习俗。另外还有荡秋千、放风筝、拔河、斗鸡、戴柳、斗草、打球等传统活动。

（四）端午节

农历五月初五，又称端阳、重五、端午节。早在周朝，就有“五月五日，蓄兰而沐”的习俗。但当下端午节的众多活动都与纪念屈原有关。这一天，家家户户吃粽子，南方各地举行龙舟大赛。同时人们在这一天举行洒扫庭院、挂艾枝、悬菖蒲、洒雄黄水等杀菌防病活动。

（五）七夕节

农历七月初七。传说这一天喜鹊在银河上搭成一座鹊桥，牛郎和织女才能相见。这一天，民间有向织女乞巧的习俗，一般是比赛穿针引线，看谁更心灵手巧。因此七夕又叫乞巧节或女儿节。

（六）中秋节

农历八月十五。是一年秋季的中间，因此称中秋节。中秋之夜，除了赏月、祭月、吃月饼，有些地方还有舞草龙、砌宝塔等活动。除月饼外，各种时令鲜果干果也是中秋夜的必备美食。此夜，月入圆盘，人们还会借明月寄托对亲人和朋友的思念之情。

（七）重阳节

农历九月初九。重阳节的活动十分丰富，有登高、赏菊、喝菊花酒、吃重阳糕、插茱萸等习俗。重阳节又称“老人节”，老人们在这一天或赏菊陶冶情操，或登高强健身体，给晚年生活带来诸多情趣。

传统节日习俗是人们在长期的社会生活中逐渐形成的，通过历史沿袭而巩固下来的。不能简单地把传统文化当作是落后文化，当作是迷信和愚昧文化。

二、优良民俗培养

孔子说：“移风易俗，莫善于乐；安上治民，莫善于礼”。荀子说：“论礼乐，正身行；广教化，美风俗”。这些都是强调民俗文化对民众行为的塑造作用。民俗的教育功能有着学科教育不可替代的作用。中华传统文化中的“仁、义、礼、智、信”的五常之道，可以帮助学生树立正确的人生观和价值观，学会做人、处世的方法和原则。

知识链接

二十四节气

节气，是干支历中表示自然节律变化以及确立“十二月建”（月令）的特定节令。二十四个节气分别为：立春、雨水、惊蛰、春分、清明、谷雨、立夏、小满、芒种、夏至、小暑、大暑、立秋、处暑、白露、秋分、寒露、霜降、立冬、小雪、大雪、冬至、小寒、大寒。在历史发展中，二十四节气被列入农历，成为农历的一个重要部分。

“二十四节气”是上古农耕文明的产物。它是上古先民顺应农时，通过观察天体运行，认知一岁（年）中时候、气候、物候等方面变化规律所形成的知识体系。上古时代确立节气依据“斗转星移”（斗柄指向），现行确立节气依据“太阳周年视运动”（黄经度数），始于立春，终于大寒。二十四节气，表达了人与自然宇宙之间独特的时间观念，蕴含着中华民族悠久的文化内涵和历史积淀。它不仅在农业生产方面起着指导作用，同时还影响着人们的衣食住行，甚至是文化观念。

本章小结

在历史的长河中，民俗文化的发展是流动的、变化的，它在社会的每个阶段都会产生变异，并在变异中求得生存和发展。当今中国社会处于经济转型的关键时期，民众思想观念和生活方式的转变必然表现在民俗文化的变化上，这是不以人的意志为转移的客观现实。中国是一个历史悠久的民俗文化大国，民俗文化不仅是历史的延续，而且还将继续延续下去。正是这种文化延续，造就了中华民族的精神传统和人文性格，因此，认识和弘扬中国民俗文化传统，对增强中华民族的凝聚力，有着十分重要的意义。

题库

习题

一、选择题（1 ~ 5 题为单选题；6 ~ 10 题为多选题）

1. 据专家推测，《灰姑娘》在全球有500多个版本，这体现了民俗的（　）。

A. 稳定性　　B. 变异性

C. 扩布性　　D. 传承性

2. 服饰民俗属于（　）。

A. 生产民俗　　B. 生活民俗

C. 商业民俗　　D. 游艺民俗

3. 民间禁忌属于（　）。

A. 物质民俗　　B. 社会民俗

C. 精神民俗　　D. 游艺民俗

4. 在古代，某些习俗迫使一些寡妇放弃再婚念头，这反映了民俗具有（　）。

A. 教育功能　　B. 规范功能

C. 维系功能　　D. 调节功能

5. 民间游戏、民间工艺等大部分体现的是民俗的（　）。

A. 教育功能　　B. 规范功能

C. 维系功能　　D. 调节功能

6.（　）是春节常见习俗。

A. 贴春联　　B. 吃饺子

C. 舞狮子　　D. 给长辈拜年

7.（　）属于物质民俗。

A. 生产民俗　　B. 生活民俗

C. 商业民俗　　D. 民俗信仰

8.（　）属于社会民俗。

A. 组织民俗　　B. 节日民俗

C. 婚庆民俗　　D. 人生礼俗

9.（　）属于民间艺术。

A. 民间歌舞　　B. 民间说唱

C. 民间戏曲　　D. 民间器乐

10.（　）属于端午节习俗。

A. 吃粽子　　B. 赛龙舟

C. 放风筝　　D. 插茱萸

二、思考题

如何减少旅游对民俗的消极影响？

第八章　认识美和美育

学习目标

知识目的

1. 掌握中西方对于美的本质认识的不同观点。
2. 熟悉美的主要特点、形态和范畴。
3. 了解美育及其特点和作用。

技能目标

1. 能够运用美学知识辨别美丑，自觉追求并践行真、善、美。
2. 能够在生活与工作中发现美、欣赏美、创造美。

案例讨论

【案例】2005 年 7 月 29 日，94 岁的钱学森对时任国务院总理温家宝说："一个有科学创新能力的人不但要有科学知识，还要有文化艺术修养。没有这些是不行的。小时候，我父亲就是这样对我进行教育和培养的，他让我学理科，同时又送我去学绘画和音乐。就是想把科学和文化艺术结合起来。我觉得艺术上的修养对我后来的科学工作很重要，它开拓了我的科学创新思维。现在，我要宣传这个观点。"

【讨论】你认为提高大学生文化艺术修养，对提升审美能力有何深远意义？

第一节　美的本质

PPT

微课

一、美的词义分析

美的本质和特征问题是关于美的本体的重大理论问题。其中核心是美的本质问题，即回答美是什么的问题。

从词源学和日常生活用语两个角度分析"美"这个词的含义，虽然不能直接揭示美的本质，但可以对深奥的美的本质的哲学探讨提供通俗易懂的经验基础。

现代汉语的"美"字，最早见于甲骨文，从甲骨文来看，"大"上部的构件并不是羊头，而是像羽毛之类的装饰物。人的头上装饰着高耸弯曲的羽毛或类似的头饰状，自然是美丽的，所以才拿来创造美丽、美好等意义。在甲骨文中，羽饰下部多出一横，羽饰由四根变为两根，上部变得与"羊"相似。西周以后，这一构件已与"羊"非常接近。战国时已形成与小篆大致相同的主流结构，同时作为后代主要异体的"羊""火"结构开始出现，构件"火"是"大"的讹变。隶书主流结构承袭“羊”“大”的讹变形体，并且又进一步楷化为楷书的“美”。许慎《说文解字》认为，美是个会意字。段玉裁作注：“羊大则肥美。”因而人们常常将“美”字拆成“羊”“大”，“羊大则美”，肥大的羊可作膳食，满足人们饮食的需要，有实用价值，是善也是美，“美与善同意”。现代以“美”为规范字形。无论是肥美、味美，还是饰美，都意味着美对人与社会具有价值。

有人对《论语》作了统计，“美”字共讲14次，其中有10次是表达“善”“好”的意思。日本美学家今道友信对“美”的理解还有独到之处，他认为“美”与《论语》中“告朔之饩羊”，即每逢初一人们进行祭祀活动时敬献的生羊有关。他把“美”与其他两个相关的汉字“義”和“善”联系起来考察。如果一个人在祭神活动中双肩扛上一只羊献上，那么，他的精神就达到“義”的境界。如果有人不仅献上一只羊，而且还用一种容器“豆”给装上，就达到“善”的境界，因为“善”字的下部分是由“豆”演变过来的。如果有人不仅用“豆”装上羊献上，而且他献的羊比别人大，那么他就达到了“美”的境界。

二、对美的本质的认识

关于“美是什么”这个命题，历来有无数的哲学家、美学家、思想家从不同的途径进行了艰苦的探索，以探寻美的奥秘和美的本质。

（一）西方对美的本质的认识

回顾西方学者的探索路径，他们对于“美的本质”的认识主要有以下几种观点。

1. 美在形式 这是在西方出现最早、也是在很长时期内占统治地位的看法。以古希腊的毕达哥拉斯学派、亚里士多德（公元前3世纪）为代表。他们共同主张美不在心，而在于客观事物自身和谐的形式与属性。具体地说，就是事物的形式、结构都是按照一定的数量关系构成的，整体与各部分的比例配合上，如果平衡、对称、整齐，那么，就是和谐的，事物的形式就是美的。这是古希腊人说“和谐”多于说“美”的原因。毕达哥拉斯学派还应用这个原则去研究建筑与雕刻等艺术，想借此寻找到物体的最美形式。“黄金分割”理论就是由他们在这样的背景下提出来的。

2. 美在主观 这个观点以英国哲学家休谟为代表。他将美看作是主观心理活动的结果，努力从人的心理，即感觉、情感、想象、理智之中寻求对美的解释。休谟认为：“美不是事物本身的属性，它只存在于观赏者的心里。每一个人心见出一种不同的美。这个人觉得丑，另一个人可能觉得美。”这是美在主观的典型论断，主要用来说明美感的个体差异性。比如，七月牧童晚归，在文人眼里是绝妙的风景，但在放牛娃眼里是艰辛。另外，中国人常说“情人眼里出西施”“萝卜青菜，各有所爱”，讲的就是这个道理。

3. 美在生活 这种观点以俄国的车尔尼雪夫斯基为代表。他认为，一个事物美与不美，决定的因素不在该事物本身，而是取决于该事物与社会生活发生关系之后所显示的意义。比如，它能够折射一种生活理想；或者能够显示出生活或使人们想起生活。这个“生活”兼有“生命”和“生产”两种意思。从“美是生活”这个定义出发，他们认为真正的最高的美，是人在现实世界中所遇到的美，而不是艺术创造的美。“美在生活”的观点，把艺术和现实的美系摆到了一个妥当的位置，一方面引导人们去热爱生活，并为美好的生活而奋斗；另一方面强调艺术创作要与生活紧密联系起来，要发挥“再现生活”“说明生活”“对生活现象下判断”的社会作用。

4. 美在关系 这个观点以法国狄德罗为代表。他认为“美是事物的客观关系，是随着关系而开始、增长、变化、衰落、消失的”。比如，要判断“你这人真坏”这句话中“这人”到底是美还是丑，需要看其与周围环境的关系。如果这是说话者对他的情人撒娇说的情话，那是美的；如果是说话者因对他人不满表达情绪时说的话，则是丑的。关系一变化，人的思想、观点会随之发生变化。在狄德罗看来，并非事物的所有关系都是美的，只有建立在和自然万物的关系上的美才是持久的美，才能“创造出好看的、美丽的、迷人的、伟大的、崇高的、绝伦的以及诸如此类与物质和精神有关的无数字眼”。

5. 美在理念 这个观点以古希腊的柏拉图，德国的康德、黑格尔等为代表。他们将精神现象看作客观实体、万物的本原及美的本原。黑格尔主张“美是理念的感性显现”，认为世界的本源是“理念”“绝对精神”。所谓“感性显现”，即把理念化为符合现实的、具体的、感性的形象，成为感觉上看得见、听得到的东西，使感性与理性互相渗透，融为一体。比如“义举”，首先要形成有关“义举”的理论认知（即内容），然后化为现实生活中诸如救死扶伤、慈善捐款、勇斗歹徒、为国捐躯等具体的言行（即外在形式）。黑格尔还主张“一件事物如果能够完全表现出该事物的观念来，它就是美的”，通俗地说，就是“凡是出类拔萃的东西、在同类中无与伦比的东西，就是美的”。黑格尔的美学观点，虽然强调了理性和感性的统一、内容和形式的统一、美的普遍性和特殊性的统一，其中充满了辩证的思想，有着合理的内核，但也抹杀了同一类事物和现象美的差异性、多样性。

（二）中国古典美学审美崇尚

中国古典美学以天人合一为内在精神和思想线索，从人与自然、个体与社会的和谐统一关系中思考审美现象，较之以天人相分、主客对立为主导思路的西方传统美学，有其鲜明的审美崇尚。

1. 先秦两汉美学思想 先秦时期，以《易》为核心的原初自然生化观，代表了古代中国人对自然、世界以及二者之道形成的理解，奠定了中国美学思想的基本精神。百家争鸣时代，美学思想派别儒家和道家既相互对立又相互补充，构建和形成了中国古代美学的基本格局。

儒家创始人孔子十分注重“善”与“美”的关系，主张“美”“善”相兼，“美”“善”统一，以“尽善尽美”为最高批评标准，认为“《韶》尽美矣，又尽善也”，而“《武》尽美矣，未尽善也”（《论语·八佾》）。孟子思想以“性善论”为核心，强调人性以“善”为本，主张“我善养吾浩然之气”（《孟子·公孙丑上》），把人格精神、道德之善与审美快感联系在一起。朱熹解释：“美者，声容之盛；善者，美之实也。”（《论语集注》）这种以善为美，是符合孔子思想的，反映出先秦时代强调美与善高度统一，把审美同人的人格精神与道德情操联系在一起的美学思想和审美价值观念。

道家崇尚自然，以“天道自然无为”为本，提倡以物我为一为最高审美境界。“道生一，一生二，二生三，三生万物”“万物得之以死，得之以生”。“道”，即自在自然，绝对自由，不受任何意志的规范。审美价值也是“自然之道”的内在价值属性，“至德之美，在于自然”。作为审美主体的人，如果能突破对象性的拘役与自身心灵的束缚，回归到无挂无碍、绝对自由的自然境界，与自然融合为一，“天地与我并生，万物与我为一”，这样就达到了“道”的最高境界。

2. 魏晋隋唐美学思想 魏晋时期是“文学”的自觉时代，推动艺术走向全面本体的自觉。文学艺术被看作个体人生意义价值、个人生命生存境遇的审美表达。在文学观念上，以曹丕的“文以气为主”（《典论·论文》），陆机的“诗缘情而绮靡”（《文赋》），范晔的“情志所托，故当以意为主，以文传意”（《狱中与诸甥侄书》），顾恺之的“以形写神”（《魏晋胜流画赞》）等为代表。

唐代美学思想也与整个文化心态相契合，或刻意关注文学的社会责任感与社会功利价值，而放逐其美学本体特征，如杜甫诗既温柔敦厚，又沉郁顿挫；韩愈坚持文以载道的儒家美学传统，兼顾“物不平则鸣”的独创精神；白居易发挥诗的讽喻作用，以求改良政治。或超越审美主客体矛盾因素，通过主体自身的审美观照，构建起供主体寄托遨游的心灵载体，导向一种淡泊宁静、和谐自然的优美境界，如司空图的《诗品》，以审美意象为核心，“不着一字，尽得风流”“思与境偕”“境外之象”“韵外之致”和“味外之旨”等既刻画了意境的审美构成和审美品格，又创建了一套完整的意境美学理论。

3. 宋元明清美学思想 随着宋代市民阶层及以市民审美趣味为核心的世俗审美心态的兴起，宋代美学呈现出追求平淡境界和“以禅喻诗”的特点。欧阳修主张诗文“古淡而有真味”。苏轼以平淡为“文”的最高境界，认为“大凡为文当使气象峥嵘，五色绚烂，渐熟渐老，乃造平淡”。严羽《沧浪诗话》以禅学为理论依据，探讨诗歌的审美特征，认为“禅道惟在妙悟，诗道亦在妙悟”,“妙悟”是“最上乘”的因素，是诗的“正法眼”，提出了一切外在的事物、现象，只有作为人的自由的内心生活表现，才有真正的美的意义。

明代的启蒙美学思潮以徐渭、李贽、汤显祖、公安三袁为主，敏锐地把握时代强劲的脉搏，勇敢地接受历史的挑战，从审美主体与社会、与传统意识尖锐对峙的美学新维度，吹响古典美学“自我批判”的号角，呈现出悖逆于古典美学的强劲态势，从而激扬起中国美学史上一场声势浩大的启蒙美学思潮。

4. 现代中国美学研究 随着西方美学思想的引进，中国传统美学在中西美学思想的碰撞、交汇中开始了真正意义的现代性建构。

《人间词话》中，王国维构建的以“境界说”为核心范畴的美学体系，是中国现当代美学的第一个理论模式，拓展了中国古典美学意境说的理论内涵。

蔡元培的美学思想，是以美育实践为轴心展开的，他认为美育的意义在于用美的事物来陶冶人的情感和行为，提出了“美育代替宗教说”，成为中国现当代美育思想的最早开拓者。

20世纪30年代以后，中国现当代美学进入更有生机、更富有建设性的阶段。朱光潜在《谈美》《文艺心理学》《诗论》等著作中，运用西方美学思想的直觉说、心理距离说和移情说，对审美心理和艺术创造心理作了细腻而独到的分析。宗白华在《略谈艺术的价值》和《中国艺术意境之诞生》等论文中，对审美、艺术和人生的关系，艺术意境的生成、构成和魅力，及中西美学特征的比较等问题提出了精彩的见解。

20世纪40年代后，在鲁迅、瞿秋白、周扬和冯雪峰等人的介绍下，马克思主义美学思想进一步中国化，产生了毛泽东《在延安文艺座谈会上的讲话》这一具有深远意义的文艺理论和美学文献。

5. 我国当代美学界对美的本质的看法 主要有以下四种。

第一，主观论，“美是观念”。代表人物是吕荧和高尔太。吕荧认为，美是人的一种观念。面对同一个东西，有的人会认为美，有的人却认为不美。自然界的事物或现象本身无所谓美丑，它们美或不美，是人给它们的评价。高尔太更明确表示：客观的美并不存在。

第二，客观论（自然说），“美在物本身”“美是典型”。代表人物是蔡仪。他认为，美的事物之所以美，是在于这事物本身。美不依赖于鉴赏者而存在，那些典型的、客观的事物可以引起人们的美感。

第三，主客观统一论。代表人物是朱光潜。他给美下了如下定义：“美是客观方面某些事物、性质和形状适合主观方面意识形态，可以交融在一起而成为一个完整形象的那种特质。”为了说明自己的观点，他引用了苏东坡的琴诗“若言琴上有琴声，放在匣中何不鸣？若言声在指头上，何不于君指上听”。他认为，说琴声（美）就在指头上的是主观唯心主义，说琴声就在琴上的，就是机械唯物主义，要有琴声，就既要有客观条件“琴”，又要有主观条件弹琴的“手指”，即主客观的统一。因此，他认为，美既有客观性，又有主观性；既有自然性，也有社会性；客观性与主观性是统一的。

第四，实践论。代表人物是李泽厚，他认为，美是社会实践的产物。这个观点包含两层意思。首先，美是一种客观存在的物质，它不依赖于人的主观意识条件，即美的客观性；同时，美只有在人类社会出现之后即与人类社会劳动、生产实践等具体的生活相结合才会显现，即美的社会性。由此可以看出，在美的客观性认知上，李泽厚与蔡仪有所不同；在美的社会性认知上，则与朱光潜有所不同。

第二节　美的特点及形态

PPT

一、美的特点

（一）美的客观性

物质世界处处存在着美，它只能为实践着的审美主体感受到。在自然领域，浩瀚宇宙，日月星辰，风雨雷电，高山峻岭，江河湖海，树木花草，飞禽走兽，无论是经实践改造过的自然，还是未经实践改造过的自然，都有美的存在。在社会领域，从旧石器时代加工修饰、形态各异的石器、弓箭、陶器，到奴隶社会浑厚凝重的青铜器，到封建社会精巧美观的漆器、瓷器、编织品、金属器具，到现代化生产基地、生活设施、琳琅满目的商品，它们都闪烁着美的感性光辉。

精神领域的美也是客观存在的。人们心灵美实际上是现实美的反映，是现实中人与人之间关系和谐美的反映。而且，心灵美总是要体现在语言美、仪表美、行为美之中。艺术美也是现实美的反映，从来源上可以说它仍是客观的、物质性的。

（二）美的社会性

正如只有人类社会出现后才有善一样，美是人类社会出现后才有的，它根源于人类社会实践。自然美也不例外，没有人类社会实践对自然的认识和改造，就没有自然之美。太阳因它给予人类以光明、热量，大地因它给予人类以生息、繁衍，因而是美的。老鼠、苍蝇、蛔虫与人为害，因而是丑的。自然物除了它的物质功利性之外，还可以作为休息、观赏、游戏的对象，进而可以作为愉悦性情的对象，这样就有了有益于人类精神生活的功利性，成为人们审美的对象。自然美有社会性，社会美的社会性更是不言而喻了。

（三）美的形象性

美的形象性是指美以生动的感性形象，为人们的感官所认识和感受，并且能够直接唤起人的美感体验的特性。美的形象是可感的、具体的。一方面在于它的内容的社会功利性，即有用、有利、有益于社会生活实践，是对实践的肯定，是一种价值；另一方面，在于它的物理属性和社会功能的合规律性，比如，对称、均衡、比例、和谐等，二者统一构成完整的形象。苏轼在《前赤壁赋》中写道：“唯江上之清风，与山间之明月，耳得之而为声，目遇之成成色，是造物者这无尽藏也，而吾与子之所共适。”苏轼当年被贬黄州，遇到人生低谷，是黄州的山水人文美景抚慰了他的心灵。此地七色入眼，五音入耳，五味入舌，意境入心，帮助他辩证看待一时得失，最终成为胸襟开阔的一代文豪。

（四）美的差异性

任何事物都是在一定的时空中存在的，不同时空的人，由于地理环境、人文习俗、教育背景、民族信仰、经济基础、性别、身份、职业等不同，会导致审美心理、审美方式、审美判断上的不同。比如，非洲人以皮肤黝黑为美，中国人则追求貌美肤白；唐代女性以丰腴为美，当代中国女性则以苗条为美。

二、美的形态

美的世界姹紫嫣红，景象万千。但总的来说美的形态主要有自然美、艺术美、社会美、科学美、技术美。

（一）自然美

自然美是一切美的基础，也是各种美创造的基本参照。自然美有两层含义，一是指自然界中各种事物美的属性；二是指事物与生俱来的美。自然美的最大特点是单纯、本真，一般能够给人以清雅、素朴的美感。比如，洁白无瑕的珊瑚、野花昆虫等，它们显示自然界的千姿百态，令人感受到自然的意趣。薛宝钗长得“唇不点而红，眉不画而翠”（《红楼梦》），让人看到她有一种不施脂粉也明艳动人的健康之美。

自然美丰富多彩，表现形式也多种多样，既有雨雪风霜等纯自然状态下的事物形象，又有兼具思想美的文化意象。比如月亮，它是“床前明月光”，皎洁柔美，这是月亮作为一种自然形象给人以美的印象；但是，人们“举头望明月”，又会引发“低头思故乡”之情，这是月亮被赋予了思想美、意境美，给人们精神上带来极大的享受。

（二）艺术美

艺术的本体是审美意象，即一个完整的、有意蕴的感性世界。艺术不是为人们提供一件有使用价值的器具，也不是用命题陈述的形式向人们提供有关世界的一种真理，而是向人们呈现一个意象世界，从而使观众产生美感。所以，艺术和美是不可分的。艺术是多层面的复合体，除了审美的层面，还有知识的层面、技术的层面、物质载体的层面、经济的层面、政治的层面等。沿着曲折的游廊漫步在苏州古典园林中，步移景异，变化万千的园林美景常常使人陶醉；登上八达岭的最高点，极目远眺，城垛从近到远，从疏到密，随着山岭逶迤蜿蜒伸向远方，心中会激起强烈的民族自豪感；在骊山脚下秦始皇兵马俑博物馆中，面对列着方阵的古代武士们和光灿灿的铜战车，会令人对中华文化的悠久和灿烂发出由衷的赞叹。大到长城、高阁危楼、横跨江河的大桥，小到博物馆中只有半寸见方的精细的篆刻印章，还有传统的绘画、书法、工艺篆刻，以及再现自然美景的园林艺术，我们所观赏到的这些景致都是艺术美。

（三）社会美

社会美是指社会事物、社会现象表现出来的美，它包括人的美和社会生活形态的美。社会美的核心内容是人的美。人的美又可分为外在美和内在美。内在美是人的理想道德情操知识等主观世界的美，外在美是人的相貌体态语言行为举止的美，两者有机统一，共同创造并表现社会美。

社会生活形态美则主要包括民俗风情、节庆狂欢、休闲文化等。在这些社会生活形态中，人们不同程度超越日常生活的单调、平淡和束缚，不管男女老幼，不分贫富贵贱，以审美的眼光，在物我两忘中，回归人的本真生活世界，创造一个充满情趣和欢乐的意象世界，从而获得纯粹的审美愉悦和幸福的体验。比如，人们走进太行山，登临摩天绝壁上开凿出来的石梯登山道，亲临靠人民肩扛手提在崇山峻岭间开凿出来的“天渠”，心底会不由自主地升腾起一股崇高感，在感叹大自然的威力之时，更由衷赞佩人类劳动创造的崇高美。

（四）科学美

科学美是用数学形态表现出来物理学的定律和理论架构，它诉诸人的理智，是一种数学美、逻辑美，它超功利，但并不超逻辑。物理学领域的一些大师，如爱因斯坦、杨振宁等，他们都肯定了科学美的存在。在他们看来，科学美表现为物理学理论、定律的简洁、对称、和谐、统一之美，是一种数学美、形式美。他们指出，物理世界的“美”和“真”是统一的，因而他们都强调，科学家对于美的追求，在物理学的研究中有很重要的作用。很多科学大师认为追求科学美是科学研究的一种动力，理由主要有：第一，美的东西必定是真的，因此可以由美引真；第二，在科学研究中要想获得创造性的成果，必须依赖直觉和想象。

（五）技术美

技术美是社会美的一个特殊的领域，技术美要求在产品生产中，把实用的要求和审美的要求统一起来，即产品的实用功能与审美的有机统一，技术美的核心是功能美。功能美的追求是对历史上曾出现过的两种片面的审美观否定，一种是只求功能不问形式，一种是把产品的审美价值完全归结为外在的形式。这两种片面观点都是对实用功能和审美的割裂。正确把握功能美，要注意处理好两个问题：第一，功能不仅要适应人的物质要求（即产品的使用价值），而且要适应人的精神需求（即产品的文化价值、审美价值）；第二，功能不仅应该体现为产品的内在形式结构，而且也应该体现为产品的表层外观。产品外观的缺陷，往往意味着功能的缺陷。在当代，越是高档的产品，美感在这个复合体中所占的比重就越大。

三、美的范畴

不同的社会文化环境会孕育出不同的审美文化。不同的审美文化由于社会环境、文化传统、价值取向、最终关切的不同而形成自己独特的审美形态。审美形态是特定的社会文化环境中产生的某一类型审美意象的“大风格”。审美范畴是这种“大风格”的概括和结晶。在西方文化史上，优美与崇高、悲剧与喜剧、丑与荒诞等概念是涵盖面比较大的审美形态的概括和结晶，也是美学史上绝大多数美学家认同的审美范畴。在中国文化史上，受儒、道、释三家影响，也孕育了若干在历史上影响比较大的审美意象群，形成了独特的审美形态，从而结晶成独特的审美范畴。例如，“沉郁”概括了以儒家文化为内涵，以杜甫为代表的审美意象大风格；“飘逸”概括了以道家文化为内涵，以李白为代表的审美意象大风格；“空灵”则概括了以禅宗文化为内涵，以王维为代表的审美意象大风格。

（一）优美与崇高

优美是古希腊文化所培育出来的文化形态。古希腊神庙和人体雕像以及文艺复兴时期大画家拉斐尔的作品是优美的典型代表。优美的特点是完整、单纯、绝对的和谐，就是文克尔曼说的

“高贵的单纯和静穆的伟大”。优美引起的美感，是一种始终如一的愉悦之情。

崇高是希伯来文化和西方基督教文化所培育出来的审美形态。哥特式教堂是崇高的典型代表。到了欧洲18世纪至19世纪之交的浪漫主义时期，“崇高”的文化内涵发生了重大的变化，人的超越自我的精神历程，成为崇高的核心。诗和音乐（歌德的《浮士德》，贝多芬的第三、第五、第九交响曲）成了崇高的新的感性显现。康德认为，崇高的对象以在数量上和力量上的无限巨大，激发主体的超越精神，主体由对审美对象的恐惧而产生的痛感转化为由肯定主体尊严而产生的快感，这就是崇高感。

在优美和崇高之中，有一种灵魂美，它闪耀着高尚、圣洁的精神的光辉。这种灵魂美的本质是一种大爱，是生命的牺牲与奉献。人们面对灵魂美，内心会充满一种神圣感，这种神圣感是一种心灵的净化和升华。

中国美学中有一对和崇高与优美十分类似的范畴，即阳刚之美与阴柔之美。但是这两对范畴的文化背景不同，哲学内涵不同，所以不能把它们完全等同。

（二）悲剧与喜剧

历史上研究悲剧最有影响的是亚里士多德、黑格尔和尼采。亚里士多德认为，悲剧是人的行为造成的。他以希腊悲剧《俄狄浦斯王》为例，说明悲剧的主角并不是坏人，他们因为自己的过失而遭到灭顶之灾，这是命运的捉弄。悲剧引起人的“怜悯”和“恐惧”的情绪，并使这些情绪得到净化。

中国和西方一样也存在着悲剧。《红楼梦》的作者曹雪芹有一种深刻的命运感。《红楼梦》是一部描绘“有情之天下”毁灭的伟大的悲剧。书中林黛玉的《葬花吟》、贾宝玉的《芙蓉女儿诔》，是对命运的悲叹，也是对命运的抗议。

喜剧体现古人的一种时间感。整个世界是一个不断更新和再生的过程。旧的死亡，新的又会产生。旧的东西、丧失了生命力的即将死亡的东西，总显得滑稽可笑，于是产生了喜剧。喜剧美感体验的特点是使人产生一种“透明错觉”，从而使人产生某种同情感、智慧感和新奇感，从而引发喜剧的笑。

（三）沉郁与飘逸

沉郁的文化内涵是儒家的“仁”，也就是对人世沧桑深刻的体验和对人生疾苦的深厚的同情。最典型的代表是杜甫。杜甫的大多数作品，都渗透着儒家的“仁”，即一种普遍的人类同情、人间关爱之情。沉郁的审美特征主要有两点：一是带有哀怨郁愤的情感体验，极端深沉厚重，达到醇美的境界；二是弥漫着一种人生、历史的悲凉感和苍茫感。

飘逸的文化内涵是道家的“游”，也就是精神的自由超脱，以及人与大自然融为一体。最典型的代表是李白。李白的大多数作品都体现了道家“游”的精神，即呈现一个自由的精神世界，同时又是一个人与大自然生命融为一体的世界。飘逸的美感特点有三个：一是雄浑阔大、惊心动魄的美感；二是意气风发的美感；三是清新自然的美感。

PPT

第三节 美育及其作用

一、美育的概念

美育，又称美感教育。即通过培养人们认识美、体验美、感受美、欣赏美和创造美的能力，从而使人们具有美的理想、美的情操、美的品格和美的素养。在我国绵延数千年之久的传统文化中，儒家的美育思想一直占据主导地位，孔子把美育看成贯穿教育全过程的重要手段。在学校教育中，礼与乐是必备的科目。礼、乐、射、御、书、数，即“六艺”，是主要教育内容。1793 年，德国古典文学和古典美学最重要的代表人物冯·席勒以书信体写成的《审美教育书简》（又译《美育书简》），第一次在美学史上提出了比较系统和全面的美育理论，从理论上深刻阐述了美育的必要性和美育的意义，被后人称之为“第一部美育的宣言书”，并以此作为审美教育形成独立理论体系的标志。

美育有狭义和广义之分。狭义的美育是指美感教育、审美教育、审美观和美学素养教育等，有的甚至认为美育专指“艺术教育”。广义的美育则是指将美学原则渗透于各科教学后形成的教育。

我国社会主义学校的美育，是为社会主义精神文明建设和促进学生全面发展服务的。它根植于中华优秀传统文化的深厚土壤，汲取人类文明优秀成果，在引领学生树立正确的审美观念、陶冶高尚的道德情操、培育深厚的民族情感、激发想象力和创新意识、具备开阔的眼光和宽广的胸怀等方面具有不可或缺的作用。

二、美育的基本特征

美育作为一种独特的教育方式，不仅具有自己特殊的内涵与目的，而且具有与其他教育形式不同的、显著的特点。

（一）形象性

形象性是美育的显著特点。美育是从观赏美的形象开始，并且始终离不开美的形象，让受教育者通过美的形象来领悟美的内蕴。无论是自然美、社会美，还是艺术美，它们首要的特征就是形象性。

（二）娱乐性

娱乐性是美育的鲜明特点。早在古罗马时期，贺拉斯就提出了“寓教于乐”的主张，强调通过艺术欣赏活动，使人们获得精神上的审美满足，身心得到积极的休息，从中受到教育和启迪。

（三）自由性

自由性是美育的重要特点。一般来讲，智育、德育等教育方式，都或多或少要采用灌输的方式来进行。智育、德育，课堂是主阵地。而美育，恰恰是采取自觉自愿的自由方式开展的。

（四）普遍性

美的普遍性，决定了美育的普遍性。美是无时不在、无处不在的，美育也就随时随地可以进行。尤其是现当代，随着科学技术的发展和人民物质文化水平的提高，美和美育在人类生活中占据越来越重要的位置，它不只是可以在学校的课堂或校园中进行，而且可以进入人类生活的各个领域。审美教育在现当代社会的生活化趋势，使得人们在日常生活中随时可以受到美的熏陶和教育，美育正在成为一种生活教育或人生教育。

三、美育的作用

美育对人能产生作用在于美具有普遍性和超脱性。美育还能够弥补科学因概念性、抽象性、机械性而导致的美感不足，使人生丰富而有意义。

（一）提升人的幸福感

蔡元培认为世界有两方面：现象世界和实体世界。现象世界就是物质世界，实体世界就是精神世界，是人类心理和精神的最后依靠与归依。美育是实现世界观教育、帮助人们以达到精神世界的途径与桥梁，这是由美育的特点决定的。人人都有爱恶惊惧喜怒悲乐之情，并随人的生死祸福利害等境况而改变。人们面对美的对象，决无占有的念头，心理的美感是纯洁无杂念的，众人面对美的对象，都是如此，因此就能忘记人我的差别，而与美浑然一体，进入实体世界。美育对人生的意义在于提升人的精神境界，使人进入一种超越功名利禄、超越人我之见、超越利害生死的境界，使人体验生命的真谛，获得人生的终极幸福。

（二）激活人的创造力

蔡元培认为，人的精神（心理）有三种：一是知识，二是意志，三是情感。知识属于科学，意志的表现是行为，属于伦理学，情感属于美育。人人都有感情，却不一定有伟大而高尚的行为，这是因为感情推动力薄弱。而美育正是培养感情推动力的。蔡元培还认为，艺术能使人养成高尚、勇敢与舍己为群的思想。他认为：“知航空之理论者，或不敢冒险而飞行，何哉？感情兴奋之时，非理智所能调节；感情沉滞之时，非理智所能活泼也。孰调节之？孰活泼之？曰艺术。”因为艺术是“超于利害生死之上，而自成兴趣”的，能够激活人的创造力。

（三）促进人的体魄美

强健体魄，是体育的主要功能。但审美教育直接关系到身体自由均衡的发展，关系到体态、动作、行为、举止的自由和谐。审美教育包容着自由的人格精神和心灵境界等教育因素，还可以帮助培养拼搏进取的坚强意志乃至自由超越的精神，引导体育把功利性、强制性与自由性、超越性结合起来，使人形成一种具有审美色彩和情调的体育观、健身观。可见，审美教育与体育是天然结合、并肩而行的，能促进人的体魄美。

课堂互动

学生思考：加强美育的重要性不言而喻，请谈谈当前加强大学生美育有哪些办法？

教师指导：1. 构建科学的美育课程体系，科学定位美育课程目标，开设丰富优质的美育课程，实施美育实践活动的课程化管理；2. 大力改进美育教育教学，深化学校美育教学改革，加强美育的渗透与融合，创新艺术人才培养模式，建立美育网络资源共享平台，注重校园文化环境的育人作用，加强美育教研科研工作；3. 统筹整合学校与社会美育资源，采取有力措施配齐美育教师，通过多种途径提高美育师资整体素质，整合各方资源充实美育教学力量，探索构建美育协同育人机制；4. 保障学校美育健康发展，加强组织领导，加强美育制度建设，加大美育投入力度，探索建立学校美育评价制度，建立美育质量监测和督导制度。

本章小结

黑格尔说过："人之所以为人，就在于人能够脱离直接性和本能性。因此人需要教化，教化的本质就是个体的人提升为一个普遍性的精神存在。"所以，他说哲学就是在教化中获得了它存在的前途和条件。当代解释学大师伽达默尔也说过："精神科学是随着教化一起产生的"，因为精神的存在和教化的观念本质上是连在一起的。

当代大学生加强美育学习，首先能完善自身的人格修养，提升自己的人生境界。增强审美的自觉性，更自觉更积极地去追求一种更有意义和更有价值的人生，提高有关美的思考的兴趣和能力，也就是对于人生、生命、文化、存在，以及对于真、善、美等这些根本问题进行理论思考的兴趣和能力，从而使自己在获得各种具体学科的知识之外，更能获得一种人生的智慧。

习题

题库

一、选择题（1～5 题为单选题；6～10 题为多选题）

1. 标志着美学作为一门独立学科正式建立的美学著作是（　）。

A. 柏拉图《大希庇阿斯篇》　　B. 维柯《新科学》

C. 鲍姆加通《美学》　　D. 黑格尔《美学》

2. "以美育代宗教"的主张的提出者是（　）。

A. 王国维　　B. 蔡元培

C. 李大钊　　D. 李泽厚

3. 美学史上最早提出"美在数的和谐"的美学家是（　）。

A. 毕达哥拉斯　　B. 苏格拉底

C. 柏拉图　　D. 亚里士多德

4. 陶渊明认为，欣赏自然美景时"此中有真意，欲辩已忘言"指的是（　）。

A. 审美的非功利性　　B. 审美的非自觉性

C. 审美的具象性　　D. 审美的个性

5. 西方第一部关于美育的专著是（　）。

A.《论美书简》　　B.《判断力批判》

C.《审美教育书简》　　D.《美学》

6. 美的形态包括（　）。

A. 自然美　　B. 艺术美

C. 社会美　　D. 技术美

E. 科学美

7. 下列属于美育特点的是（　）。

A. 形象性　　B. 强制性

C. 娱乐性　　D. 普遍性

8. 下列不属于王国维在《人间词话》中提出的最主要的概念是（　）。

A. 主情说　　B. 神韵说
C. 境界说　　D. 格调说

9. 以下对“美不自美，因人而彰”的理解正确的是（　）。
A. 美不是天生自在的，美离不开观赏者，任何观赏都带有创造性
B. 美并不是对任何人都是一样的，同一外物在不同人的面前显示为不同的景象，生成不同的意蕴
C. 美带有历史性，具有共同性和差异性
D. 以上说法都正确

10. 下列属于美育的主要作用的是（　）。
A. 提升人的幸福感　　B. 激活人的创造力
C. 促进人的体魄美　　D. 提升审美能力

二、思考题

请谈谈目前影响大学生审美教育的因素有哪些？有哪些主要应对措施？

第九章　鉴赏绘画艺术之美

学习目标

知识目标

1. 掌握绘画艺术的概念及其分类。
2. 熟悉中国的绘画发展历程。
3. 了解绘画鉴赏的内涵与外延。

技能目标

1. 能够鉴赏并具体指出绘画的艺术之美。
2. 能够说出绘画作品的内容构成因素、形式构成因素及其深层意蕴。

案例讨论

【案例】 画家罗中立根据自己在大巴山生活的体验，创作了一幅典型的乡土写实主义画作《父亲》。该作品被视为伤痕画派的一个重要代表，表现了农民朴质的美与勤劳的品格，体现了画家的乡土主义情怀和对农民的深情。某美术学院的学生经历了严格的造型训练，画成了和罗中立《父亲》一模一样的绘画作品，但这件作品并没有引起轰动，更没有因此成名和被人所记住。

【讨论】 1. 你认为案例中某美术学院的学生所画的《父亲》有艺术价值和社会影响吗？

2. 你认为某学生的作品没有引起轰动的深层原因是什么呢？

第一节　概　述

PPT

一、概念

绘画是一种形象艺术，是在二维平面上运用点、线、色彩、明暗、透视、构图等手段，在平面上创造图像，反映现实和表达审美感受、思想情感的艺术。这是从造型手段、作品形态和创造图像目的三个方面对绘画的诠释。其中，在平面上创造图像，作品形态是平面的，这是绘画与美术其他门类的根本区别。工艺美术是以美术技巧制成的各种与实用相结合并有欣赏价值的工艺品，虽然也有个别的平面性作品，但它有美化装饰作用，且工艺美术的根本目的是为了实用；摄影艺术作品虽然也是平面形态的，但由于它是运用机械的技术性和暗室加工完成的记实性图像，因而和画家自主创作的、表达审美感受、思想感情的绘画有着本质的不同。

二、中国绘画艺术的发展历程

任何一种艺术形式都有源头可以追溯，其发展历程如涓涓细流，在历史长河的流转中交汇变迁，形成今天繁荣的局面。

中国的绘画艺术十分古老，最早可追溯到新石器时代的彩陶画和岩画，到战国时期的帛画，绘画技巧虽幼稚，但已掌握了初步的造型能力，对动物、植物等动静形态亦能抓住主要特征，用以表达先民的信仰、愿望以及对于生活的美化装饰。

秦汉王朝是中国早期历史上建立的中央集权制大国，疆域辽阔，国势强盛，丝绸之路架起中外艺术交流的桥梁，外来文化与本土文化的撞击与融合，使这时期的绘画艺术空前发展与繁荣。汉代盛行厚葬之风，其墓室壁画、画像砖、画像石以及随葬帛画，生动塑造了现实、历史、神话人物形象，画风气魄宏大，笔势流动，既粗犷豪放，又细密瑰丽，内容丰富博杂，形式丰富多样。

魏晋南北朝时期，社会急剧变化，由稳定统一走向分裂，战争频仍，民生疾苦，但是绘画仍取得了较大的发展，苦难的社会生活给宗教绘画提供了传播的土壤，宗教绘画勃然兴起。新疆克孜尔石窟、甘肃麦积山石窟、敦煌莫高窟都保存了大量的、这个时期的壁画，艺术造诣极高；由于上层社会对绘画的爱好和参与，涌现出一批有文化教养的知名画家，如顾恺之等。这一时期玄学流行，文人崇尚飘逸通脱，绘画注重精神状态的刻画及气质的表现，以文学为题材的绘画日趋流行，同时对绘画自觉地进行了理论上的把握，画史画论等著作开始出现，提出了一些绘画品评标准，山水画、花鸟画开始萌芽，山水画理论开始出现。

隋唐时期社会经济和文化高度繁荣，对外交流活跃，给绘画艺术注入了新的机遇，绘画创作呈现出全面繁荣的局面。在人物画方面，外来画风达到了顶峰，但吴道子、周昉等人具有鲜明中原画风的作品占有绝对优势，民族风格日益成熟，展子虔、李思训、王维、张缲等人的山水画、花鸟画已工整富丽，取得了较高的成就。

五代两宋时期，人物画绘画突破了宗教的羁绊，转向描绘世俗生活，宗教画渐趋衰退，山水画、花鸟画跃居画坛主流。而文人画的出现及其在后世的发展，极大地丰富了中国画的表现形式和内容。两宋画家的视野获得了扩展，题材范围的扩大，表现手法比之唐、五代向前迈进了一大步，反映现实生活的风俗画、肖像画，描写古代事迹的历史画，描绘祖国壮丽河山而结构宏伟的山水画、工整艳丽的花鸟画，以及充分运用水墨、有很高概括性和抒情性的水墨写意画，百花竞放，欣欣向荣，形成中国古代时期绘画的高峰，留下了许多传世杰作，如郭熙的《早春图》《关山春雪图》，张择端的《清明上河图》《西湖争标图》，王希孟的《千里江山图》，李唐的《采薇图》《万壑松风图》，马远的《踏歌图》《水图》等作品。

至元、明、清时期，中国绘画艺术进一步成熟完备。朝廷设置画院，扩充机构编制，延揽人才，并授以职衔，宫廷绘画盛极一时。文人学士亦把绘画视作雅事并提出了鲜明的审美标准，绘画内容、形式、技法都出现了丰富精彩、多头发展的繁荣局面。文人画获得了突出的发展，成为中国画的主流，在题材上，山水画、花鸟画占据了绝对的地位，涌现出众多的杰出画家，形成了众多画派，留下难以数计的优秀作品。中国画自 19 世纪末以后在引入西方美术的表现形式、艺术观念以及继承民族绘画传统方面，出现了流派纷呈、名家辈出、不断改革创新的局面。

三、绘画的分类

古往今来绘画艺术的种类和形式多种多样，按照不同的方法来分类，绘画有许多不同的种类。

（一）按照绘画工具和使用的材料划分

一般来说，按照绘画工具和使用的材料进行划分，绘画分为中国画、油画、版画、素描、水彩画和水粉画等。

1. 中国画　是中国传统绘画的统称，指用毛笔蘸水、墨、彩作画于绢或纸上的一类绘画样式，简称“国画”。中国画创作使用的绘画工具和材料主要有毛笔、墨、国画颜料、宣纸、绢等，题材可分人物、山水和花鸟三大类，技法分为工笔、写意和兼工带写三种。中国画的最大特点是注重人的情感、道德与精神表现，讲求“以形写神”，追求一种“妙在似与不似之间”的神韵，画风清新，意境高远。

2. 油画　是西方绘画的主要品种，起源于欧洲。约 15 世纪时由荷兰人发明，用亚麻籽油、罂粟油、核桃油等调和颜料，在经过处理的布、纸板或木板上作画。作画时使用的稀释剂为挥发性的松节油和干性的亚麻仁油等，画面所附着的颜料有较强的硬度，当画面干燥后，能长期保持光泽。油画颜料不透明，覆盖性强，所以绘画时可以由深到浅，色彩丰富，使画作产生立体感。

3. 版画　是在不同材料的版面上刻画形象后印制而成，它的最大特点是可以连续重复印制。由于版材的性质与刻印方式的不同，可以分为若干品种，主要有木版画、铜版画、石版画、瓷版画等。与其他画种相比，版画作品的造型往往概括洗练，艺术风貌明快、单纯。

4. 素描　又称单色画。广义上指的是以任意一种材料作单色的描绘，狭义指用铅笔、钢笔、木炭笔等在纸上绘出形象。它一般是画家的写生之作，即面对人物或风景描绘而成，是一种带有研究性的绘画基础训练作品。有时也指画家构思大幅创作的草图，优秀的素描作品不仅是习作，更具有独立的艺术价值。就写实的绘画来说，素描是造型的基础，有什么样的素描，就有什么样的油画或国画，素描同样体现了画家的艺术观念和艺术表达方式。

5. 水彩画和水粉画　是以水调和颜料创作的绘画，大多画于纸上。水彩画特别借助水对颜料的渗融效果及纸的底色，产生画面的透明感及轻快、湿润的艺术特色，水粉画颜料有一定覆盖力，又易于被水稀释，可用干、湿、透明、厚积等不同表现方法作画，其特点兼有水彩的明快、油画的浑厚。当代的宣传画、广告画多采用水粉材料画成。

（二）按照绘画作品再现或者表现的对象划分

按照绘画作品再现或者表现的对象进行划分，绘画可以分为人物画、风景画、静物画及动物画等。

1. 人物画　是以人物形象为画面主体的绘画的通称。人物画力求人物个性刻画得逼真传神，气韵生动、形神兼备。其传神之法在于常把对人物性格的表现寓于环境、气氛、身姿和瞬间动感的描绘之中，故中国画论上又称人物画为“传神”。

2. 风景画 通俗地说是指以风景为描绘对象的绘画。中国画中的山水画就属于风景画，但其在中国画艺术中一般不用“风景画”的概念，而是称作山水画。风景画的概念现在一般仅使用于西方传入的油画、水彩画等。西方的油画风景、中国的山水画最早只作为人物画的背景，17 世纪才逐步发展为独立的画科。在西方，风景画独立成科，德国画家丢勒的水彩画和阿尔特多费尔的油画中，出现地方性标志风景画。该画种成熟于17 世纪的荷兰。西方绘画传入中国后，颜文梁作为早期的风景画家而知名，吴冠中的风景画富于民族情调。

3. 静物画 是以相对静止的物体为主要描绘对象的绘画。其所绘物体（如日常用品、花卉、蔬果、器皿、书册、食品和餐具等）都是根据画家创作意图的需要，经过认真选择，精心摆布和安排的，其中物体在形象和色调关系上，在画中都能得到较好的表现，总体谐和，能传出物象内在的感情。宋代李嵩的《花篮图》，精心描绘了堆满花篮的各种春花，给人以春意盎然、百芳争艳、万物复苏的感觉。

4. 动物画 是以各种动物为描绘对象的绘画的总称。动物画以动物形象为载体，借以表达人的愿望、幻想和各种思想感情等。它的题材很广泛，凡动物均可入画，主要对象为人们常见的家禽、家畜和动物园中的各种动物。动物画不要求惟妙惟肖，允许夸张与变形，但要有个性，要能引起观众对生活美的联想。动物画在中国画里是被归为花鸟画一类的。如唐代韩滉的《五牛图》就是动物画。

（三）按照绘画的社会功能或者表现形式划分

按照绘画的社会功能或者它采取的表现形式，习惯上将它分为宣传画、年画、漫画、连环画和插图等。

1. 宣传画 又叫招贴画，是以宣传鼓动、制造社会舆论和气氛为目的的绘画，通过直接面向群众、影响人心而及时地发挥社会作用，广义包括文化活动的海报和商品广告等。一般带有醒目的、号召性的、激情的文字标题。其特点是形象醒目，主题突出，风格明快，富有感召力。宣传画是中国革命战争和社会主义建设时期美术创作的一个重要组成部分。

2. 年画 是中国特有的一种绘画体裁，始于古代的“门神画”，中国民间艺术之一，亦是常见的民间工艺品之一。清光绪年间，正式称为年画，是中国农村老百姓喜闻乐见的艺术形式。大都用于新年时张贴、装饰环境，因含有祝福新年吉祥喜庆之意而得名。

3. 漫画 是用简单而夸张的手法来描绘生活或时事的绘画艺术。一般运用变形、比喻、象征、暗示、影射的方法，构成幽默诙谐的画面或画面组，以取得讽刺或歌颂的效果。

4. 连环画 又称连环图画 、连环图等。连环画是一种古老的中国传统艺术，在宋朝印刷术普及后最终成型。以连续的图画叙述故事、刻画人物。这一形式题材广泛，内容多样。

5. 插画 指插附在书刊中的图画。有的印在正文中间，有的用插页方式，对正文内容起补充说明或艺术欣赏作用。随着现代社会的发展，现代插画的含义已从过去狭义的概念变为广义的概念。人们把报纸、杂志、各种刊物或儿童图画书里，在文字间所加插的图画，统统称为“插画”。

PPT

第二节　绘画艺术基本特征

一、绘画艺术的特征

绘画是依赖于视觉来创造、感受和欣赏的艺术，除了具有造型艺术的“应物象形”的造型性和瞬间性、静止性、永固性的一般特征外，还有其独具的基本特征，主要表现在以下几个方面。

（一）在平面上创造出立体空间效果

绘画艺术是在二维空间上创造出三维空间，在平面上创造出立体空间效果，依靠明暗和形象结构表现物象的凹凸，造成立体幻象，令观者感到物、象是立体的。并通过物象大小、遮挡关系、透视变化和色彩变化、虚实等处理，造成深远的空间效果。

（二）精确性与多方面性

长于描绘是传统绘画的艺术特点。再现性绘画描绘的精确性，可以达到乱真的地步。如梵高的《向日葵》所画向日葵形体质感非常逼真。虽然随着不重形似的中国写意画和西方现代绘画的兴起，精确的描绘已不被人们所重视，但商品广告和工业设计、建筑设计的效果图仍然体现着绘画这一特点。

与再现性绘画相反，表现性绘画则是着眼于表现主观世界。不仅表现主观心态、思想哲理，还可以描绘幻想、梦境。有些表现性绘画排除描绘的技术性，但它必须有感人的艺术魅力。其艺术魅力，在于形式的独创性，手法的新颖性，造型给人视觉冲击的强烈和形式美感。

（三）各美其美的艺术美

各种绘画因工具材料和技法等因素，形成各画种独特的艺术趣味和画家驾驭艺术语言的功力美感。中国写意画，是利用宣纸吸水的敏感性和洇晕墨色的艺术效果，讲究线条要有力透纸背的力度美，用墨具有变化和厚重感，笔墨构成气韵生动；油画，讲究色彩要有浑厚、凝重和丰富、和谐的美感。版画讲究“刀味”“木味”等和印制的美感；水彩画讲究水、色彩和笔法形成的明快、清丽、水分丰润的艺术美。

（四）构图是绘画的基础

构图是对绘画艺术语言进行组织，使之构成一幅完美的画。构图是绘画艺术的基础，也是能否表达作者构思和给人以形式美感之所在。从欣赏的角度来讲，需要把握绘画构图的以下几点。

1. 宾主关系明确，位置安排得当　油画《开国大典》中，毛泽东站立于人群前面，居主要地位，身着深色服装，在明亮天空衬托下显得突出，并在灯穗的飘向、栏杆透视线的引向和其他人物精神意向的作用下，使观众一眼便注意到这一伟大人物，知晓所表现的伟大事件。

2. 构图结构形式与内容相统一　作品的画幅和艺术语言的结构形式，是为了贴切地表达内容。例如，日本画《白夜光》表现的是开阔而宁静的意境，利用长方形画幅和水平线给人以平静舒展的心理作用，将树木沿着条状带的结构形式进行组合，弱化个体树木的显明性，强化水平线给人的宁静感。中国画《太行丰碑》，画家用竖幅构图，将山按方形结构组合，并运用强烈的黑白对比构成一种坚实、敦厚、沉重的宏大气势，突出将太行山作为抗敌的历史丰碑的立意。

3. 色彩与表现内容的统一 色彩是最富有表情的形式因素，画面的色调对内容的传达起到重要作用。例如，《开国大典》色彩富丽明快，《白夜光》色调暗绿、深静，都与表现内容相统一。

4. 构图要符合形式美法则，给人以形式美感 绘画离不开构图。通俗地讲，构图就是为了表现画面的主题思想，而对画面上的人或物及其陪体、环境作出恰当的、合理的、舒适的安排，并运用艺术的技巧、技术手段强化或削弱画面上某些部分，最终达到使主题形象突出，主体和陪体之间的布局多样统一，画面疏密有致的艺术效果，使主题思想得到充分、完美的表现，从而使绘画作品给人以形式美感。

微课

二、中西方绘画艺术的区别

东西方文化根本不同，艺术的表现形式也是不一样的。东方艺术重主观，西方艺术重客观。故在绘画上，中国画重神韵，西方画重形似；中国画重神似，西方画重写实。这也是西方绘画与中国绘画最本质的区别。

具体来说，东西方绘画艺术主要有以下五大不同。

（一）中国画盛用线条，西方画线条都不明显

线条大都不是物象所原有的，是画家用以代表两物象的界线的。比如，在中国画中描一条蛋形线表示人的脸孔，画一曲尺形线表示人的鼻子，其实，鼻头上并无此线，此线是鼻与脸的界线。画家们总是依靠粗粗细细的线条来勾勒造型，然后敷以颜色。西方绘画中的物象界线不是用线条来区分，而是用色彩的深浅、光线的明暗来表现，刻意强调色彩的丰富性与结构上的差别。它所追求的，是在色彩的冷与暖、厚与薄、深与浅、淡与浓等多组关系中，营造出直观的视觉效果。所以西方绘画很像实物，而中国画不像实物，一望便知其为画。中国书画同源，作画如同写字一样，随意挥洒，披露胸怀。

（二）中国画不注重透视法，西方绘画力求尚似真物

透视法，就是在平面上表现立体物。西方绘画极注重透视法，力求肖似真物，画中的市街、房屋、家具、器物等，形体都很正确，竟同真物一样。若是描绘走廊的光量，可在数寸的地方表现出数丈的距离来。而中国画作画同作诗一样，想到哪里，便画到哪里，不受透视法的拘束。所以，不可用西方绘画的法则来评判中国画。

（三）中国画重神似，西方绘画重解剖学

中国画中的人物画，目的只在表现人物姿态的特点，却不讲究人物各部的尺寸与比例。故中国画中的男子，相貌奇古，身首不称，女子则蛾眉樱唇，削肩细腰。中国画欲求印象的强烈，故扩张人物的特点，使男子增雄伟，女子增纤丽，而充分表现其性格，故采用象征法，重神似而形不似。而西方人物画很重解剖学，生理解剖学讲人体各部的构造与作用，艺术解剖学则专讲表现形状。由于西方绘画注重写实，必须描绘得同真的人体一样，所以，画家须记住骨骼筋肉的名称及其形状的种种变化。

（四）中国画不重背景，西方绘画重写实

中国画不重背景，故中国画的画纸，留出空白的地方（俗称留白）较多。很长的一张纸，下方描一株花草或一块石头，就成为一张立幅。中国画传神，故必删除琐碎而特写其主题，以求印象强烈，例如画梅花，一枝梅悬挂空中，四周都是白纸；画人物，一个人悬挂空中，好像驾云一般。而西方绘画重写实，且必有背景，例如果物，其景为桌子；人物，其背景为室内或野外，画面全部填涂，不留空白。中国绘画与西方绘画的这点差别，也是由于写实与传神的不同而存在。

（五）中国绘画题材以自然为主，西方绘画以人物为主

中国绘画在汉代以前，以人物为主要题材。但到了唐代，山水画即独立。一直到今日，山水仍常为中国绘画的题材。而西方绘画自古希腊时代起，一直以人物为主要题材，中世纪的宗教画，大都以群众为题材。例如《死神的胜利》《最后的审批》等，一幅画中人物不计其数。直到19世纪开始，才有独立的风景画。风景画独立之后，人物画也并不让位，裸体画在今日仍为西画的主要题材。

PPT

第三节　绘画艺术的鉴赏

绘画艺术的视觉特征决定了绘画欣赏的方法是观看细品，因而，提高绘画欣赏力的唯一方法也是看。我国历来有欣赏绘画艺术的六法，“先观气韵，次观笔意、骨法、位置、傅染，然后形似”；在西方则有四问法，“探究作品功用，印证文化背景，衡量写实程度及分析形式构成”。这种差异是在不同文化传统习惯中形成的审美标准和角度的差异。今天，人们欣赏绘画时首先注重“画的什么”，其次再看“是否逼真”，面对作品，费神地寻找故事情节、人物身份和相互关系，赞许的是“画得真像”。这种欣赏方法是不完整的、有缺陷的。绘画艺术语言中的色、光、形、结构等要素都是具有审美感染力的表象符号，不同画家运用它们的方式不同，就会产生出具有个性的绘画艺术作品。因此，对于欣赏画的人而言，面对风格各异的作品，想要获得欣赏的愉悦，达到鉴赏的层次，需要掌握一定的知识与方法。

一、绘画艺术的鉴赏方法

1. 灵活应用鉴赏标准　由于绘画作品的画种、创作背景、民族风格等因素的不同，绘画鉴赏应运用不同的鉴赏标准。例如，欣赏国画一般是看画面的整体气势，也就是说先品其“神韵”或“神似”，然后再看它的笔墨趣味、构图、着色、笔力等，最后才看它的造型，即像不像或“形似”。“神韵”是一种高的艺术审美享受，常常是中国画家们追求的目标。而西方传统绘画重视客观的观察，主要通过精确的透视、光线和色彩来再现物象，具有理性的精神。

2. 先理解再品评　欣赏和批评绘画作品切忌有先入为主的成见，有人常常不研究作品，不了解艺术家的意图，对自己看不惯的东西痛加“批评”，这种做法很难提高鉴赏能力。不论哪种流派、风格，不论第一眼喜欢或不喜欢的，在欣赏之前要首先要了解作品产生的原因和背景，画家想要表现的内容，以及作品结构、形式的特征等，只有对这些真正理解了，和绘画作品在感情上产生交流，鉴赏者才可能作出比较实事求是的判断和批评。

3. 把握代表作品特征 对于作品尤其是古代绘画遗产，通常要放在它诞生的时代背景上来品评，并且与前代的、同代的或后代的绘画加以比较，方能找到它在绘画发展史上的准确位置，理解其所具有的艺术美的真谛。同时，在绘画艺术的历史进程中，每一个时代，每一个国家或地区的绘画面貌总是有一些重要画家及其典型作品，人们称那些富有创造性的画家为“大师”，是因为他们的创造是超越前辈，影响来者的。他们的作品是一个时代的标志，具有永恒的魅力。对这部分作品有较深的理解，就是丰富了欣赏知识，掌握了鉴赏的标尺。哪怕是面对一件没有任何介绍的作品，也能基本把握它的艺术特点。

4. 培养绘画艺术形式感觉 欣赏的实质不是表面的观看，而是感觉。面对一幅绘画作品，整体面貌在瞬间便直逼眼帘：线条是绘画诸要素中最生动的部分，是画家从自然真实中抽取出的一种有抽象意味的语言，线条的韵律支撑了全画的生机，尤其在以线造型为主的中国画中，线条是构成物象、表现画家情感的符号，也能给欣赏者以各种联想；形体在绘画中不仅指具体物象的形貌，还反映出形貌所暗示的情感倾向特征，对形体的感知能够帮助领略画作的内涵；色彩是绘画中最富情感性质的要素，色彩作用于人的感官，会产生心理效应，例如，红色使人想起血与火、壮烈、勇敢，令人产生激奋与昂扬的情绪；蓝色唤起对星空、大海的遐想，令人产生宽广、舒缓之感，色彩能够形成扩张与收缩、前进与后退等倾向，也会激发悲哀、热烈、崇高等象征性联想。作品的艺术特征触动、撩拨、撞击、刺激着人的感官神经，形成审美的心理活动。与音乐欣赏必须在实践过程中经历欣赏过程不同，绘画欣赏是与面对作品全貌的瞬间同时进行的。欣赏者感觉的敏锐度与含量决定了欣赏层次，这就要求欣赏者也尽量像画家一样，具备对绘画形式语言的感受力。对艺术形式的敏感依靠训练和培养，经常欣赏画作，思考画作中的形式特点，在日常生活中注意观察物体和景色的形式，就能培养出良好的感觉。

5. 尊重自我感受 欣赏绘画是一种“见仁见智”、原无定法的创造性活动。由于欣赏主体的年龄、经历、修养与趣味各异，同样看一幅画，获得的感受结果自然也相异，这是正常的。欣赏绘画的动机，在于人们希冀通过艺术理解历史文化，也理解自身的意义。艺术品从艺术家笔下诞生之后，它就成了一种新的现实，它赋予每个人的感受也不同，每个人都可以从自己的角度欣赏它。因此，在掌握了一定的绘画知识和欣赏能力后，应充分尊重自己对绘画作品的直觉，在画作面前驰骋自己的联想与想象。联想是绘画欣赏中的一种高级思维，是欣赏者把自己的经历、知识与作品所表达的内涵相联系，进而认识、理解作品的过程。在欣赏过程中，从视知觉到心理联想，不仅依靠一定的文化修养，还依靠摆脱陈规与公式的拘束，敞开自己的视野。联想和想象是情感的双翼，借助它们，欣赏的层次便不断深化，帮助欣赏者达到心旷神怡的最佳审美境界。

6. 感性与理性结合 艺术作品的真正目的不在于绘画作品它像或不像，而在于绘画作品表现的内容和主题、作品的艺术表现形式、艺术技巧，以及对作品的时代背景和时代精神的理解。能否给人以充分的艺术审美享受，并使人从中获得某种启迪和教育。鉴赏者在进行鉴赏活动时，要充分调动自身有利的条件，诸如生活阅历、审美经验以及情感体验等，使鉴赏活动有充分的感性基础。如能在审美感知和审美理解后，通过自己积累的审美经验、文化知识、生活阅历等进行丰富的联想，在作品审美的基础上进行再创作，欣赏绘画才具有了真正的意义。

当然，由于绘画语言的丰富性和人们欣赏的角度、侧重点不同，常常会发生意见分歧，这是很正常的现象。因此，在绘画欣赏中，要提倡相互尊重和宽容的精神。

知识链接

现代派绘画鉴赏

鉴赏现代派绘画作品需要厘清现代派绘画的传承。现代派绘画并非一派一系，而是对20世纪以来涌现出的画派画家的统称。西方美术经历了罗马时期、哥特时期、文艺复兴时期、巴洛克时期、洛可可时代……每一个时期都涌现出优秀的绘画大师，如达·芬奇、安格尔、米开朗琪罗等，他们把古典绘画推向了高峰时期。随着历史的进步、时代的发展，艺术家开始从不同的道路探索艺术的方向，迎来了流派纷呈、充满画家个人色彩的现代艺术时期。早在19世纪中期就诞生了现代派绘画的启蒙者保尔·塞尚，他在表现自然物体时开始专注于结构，运用圆柱体、圆锥体、球体进行画面物体的布局安排。他的绘画直接影响了20世纪初的立体主义、几何抽象艺术，因此，人们称他为“现代绘画之父”。荷兰画家梵高，他的作品不同于传统绘画的严谨，而是充满鲜艳的色彩和灵活的线条，画面充满强烈的感情色彩。同时，相继出现了探索光影的印象派画家莫奈、雷诺阿、德加、修拉；色彩强烈的野兽派画家马蒂斯；充满形式和技巧的立体主义画家毕加索；具有强烈情感的表现主义画家蒙克；抽象艺术画家康定斯基；诗与梦的巴黎画派画家夏加尔……以及20世纪出现的种类繁多、异彩纷呈的各种派别。现代派绘画由具象走到抽象、从整体走到局部，由内容走到形式，更多的是“视觉艺术”，更多地注重线条、色彩、结构、体积等。

二、中国画作品鉴赏

中国画传统历史悠久，内涵博大精深，常常在小中见大。学习和鉴赏中国绘画作品，要从实质、墨趣、意境、诗意、历史年代、画家特点等方面去品评，才能真正领悟这门艺术的真髓。

（一）工笔画作品鉴赏

中国画从绘画的技法上可以分为工笔画和写意画。工笔画，亦称“细笔画”，属中国画技法类别的一种。工笔画与“写意画”对称。工笔画属于工整细致一类画法，如宋代的院体画，明代仇英的人物画等都是工笔画。

顾恺之的《洛神赋图》是中国美术史上第一个用绘画的形式来表现文学作品的杰作。顾恺之（约公元345—406年），字长康，东晋杰出画家。多才多艺，工诗赋，善书法，有“才绝、画绝、痴绝”之称。顾恺之作画，意在传神，其“迁想妙得”“以形写神”等论点，为中国传统绘画的发展奠定了基础。

《洛神赋图》画卷是中国十大传世名画之一。此图取材于三国时期杰出诗人曹植的浪漫主义名篇《洛神赋》。全画卷分三部分，曲折细致而又层次分明地描绘了曹植与洛神之间真挚纯洁的爱情故事。画面人物安排疏密得宜，在不同的时空中自然交替、重叠、交换，而在山川景物描绘上，无不展现一种空间美。顾恺之在这幅画里将文学作品中主人公与宓妃的爱情悲剧修改成有情人终成眷属的喜剧。图中人物的塑造是极其成功的，人物虽散落于山水之间，但相互照应，并不孤立，神情的顾盼呼应使人物之间产生了有机的视觉联系。画中的曹植带着随从，在洛水之滨凝神怅望，仿佛见到思念已久的洛神。远处凌波而来的洛神，衣带飘逸，神态委婉从容，目光凝注，表现了关切、迟疑的神情。二人的思念之情溢于卷面，令人感动。顾恺之以高度的艺术想象力和写神的绘画功力表达了原作的意境，可清晰地循迹原作所传达的思想，它是书画意境中毫不逊色的《洛神赋》。全图设色艳丽明快，线条流畅，充满动感，富有诗意之美。用笔细劲古朴，恰如"春蚕吐丝"。画面色彩很柔和，加上画家对周围环境生动的描绘，突出了画面的诗意气氛，体现了早期山水画的特点。

（二）写意画作品鉴赏

写意画即是用简练的笔法描绘景物。写意画多画在生宣上，多用中锋侧锋逆锋来表达，纵笔挥洒，墨彩飞扬，较工笔画更能体现所描绘景物的神韵，也更能直接地抒发作者的感情。

《踏歌图》据传是南宋著名院体画家马远的传世名作。此图取材于南宋都城临安附近的农村，是一幅表现"全境"的作品：近处田垅溪桥，巨石雄踞于左角，几个老农正在垅上踏歌而行；远处高峰削成，宫阙隐现，整个气氛显得欢快清旷。虽然以人物活动为主题，描绘四个老农在群峰林立、幽深邃远处"踏歌而行"的场景，实则为一幅写意山水画。此图右下角的四个农夫，虽然衣衫褴褛却又载歌载舞地快乐地走在垅上，四人姿态神情各不相同，脚步轻盈而富有节奏感。有人拄着手杖，边走边舞，转过身去招呼；有人正要过桥，或开个玩笑，或说几句戏谑的话；有人需要旁边的人搀扶；落在最后的哪位老人肩挑着酒葫芦，迷迷糊糊地挎着脚步。画面左下角，还有一妇女和孩童回首张望，脸上带着欢欣的表情。马远巧妙地将诗意的自然之景与人物风俗活动结合起来，静动结合，相辅相成，整幅画面既安静闲适，又不乏愉悦轻松之感。翠竹红梅姿态婀娜，路旁的老柳树抽出了新芽，在乍暖还寒的风中摇曳，观画者也似乎能置身于画中，耳边回荡着农夫们欢乐的歌声。这幅画表现了"幸遇太平年，好时节，清明初破""谁知道，山城父老，重见中兴年"等一番太平景象。

马远与李唐、刘松年、夏珪并称为"南宋四大家"。

三、油画作品鉴赏

油画起源于欧洲，约15世纪时由荷兰人发明，兴起于文艺复兴时期，被引进我国仅有三百多年，它是一种通过油性植物颜色作为媒介进行创作的绘画艺术。欣赏油画作品，主要从作品的思想内容、艺术技巧两个方面着手。只有理解油画的思想内涵，掌握油画的创作手法和艺术风格，才能不断增强油画审美能力。一幅优秀的油画作品，不但能使人悦目，得到美的熏陶，而且能给人带来精神享受，有的作品还能引起观者和画家的精神共鸣。

（一）罗中立油画作品《父亲》鉴赏

当代画家罗中立在1980年创作了一幅超写实肖像油画《父亲》。此画问世后，引起强烈反响，被视为中国伤痕画派的重要代表。20世纪80年代初，该画获得第二届全国青年美展一等奖，放大表现老农的《父亲》已成为中国当代人像油画里程碑式的作品，罗中立也由此被誉为20世纪80年代中国画坛的一面旗帜。这个父亲不仅是罗中立的父亲，更是全体中国劳动人民的父亲。画家饱含深情地刻画出中国农民的典型形象，深深地打动了无数中国人的心。

罗中立（1948年—　），1948年出生于重庆郊区，毕业于四川美术学院油画系，曾任中国美术家协会副主席、四川美术学院院长。出版画册有《罗中立油画集》《罗中立油画选》。

罗中立的油画作品《父亲》，现收藏于中国美术馆。画家用了多层画法的厚实色层，层层塑造，色层饱和厚实。画中人物头裹白布、手端旧碗沐浴在阳光照射下，满脸黝黑，沟壑纵横，挂满了大颗的汗珠，“父亲”承受生活之重的精神状态和充满希望的内心世界，被表现得淋漓尽致：眼睛掩盖在眉弓的阴影中，凸出的眉弓与凹陷的眼睛，高挺的鼻梁、宽厚的鼻翼以及鼻梁右侧粗黑大颗的苦命痣，仅剩一颗门牙、半张的嘴、干裂的唇和手中端着盛有浑水的破旧茶碗，形成呼应，他身后是经过辛勤劳动换来的一片金色的丰收景象。似乎这位老人刚经过一阵辛苦的劳作，口干舌燥，正想端着水喝，突然来了一个熟悉或陌生的人，老人眼光注视着这人的情景，作品中所营造出来的粗糙如土墙面的肌理特征，正好适合表现中国农民经受生活磨难、饱经风霜的脸，揭示人物精神内涵。作品不用更多的语言便能令人嗅到浓重的乡土味道，产生了强有力的视觉冲击力，深深打动了无数中国人。从这幅力作中不难看出，中国绘画走向了写实的艺术高峰，作品内容更多体现了关注民生的思想内涵，也是中国历史发展阶段的真实写照，也是中国美学重新被重视的有力见证。

（二）梵高油画作品《花瓶里的十五朵向日葵》鉴赏

《花瓶里的十五朵向日葵》，现收藏在荷兰阿姆斯特丹梵高美术馆，是梵高创作于1888年8月的画布油画。

文森特·威廉·梵高（Vincent Willem van Gogh，1853—1890年），是荷兰后印象派画家、后印象主义的先驱，并深深地影响了20世纪艺术，尤其是野兽派与表现主义。他早期受荷兰画家马蒂斯·玛丽斯的影响，以灰暗色系进行创作，后来在印象派的画家影响下，经过野外的长期写生，色调渐渐由灰暗色系变为明亮色系。主要作品有《星月夜》《向日葵》《麦田乌鸦》等。

向日葵系列作品是梵高最具代表性的作品，他一生画过很多幅向日葵，以收藏在阿姆斯特丹梵高美术馆的《花瓶里的十五朵向日葵》最为有名。油画描绘的是十五朵向日葵简单插在陶罐里，背景是耀眼的黄色。从画面上看，金黄色的向日葵，浓重跳跃，如燃烧的火焰一般的花朵，整个画布都被这火焰燃遍，表达着狂热的生命激情。画家在表现希望和阳光的同时，依旧表达了希望与阳光溜走的无情。梵高一生都在渴望生命的热忱以及真挚的爱情，可是他最终仍旧一无所有，他只有在心底呐喊，用色彩来表达和倾诉对生命的渴望。梵高笔下的向日葵不仅仅是植物，更是带有灵魂和热情的生命体。

本章小结

绘画艺术是用色彩和线条在平面上描绘形象或场景，借以表达思想感情、反映道德和精神，或是表现审美意趣的一种艺术形式。它以现实存在的各种事物为形象基础，以事物美的属性和人们赋予事物的各种文化意义为表现内容，或唤起人们的审美体验，或启发人们的思想感情，或激励人们的精神等。

古今中外的绘画艺术大师们凭借着自己过人的天赋、扎实的功底和电光火石的创作灵感在世界绘画艺术殿堂中留下了不朽的作品。由于欣赏者在生活经验与性格气质等方面存在着差异，审美能力和艺术修养也有高低之别，美术欣赏说到底是“仁者见仁，智者见智”，正所谓

"有一千个读者，就有一千个哈姆雷特"。所以说绘画欣赏是一种个人的再创造，通过鉴赏实践来促进个人素养全面提升。

题库

习题

一、选择题（1～5题为单选题；6～10题为多选题）

1. 油画是西方绘画的主要品种，起源于欧洲，约15世纪时由（　）人发明。

A. 意大利　　B. 荷兰

C. 英国　　D. 德国

2.（　）山水画、花鸟画开始萌芽，山水画理论开始出现。

A. 魏晋南北朝时期　　B. 隋唐时期

C. 五代两宋时期　　D. 元明清时期

3. 人们把报纸、杂志、各种刊物或儿童图画书里，在文字间所加插的图画，统统称为（　）。

A. 版画　　B. 连环画

C. 插画　　D. 风景画

4.（　）被称为20世纪最伟大的十个画家之首。

A. 毕加索　　B. 梵高

C. 蒙克　　D. 塞尚

5.（　）是中国美术史上第一个用绘画的形式来表现文学作品的杰作。

A.《洛神赋图》　　B.《踏歌图》

C.《清明上可图》　　D.《华灯侍宴图》

6. 中国画创作使用的绘画工具和材料主要有毛笔、墨、国画颜料、宣纸、绢等，题材可分（　）三大类。

A. 人物　　B. 山水

C. 花鸟　　D. 动物

7. 中国画从绘画的技法上可以分为（　）。

A. 工笔画　　B. 人物画

C. 花鸟画　　D. 写意画

8. 按照绘画作品再现或者表现的对象进行划分，绘画可以分为（　）。

A. 人物画　　B. 风景画

C. 静物画　　D. 动物画

9. 绘画是一种形象艺术，是在二维平面上以手工方式临摹人物或自然景物，运用（　）等手段，在平面上创造图像，反映现实和表达审美感受、思想情感的艺术。

A. 点　　B. 线

C. 色彩　　D. 明暗

E. 透视　　F. 构图

10. 关于绘画艺术的起源，近百年来主要有（　）等说法。

A. “模仿说”　　B. “劳动说”

C. “表现说”　　D. “游戏说”

E. “巫术说”

二、思考题

1. 什么是绘画艺术？简述绘画艺术和工艺美术的区别。

2. 绘画有哪些分类方法？试举例加以解释。

第十章　聆听音乐艺术之美

学习目标

知识目标

1. 掌握几种音乐鉴赏的方法。
2. 熟悉几种音乐的起源学说。
3. 了解音乐与社会生活的关系。

技能目标

1. 能够独立欣赏几首代表性音乐作品。
2. 能够说出音乐艺术的几种特征。

案例讨论

【案例】 著名的旅美华人音乐家谭盾，创作风格新颖。他以“水”为元素创作的“水音乐”被称为“世界的眼泪”，受到了世界很多国家、不同民族的喜爱。

【讨论】 1. 为什么谭盾的作品会成功？

2. 说说“水”在音乐作品中的寓意与作用。

PPT

微课

第一节　概　述

一、音乐的概念

何谓音乐？在音乐的发展史上，这是一个不断被提出、不断被不同答案所解答的问题。音乐的定义至今存在着较大的争议。

18 世纪的德国教育家、音乐美学家梯尔希简明地阐释：“音乐是通过乐音的选择和结合来表达或激起内心情感和情调的艺术。”我国唐代学者杜佑在其所著《通典 · 乐典 · 乐一》之《乐序》提出：“夫音生于人心，心惨则音哀，心舒则音和。然人心复因音之哀和，亦感而舒惨，则韩娥曼声哀哭，一里愁悲；曼声长歌，众皆喜忭，斯之谓矣。是故哀、乐、喜、怒、敬、爱六者，随物感动，播于形气，协律吕，谐五声。舞也者，咏歌不足，故手舞之，足蹈之，动其容，象其事，而谓之为乐。乐也者，圣人之所乐，可以善人心焉。所以古者天子、诸侯、卿大夫无故不彻乐，士无故不去琴瑟，以平其心，以畅其志，则和气不散，邪气不干。此古先哲后立乐之方也。”古人的经验使人们认识到，音乐的不同，来源于人不同的内心世界，或是不同生活背景下的人对音乐含义的理解也不同。其实，对于“音乐是什么”这个问题的反复思索和争论，正是人们对音乐内涵、本质的理解和领悟过程。

音乐是以声音为基本材料，通过不同的表现手段在一定时间内展开，诉诸人们的听觉，最终完成其情感内容的表达的艺术形式。它与人类社会的政治、经济、文化、生活都有着非常密切的联系。

二、音乐的起源

音乐是伴随着人类的出现而产生的，是人类社会发展到一定阶段的产物。音乐究竟是怎样起源的，至今仍是一个谜。古往今来，许多学者们对音乐的起源进行了大量的研究，形成了多种音乐起源的学说，其中重要的观点有以下几种。

（一）异性求爱说

19 世纪英国生物学家达尔文观察到雄性动物会在繁殖期以鸣叫声作为吸引异性的手段，他认为动物的鸣叫声，特别是鸟类的鸣叫声，已经具有节奏或乐音的因素，从而推断出人类可能由此而获得音乐能力，并认为音乐是作为吸引异性的工具而存在。

（二）劳动起源说

奥地利学者瓦勒谢克在其《原始音乐》中指出：原始狩猎的舞蹈与强烈的节奏中产生了音乐。德国学者布赫在《劳动与节奏》认为：音乐起源于人类的集体劳动，人们为了求得动作统一，为提高劳动效率才产生了节奏。《吕氏春秋·古乐》中记载：“昔葛天氏之乐，三人操牛尾，投足以歌八阙。”《淮南子·原道训》中记载“今夫举大木者，前呼邪许，后亦应之”等都说明了音乐与劳动的关系。

（三）语言抑扬说

法国哲学家卢梭和英国哲学家史宾塞认为，人们在激动、兴奋时所产生的抑扬语调即是歌曲。我国著名学者、诗人闻一多先生也认为言语的语调是音乐的最基本来源之一，他在《歌与诗》中提到：“想象原始人最初因情感的激荡而发出有如“啊”“哦”“哎”“呜呼”一类的声音，那便是音乐的萌芽，也是孕而未化的语言。”

（四）模仿自然说

古希腊哲学家德谟克利特曾说“人由于模仿鸟鸣而学会歌唱”。柏拉图以及亚里士多德也认为音乐起源于对自然界的模仿，他们认为人们模仿自然界的声响，给音乐的产生提供了最大的可能。我国古代文献《吕氏春秋·古乐》中有记载“帝尧立，乃命质为乐，质乃效山林溪谷之音以歌……”这些都说明，人类音乐行为的方式之一确实是对自然界声音的模仿。

（五）信号起源说

我国古代文献《吕氏春秋》中有记载：“禹行功，见涂山之女，禹未之遇，而巡省南土。涂山之女乃令其妾候禹于涂山之阳。女乃作歌，歌曰：候人兮猗！”语言学家认为歌唱与呼喊声相近，其传达的距离远大于说话，于是认为在类似“候人兮猗”的呼声中必然会产生音乐。德国音乐心理学家斯顿普夫在他的《音乐的起源》中也提出，原始时代人们为了与远方的人联络，互相喊叫所发出的持续一定时间的声音便是音乐。

（六）巫术起源说

人们不相信巫术，可有时又不知不觉被巫术所感染。巫术起源说最早是由 19 世纪英国著名人类学家爱德华·泰勒在他的《原始文化》中提出的，他认为在巫术活动中的说、唱以及舞蹈，巫师的化妆、假面等都说明音乐来源于巫术。我国近代学者王国维在《宋元戏曲考》中也说到“歌舞之兴，其始于古之巫呼?”也主张音乐与巫术有着源远流长的关系。

有关音乐起源的学说还有很多种，到目前为止这些学说也都只是推测。将所有学说综合起来看，音乐的起源应该是多因复杂的“合力”所至。

PPT

第二节 音乐艺术的基本特征

音乐作为一门与心灵有着更紧密关系的艺术，它在许多方面都表现出独特性：它的媒介是独特的，它的存在方式是独特的，它的欣赏方式也是独特的。因此，许多哲学家、艺术家认为音乐是唯一有特权站在艺术金字塔顶峰的艺术。

一、声音的艺术

音乐用声音作为自己的表现材料和表现手段，这一点是音乐艺术区别于其他艺术的根源所在。声音对人的情绪有着强烈的激发作用，能够迅速而直接地引起人的情感反应，支配人的感情。因此，声音就成为人们用来传达感情的极佳材料。音响作为音乐的物质媒介，是经过选择、加工、概括、美化的声音，它不同于自然的声音。音乐艺术的实体是乐曲。乐曲是由旋律、节奏、调式调性、曲式结构、和声和复调等要素构成的。

二、听觉的艺术

人对现实的感受，主要或大部分是通过视觉来完成的，而听觉往往是辅助性的，这就使得音乐反映现实往往较为间接，甚至曲折、隐蔽。哪怕是标题音乐，也只能通过人们聆听过程中的联想或想象达到间接造型的实现。只要具备正常的听觉器官，人人都能具有一般的听觉能力，而音乐听觉能力则要经过有目的的训练才能具备。所谓音乐听觉能力就是“音乐感受能力”，这种感受能力是在多听、多想的基础上提高的，它会使聆听者对音乐作品产生不同理解。

三、非描写的艺术

绘画能直接向观众提供可视的画面，可以描绘山、水等视觉所及的事物；文学通过语言文字描写人、描写事物、描写波澜壮阔的场面等，这种描绘和描写是具体的、明确的。由于音乐不是语言文字，与实存具象没有直接对应关系，也不像绘画等艺术那样以生活实有和自然具象作为材料，因此它不能描写人们看到的形象。音乐虽然不如其他艺术那样擅长对客观事物进行叙述、描绘和模仿，但却可通过音响，将描写纳入感情化的轨道，寓情于景，借景抒怀。

四、情感的艺术

表达情感是音乐的“专长”，人们常常借助于音乐来表达喜、怒、哀、乐之情。音乐通过旋律的起伏、力度的强弱、节奏的松弛、速度的急缓、音色的变化等音乐所独有的“语言”来表达复杂、细腻、变化的情感。它是直接的、强烈的、淋漓尽致的，这是其他任何艺术所不及的，也是其他任何艺术相形见绌的。黑格尔曾经明确地指出，情感表现是音乐最基本的内容。他说："在这个领域里，音乐扩充到能表现一切各不相同的特殊情感，灵魂中的一切深浅不同的欢乐、喜悦、谐趣、轻浮、任性和兴高采烈；一切深浅不同的焦躁、烦恼、忧愁、哀伤、痛苦和惆怅等，乃至敬畏、崇拜和爱之类的情绪都属于音乐所表现的特殊领域。"

五、时间的艺术

音乐作为听觉艺术，它是与时间共生共存的。音乐作为一种延续的、序列的运动，它的发生、展开本身也是在时间中完成的。时间是音乐得以产生、得以生存的土壤。没有时间的过程，就没有音乐的存在，就没有音乐的展现。音乐的艺术"形象"要在时间的延续中展开，音乐所表现的情绪意境要在时间中得以展现，音乐所表现的创作者的思想情感要在时间的连续中逐步呈现。声音稍纵即逝，音乐艺术的现场感觉"过时不候"。当然，音乐作品存留至今，那是作为物质形态的音乐材料、音乐产品的存在方式。所以，音乐又被称为时间的艺术。

六、二次完成的艺术

凡不需要表演中介再创造即可被人们欣赏的艺术都是一次完成的，如文学、绘画等。音乐与舞蹈、戏剧最后完成则必须靠表演者的二次创作，其中即兴表演和部分民间演奏中创作和表演几乎是同时的。音乐只有经过歌唱家富有感情的演唱、演奏家精湛的演奏，才能完成其艺术使命，才能发挥其审美功能。

第三节 音乐艺术的分类

PPT

音乐艺术的分类是复杂的，切入点不同，归类就有所不同。

一、按体裁分类

可分为声乐与器乐。声乐主要指歌曲。其特征之一为内容易懂，声乐作品包含有词，是音乐与文学的结合；其二，人声与心灵有着最大的融合性，与器乐相比，更容易扣动人的心弦；其三，人就是一件会唱歌的"乐器"，所以，声乐比器乐更方便、更普遍。根据形式、风格的不同，又可将声乐作品分为：中小型声乐作品，包括民歌、艺术歌曲等；大型声乐作品，包括大合唱、组歌、清唱剧等。器乐指完全使用乐器演奏而不用人声或者人声处于附属地位的音乐。器乐失去了诗歌、戏剧等"伙伴"后，内容更为抽象，却使音乐的美更为纯粹。相比声乐，器乐是一个更加纷繁多彩的世界，体裁包括民族管弦乐曲、交响乐曲、奏鸣套曲、中小型器乐曲等。

二、按风格分类

可分为民族音乐、古典音乐、流行音乐等。民族音乐指产自于民间，流传于民间，表现民间生活、生产的歌曲或乐曲。中国民族音乐是世界上非常有特色的艺术形式，在世界音乐体系中占有重要的地位。古典音乐广义是指那些从西方中世纪开始至今，在欧洲主流文化背景下创作的西方古典音乐，它有着复杂多样的创作技法与深刻的内涵。流行音乐泛指商品音乐，是指以盈利为主要目的而创作的音乐，其内容通俗，形式活泼，被广大群众所喜爱。

PPT

第四节　音乐艺术的鉴赏方法

一、音乐艺术鉴赏的条件

周旭光在其《音乐鉴赏》一书中指出："对于音乐，有了感受就是懂，不同的感受都是懂。面对音乐，你不必担心自己的感受是否完全符合作者的原意，与其去考证，不如自由地去聆听。音乐对人原本就是完全开放的，具有无限的包容性。自由聆听、放飞思绪，就是对乐曲内涵的丰富和扩展。"他以通俗易懂的语言告诉人们，音乐鉴赏没有太多的条件，只要多听、愿意听、喜欢听就已足够。当然，当人们以一种放松而认真的心态欣赏音乐时，也可以借助一些方法，以帮助自己进入音乐鉴赏的更高境界。

二、音乐艺术鉴赏的方法

音乐是一门"听"的艺术，掌握正确的鉴赏方法，才能更好地领略到音乐的内涵与魅力。

（一）多听

"观千剑而后识器，听百曲方能知音。"要更好地鉴赏音乐作品，首先必须多听。多听，一方面指的是多接触各种各样、不同类型的音乐，如声乐、器乐，或是民族音乐、西方音乐、流行音乐等，不断拓宽自己的音乐视野，这样能更为全面、深刻、整体地了解音乐世界。另一方面指的是可以做一些听辨练习，如对音乐所表达的意境进行细心的体会，或是尝试着从音乐中寻找主题及相对完整的段落，再从乐曲的旋律走向、力度对比、主题变化、典型节奏型等方面进行关注。当人们能逐渐听辨出音乐的变化和特点时，说明已经能较好地鉴赏音乐了。

（二）借助理论

借助音乐理论是音乐鉴赏的重要方法。深入了解一些音乐的基本表现要素和手段，如旋律、调式、调性、和声、节奏、节拍、速度、力度、音色等，对于鉴赏音乐作品能够起到事半功倍的作用。音乐作品亦是"时代土壤"的产物，受时代的制约，烙时代的印记。因此，了解一些关于音乐作品的背景知识也非常有必要，如作曲家生平、作品的时代背景、民族特征、风格流派等，能更深刻地理解和领会音乐内容。如在我国20世纪上半叶如火如荼的革命年代，推出了大量的"短、平、快"式便于冲锋陷阵的革命歌曲。

（三）联想与想象

在聆听席慕容作词、乌兰托嘎作曲，歌唱家廖昌永演唱的经典草原歌曲《父亲的草原母亲的河》时，会跟着歌声"父亲曾形容草原的清香，让他在天涯海角也从不能相忘，母亲总爱描摹那大河浩荡，奔流在蒙古高原我遥远的家乡……"一起走向那辽阔的草原、最爱的家乡，想起最爱的父亲、母亲，让人不禁潸然泪下。在鉴赏音乐的过程中，充分发挥联想和想象，能更好地感受音乐的意境美，也能更深刻地体会到音乐所表达的感情并引起强烈共鸣。

第五节 名作欣赏

PPT

微课

一、《送别》

歌曲《送别》是由我国著名音乐家李叔同根据美国歌曲《梦见家和母亲》填词的学堂乐歌。原歌曲19世纪流行于美国，20世纪传播到日本，配词有歌曲《旅愁》，有着眷恋、惆怅之意。《送别》曾在中国20世纪70年代的电影《城南旧事》中作为主题曲来反映主角的离愁别绪，这使得歌曲的知名度进一步扩大。如今，《旅愁》在日本传唱不衰，而《送别》则在中国成了经典之作。

歌曲为单三部曲式，每个乐段由两个乐句组成，将叙事与抒情融为一体。

第一段在主调上进行，共8小节。它以十分流畅的音乐语言，在中声区娓娓唱出长亭古道、芳草连天中的美丽远景，然后出现轻拂的晚风、悠扬的笛声与西下的夕阳这些中景、近景。由于离别，这些美景中都蕴含着一种淡淡的忧伤。

第二段亦为8小节。音乐在第一段的基础上作了一些变化。歌词内容是第一段的自然发展。此段是送别的主体与核心，描写天涯海角，挚友零落，只有浊酒可解除心中愁肠，感伤情绪较为浓厚。

第三段，即再现段，8小节。词曲严格重复，形成再现。全曲结束，给人们留下了余音袅袅之感。

二、《黄河大合唱》

《黄河大合唱》创作于1939年，是抗战时期一部典型的救亡歌曲，它唱出了中华民族的灵魂。在抗日烽火连天的1938年，诗人光未然来到黄河渡口，目睹黄河的波涛汹涌及船夫与惊涛骇浪搏斗的场景，聆听着高亢、深沉的船夫号子，使他升起了强烈的创作欲望，仅用5天的时间就写出了诗歌《黄河吟》。在当年的春节晚会上朗诵时，冼星海听了激动不已，一把抢过诗稿说："我有把握（写曲）！"六天后《黄河大合唱》全曲告成。该曲首演于陕北公学礼堂，毛泽东等领导莅临观看，冼星海指挥，演出获得了巨大的成功，歌曲很快传遍全国。

全曲由八个乐章组成：《黄河船夫曲》《黄河颂》《黄河之水天上来》《黄水谣》《河边对口唱》《黄河怨》《保卫黄河》《怒吼吧，黄河》。这部作品现在已经被翻译成英、法、俄、日等文字，经常在美国、加拿大、新加坡、菲律宾等国演出。20世纪60年代，殷承宗等人将这部合唱曲改编成了《黄河钢琴协奏曲》，同样享誉中外。

《黄河怨》是《黄河大合唱》的第六乐章，是一首女声独唱曲。歌曲描写了一个苦难妇女的形象。她痛失丈夫、儿女，自己也受到敌人的蹂躏，在一个凄风苦雨的夜晚，来到黄河边哭诉她悲惨遭遇后投身到汹涌的波涛中，哀怨的音调催人泪下。冼星海曾写道："《黄河怨》就是代表妇女被压迫、被侮辱的声音，音调是惨痛的，是应该满含眼泪来唱的一首悲伤的歌。"

歌曲是联曲体结构，共分为四段，混合拍子。全曲运用大小调交替的手法，多变的节奏，有层次地表达了极为痛苦和悲愤的情感。

第一段："风啊，你不要叫喊……"音调悲痛、缠绵。

第二段："命啊，这样苦……"描述了失去孩子，悲痛欲绝的心境。

第三段："狂风啊，你不要叫喊……"激动、起伏的音调使悲愤的情感进一步加深。

第四段："今晚我要投在你的怀中……"体现了怨愤至极，以死抗争的决心，全曲要结束时出现了本乐章的最高音，是一个悲惨的生命最后的呐喊！

三、《G 弦上的咏叹调》

这首曲目是巴洛克时期德国著名音乐家，被誉为"欧洲音乐之父"的巴赫所做《D 大调第三乐队组曲》的第二乐章。传说巴赫在演出前发生意外，琴弦断剩一根 G 弦，临时换琴，时间已经来不及了，只能硬着头皮上场，即兴创作出了这首《G 弦上的咏叹调》，当然，这只是个故事。这首曲目现在听起来古香古色，但在当时确实是创新的。此曲为二部曲式，开始缓慢如沉思冥想的轻声咏叹。第二段是第一段的发展，速度和性格都没有形成对比，是前一段沉思意境的延伸，只是将曲调向上推进，更加委婉。目前听到的是由德国小提琴家海密改编的小提琴曲，将乐曲由 D 大调移到 C 大调，且只用 G 弦演奏，故称《G 弦上的咏叹调》。

课堂互动

聆听音乐艺术之美

学生思考：如何理解音乐是声音的艺术这句话？

教师解答：音乐艺术所运用的物质材料是声音，即音乐是声音的艺术。无论是歌曲，还是器乐曲，它们所运用的材料都是声音（歌曲则是音乐和歌词结合的产物）。音乐所运用的声音，是从客观世界里的各种声音现象抽象、挑选出来的有组织的一群声音序列。这些声音又依它的高低、长短、强弱、音色等性能构成旋律、节拍、节奏、调式、调性、和声、复调以及配器等音乐语言的要素。

本章小结

我国伟大音乐家冼星海说："音乐，是人生最大的快乐；音乐，是生活中的一股清泉；音乐，是陶冶性情的熔炉。"音乐是现实生活的美的反映，是人类美好心灵的声音体现。它以其独特的美丽与特点征服了千千万万人的感知觉神经。音乐不仅使人心情愉悦，也能培养敏锐的审美感知能力，使人的感情内涵变得丰富而高尚。优秀的音乐作品还具有启发人想象力的魅力，对人类发展有着重要意义。

习题

题库

一、选择题（1～5 为单项选择题，6～10 为多项选择题）

1.《G 弦上的咏叹调》的曲作者是（　）。

A. 海顿　　B. 莫扎特

C. 巴赫　　D. 贝多芬

2. 音乐艺术按体裁分类，可以分为声乐和（　）。

A. 民歌　　B. 艺术歌曲

C. 器乐　　D. 乐器

3. 歌曲《黄河怨》是（　）中的一个乐章。

A.《黄河大合唱》　　B.《黄河》

C.《大合唱》　　D.《黄河吟》

4.《黄河大合唱》曲作者是（　）。

A. 聂耳　　B. 黄自

C. 冼星海　　D. 田汉

5.《送别》是由（　）根据美国歌曲《梦见家和母亲》填词的学堂乐歌。

A. 青主　　B. 萧友梅

C. 李叔同　　D. 聂耳

6. 音乐艺术鉴赏的方法一般有（　）。

A. 多听　　B. 借助理论

C. 联想　　D. 想象

7.（　）是有关于音乐起源的学说。

A. 劳动起源说　　B. 异性求爱说

C. 信号起源说　　D. 巫术起源说

E. 模仿自然说

8. 音乐艺术的基本特征有（　）。

A. 音乐是声音的艺术　　B. 音乐是时间的艺术

C. 音乐是描写的艺术　　D. 音乐是二次完成的艺术

9.（　）不是我国作曲家冼星海的作品。

A.《黄河大合唱》　　B.《义勇军进行曲》

C.《在太行山上》　　D.《铁蹄下的歌女》

10. 音乐按艺术的风格分类，一般可分为（　）。

A. 民族音乐　　B. 古典音乐

C. 流行音乐　　D. 声乐

二、思考题

1. 什么是学堂乐歌？

2. 哪些音乐作品让你难忘？请谈谈体会并推荐给大家。

第十一章　品鉴戏曲艺术之美

学习目标

知识目标

1. 掌握中国戏曲的艺术特色。
2. 熟悉中国戏曲的分类。
3. 了解中国戏曲的发展历程。

技能目标

1. 能够鉴赏并具体指出中国的五大剧种。
2. 欣赏中国优秀戏曲作品。

案例讨论

【案例】 中国戏曲源远流长、博大精深，具有丰富的历史底蕴和人文精神，是中国传统文化的重要组成部分。但是，自20世纪80年代起，戏曲的发展受到了来自各方的冲击，剧团解散、剧种慢慢消失的情况屡见不鲜，使得学戏的人、看戏的人更少了。为什么现在的年轻人不大爱听戏了呢？说法不一。比如，传统戏曲不符合当代快节奏的生活；当今娱乐方式多种多样，年轻人没有更多的精力来关注戏曲；学校教育缺失，文化和宣传导向性不够；还没到喝茶看戏的年纪……

【讨论】 1. 你喜欢戏曲吗？你接触过的戏曲种类或剧目有哪些？

2. 你认为该如何传承戏曲艺术？

PPT

第一节　中国戏曲的发展历程

一、中国戏曲的定义

王国维在《戏曲考源》中给戏曲下过一个简单的定义："戏曲者，谓以歌舞演故事也"。作为中国特有的一种综合性舞台艺术形式，戏曲集音乐、舞蹈、文学、诗歌、武术、杂技、舞美等中国传统艺术形式于一身，与古希腊的悲喜剧、印度的梵剧，并称为世界三大古老的戏剧文化。

二、中国戏曲的历史沿革

我国早在原始社会的歌舞中即已出现戏曲的萌芽，但它经历了相当漫长的发育成长阶段。其间先秦的乐舞、俳优，汉魏时期的百戏、角抵戏，隋唐时期的代面、拨头、踏摇娘、参军戏等，都可以看作是戏曲艺术的萌芽状态。

宋代，出现了我国最早的两种戏曲形式，北方的杂剧和南方的南戏。它们分别继承了说唱音乐和民间歌舞的艺术成就。北杂剧主要继承了说唱曲种诸宫调的艺术传统，并综合了其他一些艺术形式，采用曲牌联套的音乐结构。南戏源于民间歌舞小戏，在此基础上吸收了一些传统曲调，并与宋杂剧和唱赚等说唱艺术相结合。北杂剧倾向豪放阳刚之美，南戏倾向婉约的阴柔之美。他们之间有着鲜明的风格色彩对比。元代是杂剧发展鼎盛的时期。大量文人参与创作和加工，表现世间生活景象，揭露社会矛盾与政治斗争，使戏曲的表现范围扩展，表现力增强，表现内容得到深化，进一步提高了戏曲艺术的品位和它在人民生活中的地位。

明朝的南戏，在逐渐壮大、逐渐流传的过程中，受各地不同方言、不同民俗、不同音乐传统的渗透，而形成了“纷纭不类”的诸多声腔。其中最有影响的，是被称为“老四大声腔”的弋阳腔、余姚腔、海盐腔和昆山腔。在这四大声腔中，海盐腔与昆山腔以其高雅、婉丽深得士大夫青睐。昆山腔自明中叶以后，更是得到上层观众的扶持，被尊为剧坛霸主，戏曲正声；余姚腔与弋阳腔则以其通俗与乡土气而深得广大百姓的喜好。昆山腔与弋阳腔的这种雅俗之争在清代乾隆年间转化为“花雅之争”，丰富了戏曲的形式，推进了戏曲的发展。

第二节　中国戏曲的艺术特色

PPT

一、戏曲艺术的综合性

京剧大师梅兰芳先生曾说过：“中国戏曲是一种综合性的艺术，包含着剧本、音乐、化装、服装、道具、布景等因素。这些都是通过演员的表演，才能成为一出完整的好戏。这里面究竟哪一门是最重要的呢？我认为全部都重要。”梅先生的这番话，道出了中国戏曲的一个基本特色——综合性。

戏曲艺术的综合性，首先体现在戏曲将时间艺术与空间艺术等综合在一起，也就是将文学、音乐、美术等不同艺术门类综合在一起，并通过演员的表演在舞台上展示出来。在戏曲舞台上人们不仅可以欣赏到动听的旋律、妙曼的舞姿、华丽的服饰，还可以体会到戏曲文学与表演的独特魅力。其次体现在各种不同的艺术形式都与表演艺术紧密结合、为表演服务。戏曲的服装，比如，水袖、帽翅、翎子、髯口等，既是戏曲人物的装扮，又能显示人物的身份地位、年龄职业等，同时还是表现人物微妙复杂的心理活动、刻画人物性格的重要表演工具。最后体现在戏曲的各种表演手段的有机结合上。戏曲以唱、念、做、打为基本功，“唱”即演唱，“念”即念白，“做”即表演，“打”即武打。戏曲演员必须结合角色、行当及其自身的条件，综合灵活运用多种手段，重演唱或重武打，塑造戏曲形象，充分发挥戏曲艺术的功能。

二、戏曲艺术的程式性

《辞海》的“程式动作”条目写着：“从生活中提炼出来，经过艺术夸张的规范性表演动作。”《中国大百科全书·戏曲曲艺》卷上说：“立一定之准式以为法，谓之程式”。程式换句话来说就是标准和规定，程式化则是指大量运用程式，达到一种质变而产生另一种事物，即一种特殊的形式化特性。戏曲中唱腔板式的安排，嬉笑怒骂的方式，表演中开门、关门、推窗、上马等一举一动，皆有固定的表现方式。在戏曲舞台上，大到两军对垒，小到闺阁小姐在绣楼上自怨自艾，几乎所有的一举一动、一颦一笑都让人感觉到千锤百炼的精致。但是，人们也不得不看见，戏曲艺术家们利用程式成功地创造了大量美的同时，也有人不恰当的滥用程式，夸大程式的规定性，造成雷同、陈旧、沉闷、保守等消极效果，使戏曲音乐越加缺少生气，裹足不前，以至面临存亡危机。

三、戏曲艺术的虚拟性

戏曲的虚拟性首先体现在虚拟的故事场景，即营造一个故事发生和人物活动的场景，这个虚构的场景是对现实生活的模仿。舞台上简单的一桌二椅，既可以是破瓦寒窑，皇宫内院，又可以是军帐将台。几面旌旗即可以营造千军万马的激战场面。其次体现在表演方式上。戏曲舞台上演员模仿的生活动作是逼真的，但动作所要附着的物质实体并不存在。例如："开门"不会有门扇；"渡江"只有一桨在手；"上楼"只是提衣襟碎走几步；开门关门的动作是真实的，而舞台上并没有门；上楼下楼的动作是真实的，而舞台上其实并没有楼梯。这种不用实物或只用部分实物模仿真实生活动作的表演，在戏曲中叫作虚拟表演。当然，戏曲中虚拟的动作是经过了艺术提炼和加工，比实际的生活动作更加具有艺术的美感。从美学的角度来说，这种虚拟表演的方式留给了观众更多的想象余地。

第三节　中国戏曲的分类

PPT

戏曲的分类，一般通行的有三种。一是音乐结构体式分类；二是剧种分类；三是声腔分类。

一、音乐结构体式分类

微课

戏曲音乐的结构体式一般分为两种，一种是板腔体，又叫板式变化体；一种是曲牌体，又叫曲牌连缀体。板腔体指以一对上下句为基础乐段结构，然后按变体原则作不同的速度处理，从而形成各种板式的一种结构样式。结构图式为：A + A1 + A2 + ……一般来说，梆子腔、皮黄腔及近现代的地方戏曲比如越剧、评剧等都属于板腔体结构。板腔体式结构一般会在不同唱腔前标以不同的行当、声腔、板式名称。如老生〔西皮二六〕、旦腔〔二黄原板〕等；戏曲唱词大多数采用齐言句，以七言及十言为主，一般上下句对偶，字数对称整齐。如《春闺梦》中的唱段《可怜负弩充前阵》"可怜负弩充前阵，历尽风霜万苦辛。饥寒饱暖无人问，独自眠餐独自行……"。

曲牌体指由若干只曲牌按一定规律结合在一起，从而构成全局音乐的一种结构样式。主要有三种曲式结构形式。一是由若干支不同的曲牌联成一套，图示为：A + B + C + ……；二是主要由一支曲牌多次重复（其中有不同程度的变化）构成一套，图示为：A + A + A + ……；三是除引子、尾声之外，基本上由两支曲牌交互循环而成，古人称为"子母调"，图示为：A + B + A + B + A + B + ……。曲牌的来源广泛，包括各地山歌、小调、诸宫调及其他民族传进来的外来曲调等。曲牌体戏曲的唱词，不同于板腔体大多数采用齐言句，它多采用长短句式或自由体式的杂言句。我国的昆腔、高腔，还有一些源自地方歌舞的部分采茶戏、花鼓戏、秧歌戏等，都使用曲牌体结构。曲牌体式戏曲会在不同唱腔前标以不同的曲牌名称，如〔皂罗袍〕〔叨叨令〕〔滚绣球〕等。

二、剧种分类

袁静芳在《中国传统音乐概论》中提到：“剧种是指那些在起源地点、流行地区、文学形式、舞台表演、语音声调、旋律唱腔等方方面面具有相对独立意义的戏曲品种。”中国戏曲剧种种类繁多，据不完全统计，中国各民族地区的戏曲剧种有360多种，在这些剧种里，界分概念各不相同，一类主要以地域风格来分类，如京剧、川剧、徽剧、粤剧、琼剧、滇剧等；一类主要以民族文化风格分类 ，如壮剧、侗戏、傣剧、彝剧、藏剧等；一类是以综合地域风格和音乐特点作为分类点，如陕西道情戏、湖南花鼓戏、山东梆子等。

三、声腔分类

声腔一般是指戏曲音乐中的唱腔旋律框架。也就是一段旋律在演唱方式、伴奏乐器、音乐结构、音乐风格等诸多方面都有着某种规定性，人们就把它称之为一种声腔。全国主要声腔系统有昆山腔系统、高腔系统、梆子腔系统、皮黄腔系统等。但是，剧种和声腔之间，实际上是交叉关系。一个剧种可以包含有几种不同的声腔；一个声腔腔系也可以繁衍出几个不同的剧种。比如，川剧是融汇高腔、昆腔、胡琴、弹戏和四川民间灯戏五种声腔艺术而成的传统剧种；又如，皮黄腔系主要有徽剧、汉剧、京剧、粤剧、湘剧、川剧、滇剧等。单声腔的剧种可采用声腔名称代表剧种，如昆剧就只用昆腔。凡属由几个声腔组成的剧种，大多不再以声腔命名，而改称为戏或剧。

第四节　戏曲剧种介绍与鉴赏

PPT

一、昆剧

微课

又叫昆曲，是只采用昆腔演故事的剧种。昆剧的产生，是中国戏曲发展的成熟标志。它是受文人雅士、艺术专家精心呵护的特殊戏曲品种，集音乐、舞蹈、杂技、武术、文学、戏剧表演等中国传统艺术之大成，被誉为“百戏之祖”。昆剧将戏曲艺术推至“无声不歌，无动不舞”的顶峰，为其他剧种奠定了综合“唱、念、做、打”的基本模式。昆剧的舞台表演、演唱技术等方面都被锤炼的极其精致，到现在，其他剧种的演员还把昆剧的著名唱段，如《游园·惊梦》《思凡》《断桥》等，当作基本训练的必修课，各个剧种的表演大师，几乎都有昆剧的功底。昆剧音乐使用曲牌体音乐结构，由许多独立的曲牌按照戏剧要求连缀而成。因昆曲极其雅化，因此除鼓、板外，基本不用打击乐，主要伴奏乐器为曲笛、琵琶、三弦等。2001年5月，昆曲被联合国教科文组织批准为“人类口头与非物质文化遗产代表作”，这是我国入选的第一个世界级“非遗代表作”。

《原来姹紫嫣红开遍》是昆曲《牡丹亭》中的选段。杜丽娘背着父母，与侍女春香至后花园游春，见断瓦颓墙，引起伤春之感。这一唱段采用“皂罗袍”曲牌，五声音阶，曲调委婉缠绵，倾吐了杜丽娘无限惆怅的心情。

二、五大剧种精彩纷呈

（一）京剧

京剧是中国戏曲中具有代表性的剧种之一，被称为国剧。京剧的诞生，可以追溯到1790年安徽戏班（即四大徽班：三庆、四喜、春台、和春）北上进京，为清朝乾隆皇帝八十大寿祝寿，现已有二百多年的历史。京剧主要是以汉戏和徽戏为基础，吸收秦腔、昆腔、高腔及民间曲调等多种腔调，经过与老北京当地的风土人情、语音习俗融合，逐渐演变而形成的。19世纪后半叶至20世纪初，京剧不仅被广大群众喜爱，同时也被上流社会所接受，经常被召到皇宫内演出，并逐步取代昆曲的戏曲权威地位，跃身成为全国最有影响的大剧种。

京剧以“西皮腔”和“二黄腔”为主，简称“皮黄”，在很长一段时间里，京剧又被称为“皮黄戏”。“西皮”和“二黄”同属板腔体音乐，唱词讲究上下对称，但西皮旋律起伏较大，适于表现开朗明快的感情；二黄旋律进行较为平稳，适用于表现内在深沉的情绪，它们互相补充，相互映衬。除了西皮腔和二黄腔外，京剧音乐还会用到反西皮声腔和反二黄声腔、四平调、南梆子、高拨子和吹腔等。

京剧角色的行当，早期分为生、旦、净、末、丑、武行、龙套七行，以后归为生、旦、净、丑四大行。伴奏乐器有文场的四大件：京胡、京二胡、月琴和三弦；武场的四大件：板鼓、铙钹、小锣和大锣。京剧表演艺术家中，最具代表性的有20世纪20年代先后成名的四大名旦：梅兰芳、程砚秋、荀慧生、尚小云。京剧传统剧目约有1000多个，如《打渔杀家》《群英会》《空城计》《霸王别姬》等，现代剧有《智取威虎山》《杜鹃山》等。

“我在城楼观山景”是京剧《空城计》中老生唱段。讲述的是诸葛亮驻守西城，身边没有兵将，司马懿乘虚攻来。诸葛亮只得以空城为计，大开城门故弄玄虚。司马懿到了一看，唯恐内有埋伏，因而撤兵离去的故事。

（二）评剧

评剧，是中国北方地区的代表性剧种之一，主要流行于河北、天津、北京、东北等地。其雏形被称作“蹦蹦戏”或“落子戏”，又被称为“评腔梆子戏”或“平戏”。它是在河北民间说唱莲花落、民间歌舞蹦蹦戏的音乐基础上，吸收京剧、河北梆子以及皮影、大鼓等音乐和表演艺术而形成的。早期是当地农民逢年过节或赶集、庙会时演唱的。1910年前后进入唐山市，被称为“唐山落子”。1923年前后活动中心转移到东北各地，被称为“大口落子”。这一时期，出现了喜采莲、白玉霜、李金顺等唱评剧的第一批女演员。1934年以后，“平戏”大量涌向南方，在南京、上海、成都、重庆等地上演并扎根。1936年白玉霜在上海拍影片《海棠红》时，新闻界首次把“评剧”的名称刊载于《大公报》，从此，评剧的名字广泛传播于全国。

在评剧发展史上颇具影响和成就的艺术家有白玉霜，她在“大口落子”唱腔的基础上，根据自己的嗓音条件，运用“走低腔”，改变节奏型的方法，创造了低回婉转的唱腔，被称为“小口落子”并因此创立“白派”演唱风格，曾被誉为“评剧皇后”。

评剧的主体声腔为正调腔，是板腔体音乐。评剧以唱功见长，吐字清楚，唱词浅显易懂，表演生活气息浓厚，有亲切的民间味道。它的形式活泼、自由，最善于表现当代人民生活，因此在城市和乡村都有大量观众。在近百年的历史中，评剧留下了许多脍炙人口的经典剧目如《杜十娘》《花为媒》《人面桃花》《玉堂春》《小女婿》《刘巧儿》《小二黑结婚》等。

《小桥送线》是《刘巧儿》中的刘巧儿站在桥上的一段自我介绍的独白，父亲把她和柱儿的婚约退了，并且巧儿看上了赵振华，而不知父亲将自己许给了地主王寿昌。选段中每一句都体现出巧儿对未来生活的向往和期待，有着藏不住的幸福感。

（三）越剧

越剧，发源于浙江省绍兴地区的嵊县，因曾是越国属地，得名为越剧。在摇篮期，曾被称为“小歌班”“的笃班”，主要是在嵊县的民间说唱艺术“落地唱书”形式上发展起来的“落地唱书调”也就是〔吟哦调〕。20 世纪 20 年代，开始以“绍兴文戏”的名义演出。经历了从“男子文戏”时代到“女子文戏”时代，演出从茶楼转向剧场，绍兴文戏更加风靡。20 世纪 30 年代，“绍兴文戏”改称为越剧。20 世纪 40 年代以来，以越剧著名艺术家袁雪芬为首开始对越剧进行全面改革，称为“新越剧”。新中国成立以后，越剧开始发展男女合演。越剧的代表剧目有《梁山伯与祝英台》《红楼梦》《西厢记》《祥林嫂》《何文秀》《碧玉簪》等。越剧旋律婉转柔美，唱词清丽雅致，体现了我国江南地域文化独有的特色。

《天上掉下个林妹妹》是越剧《红楼梦》中的著名唱段，讲述的是林黛玉刚来到贾府，看到“还愿”归来的贾宝玉，在相互见礼中，两人相互表述印象的精彩唱段。

（四）豫剧

豫剧，也称“河南梆子”“河南高调”，是河南省的主要剧种之一。其流行地区分布甚广，除河南省外，大江南北、黄河两岸以至新疆、西藏、台湾等地都有豫剧演出。豫剧是梆子腔体系中的一个重要成员，以唱见长。演唱风格富有激情奔放的阳刚之气，善于表演大气磅礴的大场面戏，具有浓烈的情感力度；地方特色浓郁，质朴通俗，紧贴老百姓的生活。有句顺口溜很形象地概括了传统豫剧戏班子的角色行当和伴奏乐器：“四生四旦四花脸，八个场面俩箱馆”。以梆子按拍，节奏明快、欢畅。豫剧拥有大量优秀的传统剧目，如《花木兰》《穆桂英挂帅》等，现代题材剧目有《朝阳沟》等，著名演员有常香玉、崔兰田、马金凤等。

《花木兰羞答答施礼拜上》是豫剧《花木兰》中的经典唱段。讲述的是南北朝时，边境发生战乱，贺廷玉元帅奉旨征兵。花木兰乔装男子替父从军，征战十二年后功成荣归。这一唱段，是花木兰向到她家封赏并发现她为女子的贺元帅说明原委时唱的。

（五）黄梅戏

黄梅戏源自湖北黄梅一带，成长在安徽安庆地区，又称黄梅调、采茶戏等。黄梅采茶歌在唐代时期就很盛行，经过宋代民歌、元杂剧的影响，逐渐形成戏曲雏形，直至明清年间更为盛行。黄梅戏以安庆地方语言为基础，演唱以抒情见长，唱腔淳朴清新，细腻动人，具有丰富的表现力。黄梅戏的传统剧目有《天仙配》《女驸马》等，著名的表演艺术家有严凤英、王少舫等。严凤英的唱腔亮丽沙甜，委婉动听，韵味浓郁，吸收京剧、越剧、评剧、评弹、民歌等唱腔之长，将它们融会贯通，自成一家，被誉为“严派”，广为流传。田汉同志赞誉她为“黄梅戏里的梅兰芳”。

《满工对唱》又名《树上的鸟儿成双对》或《夫妻双双把家还》，是黄梅戏《天仙配》中的选段。《天仙配》讲述的是农民董永卖身葬父，去傅家为奴。玉帝的第七个女儿——七仙女向往人间幸福生活，私自下凡，以槐树为媒与董永结为夫妇，随后同去傅家做工。《满工对唱》这个唱段是夫妻二人在傅家做工百日期满，满心欢喜把家还的场景。

课堂互动

品鉴戏曲艺术之美

学生思考：传统戏曲的美育功能有哪些？

教师解答：可以从以下三个方面来理解传统戏曲的美育功能。

1. 提高个人文化品位。戏曲剧本有很强的文学性质。历史上的文人墨客多寄情于梨园，而他们编写的剧目都暗含了哲学思想和爱国情感。

2. 影响社会主流价值观。传统戏曲融合了当时社会的价值观念和主流思想，反应当时社会的意识形态，对社会价值观有着宣扬和教化的功能。

3. 丰富校园人文精神。校园文化的导向功能十分重要，作为中国传统文化的重要组成部分，中国戏曲艺术包含的人文精神、审美情趣、哲理思想等构成了独特的文化价值体系，能丰富校园文化中的人文精神，构建和谐的校园文化。

知识链接

花雅之争：雅部指昆山腔；花部的主力为梆子腔与皮黄腔以及从弋阳腔演变而来的高腔。“崇雅抑花”是上流社会一贯的政策，但富有生机的花部不甘示弱，在嘉庆道光年间，终于形成了新四大声腔，即昆腔、高腔、皮黄腔、梆子腔并峙的局面，其中花部占了三个。

本章小结

传统戏曲艺术是民族文化与智慧的结晶，深刻地表达了中国人的喜怒哀乐、思想感情、审美需求和价值诉求。它以其浓厚的乡土气息和民族地域特征，对社会产生潜移默化、深远持久的影响。传统戏曲艺术的精华需要保护和传承，要在保持原有文化内涵的基础上，不断创新改进，使其精神风貌朝良性健康的方向发展，让中国戏曲在世界艺术之林永远绽放耀眼的艺术魅力。

习题

题库

一、选择题（1～5 为单项选择题，6～10 为多项选择题）

1.（　）是只采用昆腔演故事的剧种。

A. 豫剧　　B. 昆剧

C. 京剧　　D. 川剧

2. 越剧前身是流行于（　）一带的说唱形式“落地唱书”。

A. 浙江绍兴　　B. 浙江嘉兴

C. 浙江嵊县　　D. 浙江杭州

3.《我在城楼观山景》是京剧《空城计》中的名段，诸葛亮这一角色在京剧中属于（）。

A. 生　　B. 旦

C. 净　　D. 丑

4.《花木兰羞答答施礼拜上》是豫剧（　）中的经典唱段。

A.《穆桂英挂帅》　　B.《花木兰》

C.《人欢马叫》　　D.《打金枝》

5.（　）被誉为“百戏之祖”。

A. 京剧　　B. 豫剧

C. 评剧　　D. 昆剧

6.“生旦净丑”是京剧的行当，其中“旦”又可细分为（　）。

A. 正旦　　B. 老旦

C. 花旦　　D. 刀马旦

7. 京剧四大名旦为程砚秋、尚小云和（　）。

A. 梅兰芳　　B. 严凤英

C. 白玉霜　　D. 荀慧生

8. 明朝时的四大声腔指的是弋阳腔、余姚腔和（　）。

A. 梆子腔　　B. 高腔

C. 昆山腔　　D. 海盐腔

9. 戏曲按音乐结构体式分类一般分为（　）两种。

A. 曲牌体　　B. 板腔体

C. 变奏曲式　　D. 散曲

10. 下列剧种中，（　）的唱腔一般使用板腔体结构。

A. 京剧　　B. 评剧

C. 昆剧　　D. 豫剧

二、思考题

1. 如何给戏曲下定义？

2. 如何理解戏曲艺术的“综合性”“程式性”“虚拟性”？

第十二章　领略舞蹈艺术之美

学习目标

知识目标

1. 掌握舞蹈的分类及其艺术特征。
2. 熟悉舞蹈的鉴赏方法。
3. 了解舞蹈艺术的起源及其构成要素。

技能目标

1. 能够运用相应的方法鉴赏舞蹈艺术之美。
2. 能够运用舞蹈形式表现和创造艺术之美。

案例讨论

【案例】 因编导为迎合舞者随意用以前的曲谱取代原作，1877 年，柴可夫斯基的《天鹅湖》的首演惨遭失败。十几年后，著名编导彼季帕与伊凡诺夫重新编导了《天鹅湖》，1895 年 1 月 15 日，马林斯基剧院正式重演了《天鹅湖》，演出大获成功。优美动听的音乐、精妙绝伦的编舞、姿态妙曼的舞者三者共同造就了这部难以超越的芭蕾舞剧。100 多年后的今天，世界各地仍在继续上演着版本不同却又同样精彩的《天鹅湖》。

【讨论】 1. 你认为舞蹈艺术的审美特征应该包括哪些内容呢？

2. 结合舞蹈艺术的审美特征谈谈《天鹅湖》首演为什么会失败，而马林斯基剧院重演又大获成功呢？

PPT

第一节　舞蹈艺术常识

一、舞蹈的概念

关于舞蹈，有多种多样的诠释。有人说它是“动作的艺术”，有人说它是“情感的艺术”，还有人说它是一种“时空的艺术”。舞蹈是一门综合艺术，它以情感为动力，以人体为工具，以艺术化的人体为主要表现手段，运用舞蹈语言、节奏、表情和构图等多种基本要素，在时间与空间的变化中塑造艺术形象、表达思想感情和审美情感的一门古老而又年轻的艺术。

说舞蹈艺术古老，是因为远在原始时代它就产生了。原始舞蹈是一种集体的全民性活动，参加者是全氏族的成员，在庆贺劳动收获及战斗胜利时，便模仿着劳动及鸟兽动作，敲打石头等物体，发出有节奏的声响，合着简单的动作跳舞，自娱或互相娱乐。在漫长的原始社会中，舞蹈是先民们生活及娱乐的主要手段。因此，艺术史家们称舞蹈为“艺术之母”。说舞蹈艺术年轻，是因为在现代都市剧场艺术中，它是在剧场装备、现代灯光设备等特殊条件配合下的一门新兴的综合性剧场艺术。

舞蹈艺术带给观众特殊的精神满足和享受，其独特之处在于以动作美为艺术手段，并辅助音乐、舞台场景、灯光、服装、道具等载体共同表现其舞蹈主题，蕴含深刻的思想，体现鲜明的人物性格，表达细腻的内心情感，展现舞蹈创作者的审美水平与审美特征，使观众能够被舞蹈艺术所感染，引起对人类社会情感的共鸣。

二、舞蹈艺术的起源

舞蹈，顾名思义就是手舞足蹈。在人类产生语言沟通之前，人们就会用动作、态势、表情来传达彼此要表达的信息、情感和思想，所以，从一定意义上来讲，人类最早产生的艺术就是舞蹈。舞蹈艺术作为人类生存的一种表达方式，有着它自身的特点，也有着丰富的形式，但大多数都离不开几种起源，那就是图腾崇拜、神灵祭祀、生殖崇拜和劳动。

（一）图腾崇拜说

在我国的各种石壁山上所发现的崖画中发现图腾崇拜是舞蹈的来源。例如，内蒙古阴山、乌兰察布的崖画，有一些舞者扮成鸟形、兽形而舞的形象，显示了其氏族对于鸟兽图腾的崇拜，也清晰地记录下了早期氏族社会图腾的动态形象。

（二）神灵祭祀说

由于原始社会的人们对大自然现象的理解不足，产生了畏惧感，逐渐形成了原始的宗教信仰——神灵祭祀。在山西洪洞广胜寺壁画龙王祈雨图上绘着祭祀起舞求雨的舞者，天空中挂着祥云，象征着大雨将至。这表明在原始人类心目中，神灵是掌控人类命运、不可抗拒的主宰，人们希望通过祭祀、祈祷来求得神灵的庇护和保佑。

（三）生殖崇拜说

生殖崇拜更是原始人类舞蹈的重要来源。人类的繁衍被视为上天赐予的重大使命，人类对自身生命延续的态度决定了生殖崇拜的重要性。从许多地区的崖画中留下的形象记录来看，原始人类在求偶时、性结合前后、女性生育前后都会以舞蹈的形式来表达他们对生育过程的虔诚。至今我国某些少数民族地区依然保留生殖祭祀活动，传说中的女娲发明了乐器“笙簧”（葫芦笙），能够发动阳气，使万物萌生，以象征人类的繁衍，所以跳芦笙舞成为许多有着生殖崇拜的民族的风俗习惯。

（四）劳动说

有很多学者认为舞蹈起源于劳动，狩猎劳动成为原始人类生活的重要部分。劳动创造了人类社会，创造了艺术赖以产生的物质基础，创造了艺术的物质载体。在原始人舞蹈中，表现狩猎和种植以及各种劳动生活的占有最大的比重，在一些远古的洞穴壁画、岩画中，可以看到许多原始人生活的舞蹈画面，不管是哪一种劳动，人的手脚总是要活动的，或是手用以拍打，或是用脚踩踏，再伴以呼喊或打击石块和木棍，在某种动作连续重复过程中，就产生了有规律的节奏和有节奏的动作。这些狩猎和劳动的舞蹈生动地再现了原始人类的劳动生活。

三、舞蹈的构成要素

舞蹈的构成要素和表现手段非常丰富，主要包括动作、节奏、表情、结构、语言、构图、服装、道具、布景、灯光、音响、舞台设计等。我国著名的舞蹈家吴晓邦认为，舞蹈的要素包括表情、节奏和构图。

（一）舞蹈表情

舞蹈表情是指运用舞蹈手段表达人的情感和思想，是构成舞蹈形象的重要因素之一，也是观众进行舞蹈欣赏、获得审美共鸣的桥梁。舞者的面部表情主要表现为眼、眉、嘴、鼻、面部肌肉的变化，其中眼神往往是舞蹈的神韵所在。在舞蹈表演时，更能给欣赏者留下深刻印象的是舞蹈动作的整体表情，舞者往往通过夸张的身体姿态来有意识地表达角色情感变化。

（二）舞蹈节奏

舞蹈节奏是指舞蹈在动作、姿态上的强弱，运动速度的快慢，动作幅度的大小，动作完成时间的长短等，是构成舞蹈动作千变万化的重要因素。舞蹈节奏与音乐节奏关系密切，音乐的旋律起伏、舞蹈的肢体动作变化可以给欣赏者一个综合的审美体验。音乐对舞蹈是重要的，但是音乐对舞蹈并非起着决定性的作用，舞蹈可以没有音乐旋律做背景，但不能没有节奏，舞蹈的节奏蕴含在人体的自然运动规律之中，是舞蹈不可分离的重要因素。

（三）舞蹈构图

舞蹈构图是舞蹈语言在舞台上存在和呈现的方式，它也是舞蹈在时间、空间中的动态结构，一般指舞蹈者在舞台空间的运动线（不断变化、流动的舞蹈路线或队形）和画面感，它是舞蹈作品的重要表现手段之一。

知识链接

中国最古老的舞蹈——六代舞

西周初年，周武王的弟弟周公为周朝制定礼乐，将上古时代流传下来的六部大型乐舞进行规范，用于郊庙祭祀，并将其称为六代舞。这六部乐舞是指黄帝时的《云门大卷》、唐尧时的《大咸》（一说《咸池》）、虞舜时的《大韶》、夏禹时的《大夏》、商代的《大濩》、周代的《大武》。这些乐舞主要用于祭祀天地、山川、祖先，规模宏大，声调平缓，能给人庄严肃穆之感。周公时期将这些标志性的乐舞分为“乐德”“乐语”“乐舞”三个层次，从内涵到表现形式对国人进行行为规范。这些舞曲后来被编成一部书——《乐经》。孔子在晚年整理的“六经”——《诗》《书》《礼》《易》《乐》《春秋》，其中的《乐》就是指的《乐经》。

PPT

第二节　舞蹈的分类

因为对于同一个舞蹈作品，可以从多种角度、多种特征对其作出分类。根据舞蹈的功用来分，舞蹈可以分成两大类：民众中自然传衍的——生活舞蹈；艺术家刻意设计的——艺术舞蹈。

一、生活舞蹈的分类

生活舞蹈一般是指与人们各种生活有直接紧密的联系，人们在日常生活中出于自娱、社交、健身等需要而选择的舞蹈形式，其功利性、目的性比较明确，是人人可以参加的具有广泛群众性的舞蹈活动。生活舞蹈主要有以下几类。

（一）宫廷舞蹈

宫廷舞蹈是指古代王朝在其礼仪、宴飨、祭、娱乐活动中所用的舞蹈，世界上许多国家在其相应的历史阶段都有各自的宫廷舞，如欧洲的小步舞，意大利、法国的芭舞等。中国的宫廷舞蹈有雅乐舞蹈和宴乐舞蹈两大类。中国宫廷舞蹈正式建立于西周，以西周制定的雅乐舞为标志。雅乐舞在中国礼乐制度中占有重要地位，是国家政治生活的组成部分，西周是雅乐舞的隆盛时期。

宴乐舞蹈是宫廷舞的主要组成部分，如汉代宫廷的“百戏”舞蹈，唐代宫廷的九、十部乐，坐、立部伎，健舞、软舞，歌舞大曲，宋元明清宫廷的“队舞”，以及历代的“女乐”舞蹈，都属于宫廷舞蹈中的宴飨娱乐类别。这类舞蹈艺术性较高，有不少脍炙人口的精品，如汉代的《盘鼓舞》、六朝的《白纻舞》、唐代的《霓裳羽衣舞》、元代的《十六天魔舞》等。

（二）民俗舞蹈

民俗舞蹈指生发、承传于民间的各种习俗性舞蹈。我国许多民族在婚配、丧葬、种植、收获及其他一些喜庆节日，往往都要举行各种群众性的舞蹈活动。这些舞蹈活动中，表现各个民族的风俗习惯、社会风貌、文化传统和民族性格特征，是各民族人民精神生活中不可缺少的重要组成部分。

民俗舞蹈风格浓郁，特征明显，因此又被称为“原生态民间舞”。民俗舞蹈具有鲜明的农民文化的特征，它本色、直白、鲜活、朴实，喜逗乐，少格局，并且浸润着较强的族群文化色彩和来自生命本体的感召力。民俗舞蹈对于老百姓来说，主要是一种娱乐手段，一种自发的活动和宣泄方式。因此，民俗舞蹈中单纯的情感释放或插科打诨的内容占多数，舞蹈所表现的内容也多是民众日常生活所闻所见，浅显易懂，贴近人民。例如，流传于湖南的《伴嫁舞》是新娘出嫁前女伴们陪伴新娘的惜别活动，反映了妇女们的劳动生活和她们丰富的思想感情。

（三）宗教舞蹈

宗教舞蹈是表现宗教观念、宣喻宗教思想、进行宗教活动的一种舞蹈形式。宗教舞蹈是对超自然、超人间的神秘力量“神灵”的一种形象化的再现，使无形之神成为可以被感知的有形之身，是神秘力量的人格化，是宗教祭仪的组成部分，主要用以祈求神灵庇佑、除灾去病、逢凶化吉、人畜兴旺、五谷丰登或答谢神灵的恩赐。我国不少地区和民族的宗教祭仪中都有这类舞蹈活动，如民间的巫舞、师公舞、傩舞，佛教的“打鬼”，萨满教的“跳神”等。

（四）社交舞蹈

社交舞蹈是在人们文化生活中流传最广泛和最有群众基础的舞蹈活动，是人们进行社会交往、增进友谊、联络感情的舞蹈，一般多指在舞会中跳的各种交际舞。另外，我国许多少数民族，如彝族的“火把节”、苗族的“芦笙节”、黎族的“三月三”、布依族的“六月六”、哈尼族的“苦扎扎节”、傣族的“泼水节”等节日中所进行的群众性的舞蹈活动，都是青年男女进行互相交往、自由选择配偶的社交活动，因此也可以称之为各个民族的社交舞蹈。

（五）自娱舞蹈

自娱舞蹈是人们在舞蹈活动中目的最单纯的一种舞蹈，它除了进行自娱自乐以外，别无其他目的，它既不是为了跳给别人看，也不是为了给别人在情感和思想以感染或影响，只是用舞蹈抒发和宣泄自己内在的情感冲动，从而获得审美愉悦的充分满足。当然，有时这种舞蹈不免引起旁观者或同舞者的情感反应，而这种反应，自然又会给舞者本人的情感以影响和刺激，这进一步激发出舞者即兴舞蹈的灵感，使其舞蹈放射出独特的光彩，从而使舞者感受到更大的舞蹈审美活动的愉悦和欢乐。我国汉族民间舞蹈“秧歌”和一些少数民族的民间舞蹈，以及西方的“迪斯科”“霹雳舞”“街舞”等，都是人们所喜爱的自娱性舞蹈。

（六）体育舞蹈

由于舞蹈是一种人体动作的艺术，所以它自然就有健身的体育作用。近年来，人们更进一步把舞蹈和体育相结合，创造了以艺术审美的方式锻炼身体、促进身心全面健康发展的体育舞蹈新品种，如各种健身舞、韵律操、中老年迪斯科、冰上舞蹈、水中舞蹈等。另外，从广义上来说，我国民族的武术中，象征、模拟各种动物和特定人物形象的象形拳、五禽戏及舞剑、舞刀等均可属于体育舞蹈。

二、艺术舞蹈的分类

艺术舞蹈是指专业和业余舞蹈家，通过对社会生活的观察、体验、分析、集中、概括和想象，进行艺术的创造，从而产生出主题思想鲜明、情感丰富、形式完整、具有典型化的艺术形象，由少数人在舞台上表演给广大群众观赏的舞蹈。艺术舞蹈是当代舞蹈剧场的主要形式，具有专业性、艺术性、观赏性的主要特点。艺术舞蹈在东、西方有不同的分类原则和依据，我国从以下几个不同角度对艺术舞蹈进行分类。

（一）按舞蹈的体裁划分

根据反映社会现实生活的方法和塑造舞蹈形象的特点，可以分为抒情型舞蹈、叙事型舞蹈、戏剧型舞蹈（或称舞剧）三类。

1. 抒情型舞蹈　是指在舞蹈营造的特定氛围中，表演者以鲜明的情绪表现、生动的舞蹈语汇来表现现实生活、抒发情感的舞蹈。抒情型舞蹈作品，既可以表现喜、怒、哀、乐等情绪，也可以表现出较深层次的理性情感。舞蹈创作通常运用缘物寄情、借景抒情等表现手法来抒发情感，寄托审美理想。抒情型舞蹈作品突出的是情感的表达。著名舞蹈理论家于平教授认为抒情型舞蹈可以有三种形态，即情绪型、情境型和情理型，情绪型抒情舞是最常见的抒情型舞蹈。

2. 叙事型舞蹈　又称为情节舞，通过对舞蹈中不同人物的行动所构成的事件情节来塑造形象，表现作品主题。叙事型舞蹈较之舞剧篇幅要小，但同样要求在几分钟的舞蹈作品中，交代事件的开端、发展、高潮、结局，运用启、承、转、合的戏剧性结构。注重人物的塑造和情节的叙述，叙事型的舞蹈作品，是观众较为熟悉、喜闻乐见的一种舞蹈形式。一方面，舞蹈创作通常取材于民间故事、历史故事、神话，因为有文学素材作为依托，所以，可弥补舞蹈动作抽象化表现；另一方面，在简单的情节表现中，叙事型舞蹈作品通过塑造鲜明的人物形象，更容易使观众产生强烈的共鸣。虽然人们通常认为舞蹈是"拙于叙事"的，但是编导在舞蹈创作过程中，通过暗示性、表意性的舞蹈动作的运用，以及音乐的陪衬和舞台环境氛围的营造，同样可以使叙事型舞蹈具有较强的观赏性。

3. 戏剧型舞蹈　即舞剧，是一种以舞蹈为主要表现手段，综合音乐、美术、文学等艺术形式表现特定人物和一定戏剧情节的舞台表演艺术。舞剧是戏剧的一种，区别于歌剧、话剧；舞剧是以舞蹈作为主要表现手段，运用舞蹈的手段来完成故事的完整叙述。舞剧具有"综合性"的特点，就是运用多种艺术形式来丰富舞蹈的表现，把戏剧艺术、音乐、舞蹈、哑剧、舞台美术和演员的表演技巧有机地结合在一起。成功的舞剧作品，要求具有高度综合的舞蹈表现手段，用精彩的舞段来完成较为复杂的叙事结构。舞剧同样要在引子、开端、发展、高潮、结局和尾声的戏剧结构中展开，事件的叙述作为贯穿整个舞蹈构思的一条主线，独舞、双人舞、群舞等的表现形式都要负担推进剧情的任务，服从于剧情的交代。

（二）按舞蹈的艺术风格划分

根据不同风格特点，艺术舞蹈主要分为古典舞、民间舞、现代舞和芭蕾舞等。

1. 古典舞　是指在民族民间传统舞蹈的基础上，经过提炼、整理、加工、创造，源远流长并承传至今，具有一定典范意义和古典风格特点的舞蹈。一般来说，古典舞都具有严谨的程式、规范的动作和比较高的技巧。我国的古典舞创立于20世纪50年代，曾一度被一些人称作"戏曲舞蹈"，是介于戏曲与舞蹈之间的混合物。所谓"古典"，一是指在某些程度上具有古代的遗存内容；二是指具有一定的典范性，具有自成体系的美学原则。

2. 民间舞　是产生并广泛流传于民间、风格鲜明的舞蹈，反映各地区、各民族特有的劳动、风俗、交际方式和爱情生活。不同地区和民族的舞蹈，受生活方式、历史传统、宗教信仰、风俗习惯乃至地理气候等自然环境的影响而出现迥异的风格特点。世界各地的民间舞蹈形式多样，早期的民间舞蹈不仅供自娱自乐，而且根植于人们的生产和生活，具有娱人娱神的目的。

3. 现代舞　英文为" Modern Dance"，是19世纪末20世纪初在欧美兴起的一种舞蹈流派。是20世纪以来最具国际性的舞蹈品种之一。现代舞作为西方现代主义文化艺术思潮的一个部分，它的产生追随着时代的发展，是西方社会、政治、经济与文化的变迁与发展的反映及载体。有"西方现代舞之母"之称的伊莎多拉·邓肯认为"古典芭蕾一点都不美"。现代舞反对古典芭蕾的因循守旧、脱离现实生活的浪漫主义倾向，单纯追求技巧的形式主义倾向；主张摆脱古典芭蕾的僵化的动作程式的束缚，以合乎自然运动法则的动作，强调自由而舞，随心而舞，自由抒发真情实感，揭示内心世界强调舞蹈艺术要反映现代社会生活。现代舞在发展过程中，相继形成了先驱派、奠基派、先锋派等舞蹈流派。

4. 芭蕾舞　是一种典型的欧洲古典舞蹈，由法语ballet音译而来。芭蕾舞孕育于意大利文艺复兴时期，17世纪后半叶开始在法国发展流行并逐渐职业化，在不断革新中风靡世界。女演员表演时以脚尖点地是芭蕾舞最重要的一个特征，所以又被称为脚尖舞。

（三）根据表现形式来分

根据舞蹈的表现形式来分，艺术舞蹈可以分为独舞、双人舞、群舞、组舞、歌舞、舞剧等。

1. 独舞 是由一个人表演完成一个主题的舞蹈，多用来直接抒发人物的思想感情和揭示人物的内心世界。

2. 双人舞 是由两个人表演、共同完成一个表演主题的舞蹈，多用来表现人物的思想感情交流和表现人物的关系。

3. 群舞 凡四人以上的舞蹈均可称为群舞。群舞一般没有复杂的情节，而是以情代叙，重在意境的创造和情绪的抒发。它没有明显的人物角色划分，而是通过一个统一的群体形象塑造，来表现特定群体的性格。在表现手法上，主要是通过舞蹈队形变化和不同速度、不同力度、不同幅度的舞蹈动作以及姿态造型等来创造出一种诗的意境，将观众带进想象之中，使其获得强烈的审美享受。

4. 组舞 是由若干个相对独立但又表现同一个主题的舞蹈组成的大型舞蹈作品。其中各个舞蹈有相对的独立性，但它们又都统一在共同的主题之下，组中的每一个舞蹈都可以单列出来表演。

5. 歌舞 是一种歌唱和舞蹈相结合的艺术表演形式。其特点是载歌载舞，既长于抒情，又善于叙事，能表现人物复杂、细腻的思想感情和广泛的生活内容。

6. 舞剧 是以舞蹈为主要表现手段的戏剧形式，它具有完整的戏剧结构，舞剧中的舞蹈一般分为情节性的舞蹈和表演性的舞蹈两类，形式上包括独舞、双人舞、群舞、组舞等。情节性的舞蹈表现舞剧的剧情，刻画人物的性格和行为；表演性的舞蹈是剧情中作为舞蹈表演而出现的，即舞中之舞。舞剧中的独舞，多表现人物内心的独白及其性格、情绪等；双人舞用来刻画舞剧中人物之间的关系、感情和矛盾、冲突；群舞在舞剧中是作为表演性的舞蹈或在剧情中表现群众情绪的舞蹈场面。这些舞蹈形式加上必要的哑剧成分，按舞剧内容情节的需要交替出现，融会贯通，就形成了舞剧的形式。舞剧有大型舞剧、中型舞剧、小型舞剧和独幕舞剧。

PPT

第三节　舞蹈的审美特征

舞蹈是一门悠久的文化艺术，来源于生活，是对日常生活加以艺术化的创作，是一种既通俗又高雅的艺术形式，综合音乐、舞美、动作表演为一体的舞台艺术形式，主要通过肢体语言向人们展示动态美和传达情感。既能给人赏心悦目的感受，又能陶冶人的思想情操，增加艺术修养。因此，舞蹈艺术在审美方面具有以下特征。

一、视觉美

舞蹈艺术与其他艺术具有的相同之处就是都有视觉审美特征。观众可以通过自己的眼睛欣赏舞蹈，对其优劣进行直观的审美批判。不仅能对舞蹈在动作、姿态、造型上力度的强弱、速度的快慢、时间的长短、幅度的大小等进行直观的视觉感受，还可以对灯光、布景、服装等进行判定。同时，随着演员动作的变化及音乐的旋律，观众可以很自然地通过自己的眼睛等器官直接把舞台上的信息输入到大脑，对其进行直观的感知，让人们对舞蹈艺术进行审美。如舞蹈《黄土黄》，观众通过舞者敲打胸鼓的节奏和动作，来展现黄土高原儿女们的那种“有一把黄土，就饿不死人”的朴素而深沉的中国农民的精神气质。

二、造型美

舞蹈造型是舞蹈整个舞台艺术的有形表现，特别是新时期的舞蹈艺术，结合舞台的灯光、音效、舞美等，整个舞蹈形成一个整体；通过舞蹈队形的变化，形成富有感染力的艺术效果。舞蹈造型是遵循一定审美要求的过程，从整个舞蹈构图来看，有分散集中、平衡整齐与多样统一等几种分类：分散集中是舞者在舞台上展现的整体风貌，分散的造型使得舞台饱满，而集中造型则起到特写效果；平衡整齐要求舞蹈节奏鲜明，动作和谐，舞者以舞蹈为中心进行扩散，保持整个舞台的平衡，使得观众形成稳健协调的观赏效果；多样统一则要求舞蹈艺术具有创新要素，敢于打破常规，形成富有时代意义和个性特点的舞蹈造型，达到眼前一亮的视觉效果。

三、节奏美

舞蹈与音乐节奏是密切相关的，几乎所有的舞蹈作品都需要音乐节奏的衬托，这是因为舞蹈作品主要是由人体动作及音乐节奏组成的。通过音乐节奏，可以对舞蹈表演过程中动作的快慢以及不同动作出现的时间先后顺序进行有节奏的制约，在舞蹈表达情感方面也起到了重要的烘托作用。只有有了音乐节奏，舞蹈才能更好地表达人类的感情，反之，舞蹈就会失去表达情感的价值。比如，哑剧虽有其独特的魅力，但离开音乐的衬托，就很难使观众内心情感产生共鸣。因此，音乐节奏是舞蹈艺术中的一个重要组成因素。

四、情感美

舞蹈是人类表达情感的最高和最后的艺术手段。《毛诗·序》中说：“情动于中而行于言，言之不足，故嗟叹之，嗟叹之不足，故咏歌之，咏歌之不足，不知手之舞之，足之蹈之也。”可见，人的情感表达手段是：语言—歌唱—舞蹈，同时也说明舞蹈是人类情感最集中、最激动而又无法抑制时产生的。情感在舞蹈艺术中占有重要的地位，因为情感可以使人从欣赏舞蹈转化为对舞蹈精神的深思，进而感知舞蹈的美。舞蹈艺术的创造主要来源于生活，是通过人体动作来对情感进行充分的表达，将人内心深处错综复杂的感情表达得尤为细腻。《千手观音》是残疾人用生命的感悟创造的完美艺术，她们用优美的身姿和婀娜的体态表现无声世界的韵律与美感，用端庄的容貌和天使的微笑透出心灵深处的祥和与美德，实现了体态与灵魂、形式与内容、人文与人格的完美结合，让广大观众产生强烈共鸣，艺术效果超出了观世音文化原有的内涵，凝结成了使人们感动和向往的独特魅力。千手观音真善美的情感内涵是演员们战胜残疾的精神力量，这样的舞蹈艺术有助于人们荡涤浅薄、浮躁、纷繁和杂念，情感得到升华。

五、技艺美

舞蹈技艺包括两方面的内容：一是舞者的舞蹈表演技巧，如高跨度的腾空跳跃、急速的多圈旋转、柔软的身体滚翻和慢动作的控制，以及身体各部分的表现能力等；二是编导在艺术结构、场面调度、舞蹈语言的运用和对人物性格、内心情感的细致深入的刻画等方面所具有的艺术技巧和表现能力。无论在演员的表演上，还是在编导的创作中，只有体现出一定的技艺性，观众才能得到舞蹈美的感受。技艺愈高，舞蹈审美的感受就愈强烈，以独特的技艺塑造出的舞蹈形象更能给人以深刻和强烈的审美感受。观看《孔雀舞》，人们总是被演员手臂的表现力所慑服，被演员闪、转、腾、挪的技术、技巧所震撼，作品所表现出的正是对舞蹈动觉的高级驾驭力。

六、创新美

一个舞者除了具有舞蹈基本能力和技巧能力外，还应当富有创新能力，能够在熟练技巧能力基础上对舞蹈艺术进行创新。创新是舞蹈艺术美的灵魂，是区分普通舞者、舞蹈表演家的标准。舞蹈表演的过程，实际上是舞者对舞蹈作品进行二度创新的过程，舞蹈编导的创新意识只有经过舞者的表演才能实现。然而，舞者情感的表达与舞蹈编导的创作意识并不总是严丝合缝、一一对应的。这是由于舞者在表演时融入了主观情感、个人艺术功力、审美体验等因素。演员只有将自己对舞蹈作品的理解，渗透到情感表现的创作实践当中，做到“选学一家，博采众长、熔于一炉，独树一帜”，牢记“艺无止境，常演常新”，才能给舞蹈艺术不断注入新的生机，使舞蹈表演艺术之树常青。比如，《千手观音》演绎传统的以善为核心的观世音文化，同时，与时俱进地将观世音文化推陈出新，它虽取材于民俗，却又与一些以通俗为名实际上媚俗、庸俗、粗俗、低俗的作品不同，经过编导的创新，使带有迷信色彩的观音民俗脱胎成为传播民族文化的大雅，从而超出艺术的范畴，达到一种至高的审美境界。

PPT

第四节　舞蹈作品鉴赏

舞蹈是一种艺术，也是一种语言，以其特殊的形式向人们传达思想。舞蹈艺术鉴赏是人们在观赏舞蹈演出时，对舞蹈作品的艺术和语言进行感受、体验和理解的一种精神活动。观众在鉴赏舞蹈作品的过程中，结合自己的生活经历，引起情感的共鸣、思想的认同和审美的愉悦，这就是舞蹈艺术的魅力和价值所在。

一、中国舞蹈作品鉴赏

（一）中国古典舞蹈作品赏析

中国古典舞简称中国舞，来源于中国古代的舞蹈，从乐舞演变发展到戏曲，再由戏曲提炼出舞蹈来，是一门具有深厚传统美学的舞蹈艺术。

《千手观音》赏析　舞剧《千手观音》取材于在我国古代的代国公主舍身救父，最终化作“千手观音”的佛教传说故事，表现了中华民族自古以来所秉承的和谐仁爱、舍己为人的崇高精神。

《千手观音》是著名舞蹈编导家张继刚历时 7 年、倾力创作的古典舞蹈作品，在音乐、编舞、舞美等方面进行了独辟蹊径的尝试和探索，全剧贯穿始终的鬼斧神工般的编排巧思、出神入化的肢体语言和大爱无形的感召力量，彰显出张继刚作品里标志性的艺术魅力和人文情怀。

《千手观音》是多人舞蹈。多人舞蹈强调动作的一致性与和谐性。20 位聋哑演员由矮到高站成一列，从正面看整齐得像是只有一个演员。金灿灿的服装、佩饰、道具、华丽的发饰营造出大气、璀璨夺目的视觉效果。每个“观音”手心里都贴有一个“眼睛”。当演员们的每一个指头，每一个关节渐次张开，就像莲花片片绽放，又如观音睁开禅眼。加上金色大莲台配上忽明忽暗的灯光，极大地凸显了千手观音的高贵神秘、静谧之感。

《千手观音》运用了大量的敦煌舞。演员们充分运用手的形状、赤足的形状、手臂的姿势、体态的动作等，将敦煌舞的舞姿舞韵中最典型的“S”形姿势与动律完美地展现出来。演员们用优美的身段和婀娜的体态把人一下子带到了敦煌的莫高窟完美的佛教仙境中。

《千手观音》的曲乐是先缓，然后急，最后再缓，共计三部分：第一部分缓，用笛子、琵琶所演奏的敦煌乐，将音乐与舞蹈的配合演绎得丝丝入扣，将佛教静定、沉思、崇高之意充分表现出来，有如莲花出水，污而不浊；第二部分，则用琵琶快弹，配上鼓点，加快节奏，舞蹈演员的动作和拍而变，并不断变幻阵形，好似凤凰涅槃时惊天地、泣鬼神之高调，达到演出的高潮；高潮过后的第三部分，又回归用第一部分的柔美，以平和的音乐作为结尾，恰似凤凰涅槃后一切又回归平静。整个犹如像在讲述一个故事，情节跌宕起伏，引人入胜、引人深思。

（二）中国民间舞蹈作品赏析

民间舞蹈是在人民群众中广泛流传，具有鲜明的民族风格和地方特色的传统舞蹈形式，具有群众舞蹈的通俗性、普及性、趣味性、观赏性与自娱自乐的特点，朴实无华、形式多样、内容丰富、形象生动。民间舞蹈作为一种艺术的特殊语言形式，集中体现了民族的审美与意志，具有强大的民族团结的凝聚力。

《一个扭秧歌的人》赏析　《一个扭秧歌的人》取材于《天津日报》一则题为《艺人之死》的报道，作者有感于民间艺人对艺术、对人生的追求而创作的舞蹈艺术作品。

作品以最炽热的情感、最强烈的生命情调、最质朴的舞蹈语言来讴歌秧歌老艺人的执着。无论是舞者还是观众，都在内心受到感动，使作品具有很强烈的审美张力。

空旷的舞台上，昏暗的灯光，蜷曲着一位风烛残年的老艺人。他袒胸露体，雪染双鬓，唯有腰间的一股红绸，依稀透出“活”的信息。沉寂的空气中飘来一缕幽噎的二胡乐声，由远及近，又由近趋远，其中夹杂着感伤、凄凉，也充满了撩人心绪的幻梦、回忆与憧憬。令人惊奇的是，颓然的老者竟在乐声中感受到了“生机”，眉宇颤动，肩胸扭拧，头身摇摆。顷刻间，老艺人挺身跃起，手舞红绸，顿足踏地，俨然一个“活”的生灵。待乐声扬起，他却突然倒地，顷刻杳无声息。转而，乐声透出了亮色，显现了些许“喜气”。一群歌舞青年围拢着；一位年轻的舞者，手中一条红绸潇洒飘逸地舞动在青年们的中央。他犹如一架放电的机器，四肢放射着无限动能，“疯魔”一样地舞蹈，仿佛要将一腔热血全部“舞”尽。青年们呆看着，猛然间，也从心底爆发出一股无法抑制的激情，每个人都舞动起手中的绸条，让身体肆意流动，迸发出心灵的吼声。他们跳着、唱着，流着泪，穿过那个老者，去找寻属于自己的“生命境界”。台上台下，舞者与观众，全然地投入，统统“忘乎所以”。

时光的轮回无情，空寂中又弥漫起二胡那扯人心肺的忧郁与寂寥，强拉迟暮的老艺人脱离人生中唯一的梦境。但即便如此，他依然实现了“死”的涅槃，在他那极其微弱的动作世界里，磨炼成的仍旧是秧歌的纯净，他用自己的躯体凸现出庄户人的性格，换取了生命的“永生”。群舞的运用也为表现人物形象增色不少。群舞演员年轻矫健的身姿和老艺人蜷缩的身体形成了鲜明对比，衬托出老艺人心中的悲叹和惋惜，增加了舞蹈的悲情色彩；而当老艺人遥想当年，疯狂起舞时，群舞的陪衬则更加透彻地表现出老艺人对秧歌的热爱。

（三）中国现代舞蹈作品赏析

中国现代舞蹈继承了古典舞蹈的优秀传统，随着中国社会的巨大变化，舞蹈艺术也发生了质的变化。同时，现代舞的概念也是针对古典舞而言的，古典舞有严格的格式，是以开、绷、立、直为主要表现形式；现代舞却突出自由流畅舒展，它不拘一格，主张突出个性与独特的创意和表现形式。

《东方红》赏析 1964年，中国各族人民在党的领导下克服了严重的经济困难，在第三个五年计划建设中取得了令人瞩目的伟大成就，举国上下呈现出一派太平盛世、国泰民安的繁荣景象。为了庆祝这一伟大成就而创作出了一部表现党的斗争历史、展现毛泽东思想发展过程的大型歌舞作品《东方红》。

《东方红》继承和发扬了中国歌舞艺术的传统，以18段朗诵诗、39首歌曲、35段中国现代舞蹈、37个变换的场景形成一曲宏达的革命颂歌，以严谨的结构、宏伟的气势、精巧的设计和高超的技艺来展现主题，同时集中表现了中国音乐和现代舞蹈艺术的成就，其规模之宏大、水平之高、影响之广泛，是史无前例的。大型音乐舞蹈史诗在壮丽的《东方红》合唱中揭幕。70名女演员迎着天幕上跃出沧海的一轮红太阳，用金黄色的双扇拼组成一个个向日葵的队形翩翩起舞，呈现出“葵花向阳，人心向党”的生动景象。

序曲《葵花向太阳》后，演出共有八个场次，分别为东方的曙光、星火燎原、万水千山、抗日烽火、埋葬蒋家王朝、中国人民站起来、祖国在前进、世界在前进。各个场次之间由诗朗诵衔接起来，演绎出了旧中国沉重的苦难，革命先辈们抛头颅、洒鲜血从事艰巨的革命斗争，中国共产党的诞生为中国人民指明了光明道路、点亮了革命之灯、燃起了燎原熊火，历经种种苦难与危机，最后将胜利的红旗插上了天安门、插遍祖国的大江南北，蓬勃发展的社会主义革命和社会主义建设的繁荣景象，教育和鞭策人民不忘初心，努力拼搏。这不仅是一场很好的歌舞，更是一部中国革命奋斗的史诗，是共产党领导下的革命斗争的缩影。

大型音乐舞蹈史诗《东方红》在全国人民奋发昂扬的革命热情中诞生，描写了中国人民从苦难走向胜利的艰苦历程。其音乐、舞蹈既有对革命历史歌曲创作的传承，又有创新，真正做到了“革命化、民族化、群众化”与现代舞蹈的完美结合，具有极高的艺术审美价值。采用了诗、歌、舞“三位一体”的综合性现代艺术表演，传承我国人民喜闻乐见的歌伴舞的表演形式，采用了歌舞、合唱、独唱、群舞、独舞等多种艺术表现方法，并融入各种现代舞蹈元素，以史诗般的宏伟规模和波洲壮阔的音乐舞蹈场面，将音乐、舞蹈、戏剧、舞台、美术及朗诵等艺术手段熔于一体，充分发挥各种艺术形式的表现特长，开创了一种大型现代歌舞表演的新形式。

《东方红》以史诗的形式继承和发展了中国传统艺术的精神，将诗乐歌舞一体的传统艺术形式发扬光大，标志着中国现代舞蹈艺术的成熟。

二、外国舞蹈作品鉴赏

（一）芭蕾舞作品赏析

芭蕾是法文Ballet的音译，在西方被称为舞蹈艺术皇冠上的明珠。古典芭蕾舞有一整套严格的条件、程式和规范，比如，对于舞者腿部近于严苛的线条要求，尤其是脚尖鞋的运用和脚尖舞的技巧，更是将芭蕾舞与其他舞蹈品种明显地区分开来。

脚尖舞是芭蕾舞的灵魂，控制、旋转、腾跳等高难度技巧构成芭蕾舞独有的高贵、优雅的气质，其独舞要求技巧娴熟，有轻盈如飞的跳跃和令人目眩的旋转，还有快感十足、装饰性极强的双脚打击，以烘托主要人物、渲染环境气氛等，属于高层次的表演艺术形式。因此，有人说芭蕾的本质是诗，是画，长于传达某种朦胧的诗情、淡雅的画意。

《天鹅湖》赏析　柴可夫斯基的芭蕾舞剧《天鹅湖》共四幕，取材于德国中世纪民间童话《偷来的纱巾》。剧情为公主奥杰塔在天鹅湖畔被恶魔变成了白天鹅；王子齐格费里德游天鹅湖，深深爱恋奥杰塔；王子挑选新娘之夜，恶魔让他的女儿黑天鹅伪装成奥杰塔以欺骗王子，王子差一点受骗，最终及时发现，奋击恶魔，扑杀之；白天鹅恢复公主原形，与王子结合，从此，两人共浴爱河。

作为古典芭蕾史上一颗永不磨灭的璀璨明珠，除了修长舒展的动作线条，洁白神圣的天鹅短裙，比鲜明的仙凡场面（一、三幕是现实世界，戏剧性占据主导地位；二、四幕是虚幻世界，抒情性占据主导地位）等几个艺术特征以外，《天鹅湖》的艺术价值主要体现在以下几个方面。

1. 优美的旋律之王　《天鹅湖》音乐由俄罗斯伟大作曲家柴可夫斯基在1876年写成。他采用交响乐写作手法，构建了一个宏大的音乐场景，许多乐曲成为传世经典。在这部芭蕾舞曲中，有如泣如诉的管乐呜咽，表达奥杰塔公主纯洁的内心世界；也有华丽明朗的舞曲，表现齐格费里德王子的阳光和活力。

2. 纯美无比的童话　《天鹅湖》故事取材于民间故事，即恶魔把美丽的少女变作天鹅，但爱情和正义的力量最终战胜邪恶。尽管结尾音乐悲戚，却是个大团圆的结局。

3. 震撼的32个“挥鞭转”　《天鹅湖》第三幕，著名的黑天鹅奥吉莉娅独舞变奏中，黑天鹅需要一口气做32个被称作“挥鞭转”的单足立地旋转。这一绝技由意大利芭蕾演员皮瑞娜·莱格纳尼于1892年独创，在圣彼得堡版演出中呈现。舞者以细腻的感觉、轻盈的舞姿、坚韧的耐力和完美的技巧，诠释了白天鹅和黑天鹅完全不同的心灵世界，这一绝技至今保留在《天鹅湖》中，成为衡量芭蕾演员和舞团实力的试金石。

（二）现代舞作品赏析

《春之祭》赏析　《春之祭》是斯特拉文斯基在一百多年前的先锋之作，呈现了俄罗斯原始部族庆祝春天的祭礼。每当春天到来时，都要从部落中挑选一位最纯洁、最漂亮的少女作为祭品献给春之神，少女将不停地跳舞，直至死去。

皮娜·鲍什是德国最著名的现代舞之母和现代舞编导家，欧洲艺术界影响深远的“舞蹈剧场”确立者，被誉为“德国现代舞第一夫人”。她编导的《春之祭》被称为“在约八十个《春之祭》版本中是最为突出的”。舞蹈以一场原始部落祭祀春之神的仪式为背景，舞台上铺满了厚厚的泥土，营造出一个弥漫着泥土芳香的、孕育着生命与希望的春天的意象。然而，这对少女来说却无异于恐惧与死亡。因为，春天到来，部落中就将有一位最纯洁、最美丽的少女被选出来作为祭品，献给春之神。作品使用了一件红色的衣裙作为道具，被选中的女子将穿着这件衣裙献给春神。舞蹈中的各种形体动作都表达了很深刻的内涵。其中舞蹈以躯干及腹部的强烈的抽搐、收缩式的发力为主要动作，在一次次重复、铿锵有力的动态中，让人感受到生命的脆弱和对死亡的恐惧、人性的毁灭。那件红色的衣裙最终在疯狂地奔跑中从舞者身上脱落，赋予了这件红色的衣裙更深一层的象征意义：它是血与火的凝聚，是生命与死亡的边线，是对神灵的敬畏与虔诚，它让人们从心底攀升出一份恐惧、压抑和强烈的抗拒。她的身后，男男女女观望着、喘息着。虽然受害者只有一人，但在舞台上的每一个社会成员对于被选中好的牺牲皆难脱其责。

皮娜·鲍什在《春之祭》中，展现的不是赏心悦目的轻歌曼舞。她将表现焦点尖锐地集中到了妇女祭献品的受难这一非常野蛮、却往往被认为是理所当然的情境中。舞蹈继续延伸了她善于表达的恐惧、欲望和孤独这一主题，让其如孱弱颤抖的火苗，缓慢燃烧出热度。舞蹈作品抛开了远古的仪式而转为探讨当下的时代主题，如性别冲突、异化等，毫不妥协地面对社会的苦难，并且用舞蹈的情感表现力将事情展现在观众的面前。《春之祭》明显继承了德国表现性舞蹈的传统。

知识链接

敦煌舞蹈的外部特征

1. 手的形状丰富多彩、纤细秀丽，富有中国的古典美。

2. 手臂柔曼多变，手腕和肘部呈棱角。

3. 赤足，脚的基本形状为勾、翘、歪。

4. 体态基本下沉、出胯、冲身形成三道弯。出胯动作有两种样式：一种是推胯；一种是坐胯。总的构成刚柔相济、曲线鲜明的一种柔、韧、沉、曲相结合的动作特征。这些动作在《千手观音》中都有完美的展现。有的动作抒情柔美，神态温婉妩媚，腰肢手臂柔曼美妙，给人带来美感极强的视觉效果。

课堂互动

舞蹈艺术审美

学生思考：1. 什么是舞蹈艺术鉴赏？

2. 作为观众，舞蹈艺术鉴赏要经历的心理过程有哪些？

教师解答：1. 舞蹈艺术鉴赏作为一种精神的审美活动，是舞蹈艺术家与观众、舞蹈活动与社会活动之间的桥梁，是检验作品社会功能的重要途径，更是舞蹈作品实现其价值的主要依托。只有经过千百万人的鉴赏，才能最终使其成为现实的艺术。

2. 舞蹈艺术鉴赏大致要经历三个心理过程：首先是对舞蹈作品动态人体形象的感觉；其次是由舞蹈作品流动的动态人体形象感觉所引起的体验、联想而进入想象；最后通过对流动人体形象的想象、内蕴的探究而得到领悟。

本章小结

舞蹈起源于人类求生存、求发展的劳动实践和其他多种生活实践，是人类历史上最早产生的艺术形式之一。舞蹈以人体动作为主要艺术表现手段，创造出被人感知的生动的舞蹈形象，表达舞蹈编导、演员的审美情感、审美理想。舞蹈鉴赏是观众通过舞蹈作品所塑造的舞蹈形象，具体认识它所反映的社会生活、人物的思想感情以及舞蹈编导、演员对这种生活现象的审美评价，是观众通过舞蹈作品进行的积极的、主动的审美再创造活动。

习题

题库

一、选择题（1 ~ 5 题为单选题；6 ~ 10 题为多选题）

1.（　）与音乐节奏关系密切，音乐的旋律起伏、舞蹈的肢体动作变化可以给欣赏者一个综合的审美体验。

A. 舞蹈节奏　　B. 舞蹈构图

C. 舞蹈表情　　D. 舞台设计

2. 被称为脚尖舞的是（　）。

A. 芭蕾舞　　B. 民间舞

C. 现代舞　　D. 古典舞

3.《天鹅湖》取材于穆索斯的《偷来的纱巾》属于（　）民间童话。

A. 英国中世纪　　B. 德国中世纪

C. 德国古典时代　　D. 意大利中世纪

4. 在西方被称为舞蹈艺术皇冠上的明珠的是（　）。

A. 民族舞　　B. 古典舞

C. 现代舞　　D. 芭蕾舞

5.（　）是德国最著名的现代舞之母和现代舞编导家，欧洲艺术界影响深远的“舞蹈剧场”确立者，被誉为“德国现代舞第一夫人”。

A. 皮娜·鲍什　　B. 伊戈尔·斯特拉文斯

C. 马里乌斯·彼季帕　　D. 列夫·伊凡诺夫

6. 舞蹈造型是遵循一定审美要求的过程，从整个舞蹈构图来看，有（　）等分类。

A. 分散集中　　B. 平衡整齐

C. 多样统一　　D. 和谐对称

7. 根据舞蹈的功用来分，舞蹈可以分成（　）两大类。

A. 生活舞蹈　　B. 艺术舞蹈

C. 雅乐舞蹈　　D. 宴乐舞蹈

8. 我国著名的舞蹈家吴晓邦认为舞蹈的要素包括（　）。

A. 表情　　B. 节奏

C. 构图　　D. 舞台

9. 舞蹈艺术作为人类生存的一种表达方式，有着它自身的特点，也有着丰富的形式，但大多数都离不开（　）几种起源。

A. 图腾崇拜　　B. 神灵祭祀

C. 生殖崇拜　　D. 狩猎战争

10. 艺术舞蹈根据不同风格特点，主要分为（　）等。

A. 古典舞　　B. 民间舞

C. 现代舞　　D. 芭蕾舞

二、思考题

试结合《千手观音》分析舞蹈艺术的审美特征。

第十三章　解读建筑艺术之美

学习目标

知识目标

1. 掌握中国和西方建筑艺术的主要形式及其特征。
2. 熟悉中国传统建筑的特点。
3. 了解不同建筑形式的文化内涵，树立对建筑文物的保护意识。

技能目标

1. 能够鉴赏并具体指出中国传统建筑品类的艺术之美。
2. 能够说出中国传统建筑元素所包含的文化内涵。

案例讨论

【案例】2018 年，著名影星成龙向安徽蚌埠古民居博览园移交其收藏多年的 4 栋明清古建筑。成龙表示，看到喜欢的、快要倒塌的古建筑掏钱买下，修缮、保存、捐献，目的只是为了好好保护古建筑，向年轻人展示中国文化。

【讨论】你认为保护古建筑有什么意义？最大的难度是什么？

PPT

第一节　建筑的分类

一、建筑知识概述

在各种艺术门类中，建筑是最早的艺术之一。建筑起源于人类的劳动实践与日常生活。人类从建造穴居和巢居开始，早期的建筑是为了实现遮风挡雨、防暴晒、避群害的实用目的。随着建筑材料的不断丰富，建筑技术的不断进步与发展，建筑的审美性质、审美特征越来越突出，建筑艺术已经发展成为一种兼具实用与审美功能的综合性的造型艺术。

中国建筑、欧洲建筑、伊斯兰教建筑被认为是世界三大建筑体系，其中又以中国建筑和欧洲建筑延续时间最长、流域最广、成就最为辉煌。每一个地方的建筑，都是融合了当地的民族文化、自然环境，并折射出特定时代的人类信仰及审美观念、审美追求，因此，著名建筑大师辛克丁曾提出一个著名的观点，“建筑是会说话的”；也有人将建筑比作“石头写成的史书”“凝固的音乐”“无形的诗”“立体的画”。

二、建筑的分类

作为人类所创造的物质文明和精神文明的成果，建筑具有十分广博的内容，建筑学者根据不同的视角，对建筑进行分类。比如，从功能类型的角度，可以分为民用建筑、工业建筑、公共建筑（如公园、影院）、宗教建筑（指用来开展宗教活动的建筑，如相应的寺、庙观、塔等），宫殿陵墓建筑（指古代皇家建筑）、纪念性建筑（如纪念碑、馆等）、园林建筑、建筑小品（指既有功能要求，又具有点缀、装饰和美化作用的、从属于某一建筑空间环境的小体量建筑、游憩观赏设施和指示性标志物等的统称，比如公园内的雕塑）等。从建筑材料的角度，可以分为木结构建筑、砖石建筑、砖混建筑、钢筋水泥建筑和钢木建筑等。从时代风格的角度，可以分为中国古代建筑、古希腊式建筑、古罗马式建筑、哥特式建筑等。从艺术形式的角度，可以划分为古典建筑和现代建筑等。

第二节　建筑艺术的审美

PPT

一、建筑艺术的审美特征

建筑艺术是通过造型和结构安排、与各门艺术的综合、同自然环境的关系等发挥审美功能的一种广义的造型艺术。建筑作为一种艺术门类，有其独特的艺术形象和独特的感染力，它具有实用功能性、内部空间性、非模仿性、强制性、物质精神双重性、非具象的造型性、相对的抽象性和一定的意识形态性等，这些特征也是建筑发挥社会功能的基础。

具体来看，建筑艺术的审美特征主要表现在以下三个层面。

（一）形式美层面

建筑艺术的形式美，是指建筑形体所呈现的造型美。勒·柯布西耶说：“建筑师通过使一些形式有序化……他用这些形式强烈地影响我们的意识，诱发造型的激情……在我们心里唤起深刻的共鸣……这时我们感觉到了美。”建筑的形式美是遵循并综合了各种形式美法则的结果，比如，建筑的多样与统一、比例与尺度、对称与均衡、节奏与韵律、色彩与质地等。

1. 要求统一中富于变化　在“统一中有变化”“在变化中求统一”，以确保建筑形象整齐简洁而又不致单调、杂乱。否则，建筑形象则杂乱无序、支离破碎、主题表达混乱不清。

2. 讲究比例关系　尺度的大小是造成建筑的宏伟、崇高、深邃、纤小秀丽等效果的主要根源。在东西方建筑实践中，被长期、大量运用的对称性均衡赋予建筑平衡和完整的感觉。而建筑造型要素的有规律的重复和连续性的变化，则形成了建筑形式的节奏和韵律，使建筑富于变化美和动态美，并产生情趣和类似于音乐的抒情意味。

3. 追求建筑色彩效果　在色彩的运用上，不同气候、不同地域、不同时代、不同文化、不同民族有着不同的特点和习惯。有的利用材料的本色，有的采用其他颜料。以故宫为代表的皇家建筑采用红墙、黄瓦，配以蔚蓝色的天空，展露醒目的高贵庄重。另外，建筑材料所造成的建筑形式的质地与建筑形式的色彩关系尤为密切。比如，钢铁沉暗而黝黑，肃穆挺拔；琉璃瓦明亮而鲜艳，富丽辉煌；大理石墙平滑而坚韧，富有光泽。

（二）个性美层面

建筑的个性是指建筑独具魅力的风格，是整个建筑的机体活力的体现。建筑作为以创设遮蔽物获取自由空间为目的的艺术，它不是一个虚空的框架，而是由光线、色彩、声音及各种形体的构件、陈设等充实起来、充满生机的处所。它既是建筑家自身性格的体现，又是一定时代和一定社会文化的折射与缩影。例如，布达拉宫缘红山而起，直达山顶，显得高大突兀，又与远处连绵的群山、山下蜿蜒的拉萨河遥相呼应，形成一种仿若佛地的特殊气氛。哥特式教堂，自然光被掩盖起来，建筑空间被扩大加高，创设出了一种神圣、崇高、迷狂的氛围。古希腊的神庙建筑，则体现了希腊人多神教的宗教情怀、城邦制的政治观念、推崇人体美的审美趣味。

（三）意境美层面

建筑艺术的意境美主要取决于建筑艺术家的审美理念、审美体验和审美趣味。这是建筑艺术追求的最深层次。艺术家通过象征手法塑造建筑形象，表达建筑主题与情感，使建筑能够超越个别、短暂、有限，成为整体永恒、无限事物的象征，使人体悟到另一个更高更隐蔽的事物，成为另一事物存在的表征或征兆。建筑作为一个整体，其形式背后蕴藏着强大的象征意义和推动力。中华民族留存下来的陵寝、城市、聚落、建筑乃至构件细部，都体现了几千年封建统治以礼而治的森严秩序和纲常伦理，体现了中华民族对宇宙的关注、信仰和意念，体现了民族的深层意识和文化心态。

二、中国传统建筑艺术的特点

作为世界三大建筑体系之一，中国传统建筑很早就形成了一种成熟的、独特的体系，直到今天，许多方面仍可为人们提供有益的借鉴。

（一）巧妙而科学的木构架的结构美

中国传统建筑艺术在建筑结构上最重要的一个特征，是采用木构架的结构方式，即采用木柱与木梁构成房屋的骨架。建筑物的重量全由木构架承托，墙壁只起隔断与维护的作用。这种结构具有很强的调适性，人们可以根据当地的气候条件、地理环境等，对房屋高度、墙壁厚薄、门窗位置与大小等做出调整，并减少地震等灾害造成的损失。“墙倒屋不塌”说的就是这个道理。这种木架构的结构形成了中国传统建筑中最特殊的一种构件斗拱。纵横交错、逐层向外挑出的斗拱，不仅具有较强的装饰性，而且对屋檐有支撑和减震作用。

（二）丰富多样、各具特色的单体造型美

中国传统建筑的单体大致可以分为屋基、屋身、屋顶三个部分。重要建筑物一般都建在基座台基之上，一般为一层，规模宏大的殿堂，比如，故宫太和殿则建在高大的三重台基之上。对于木结构建筑，厚实的台基既能起到防水和防腐的作用，又能增加古建筑的稳定感。台基和台阶常常加以雕饰，配以栏杆，从而显得格外庄严雄伟。屋身、屋顶造型丰富多样，并且在门楼、梁、枋、柱等局部做彩绘装饰，整个建筑雕梁画栋，色彩斑斓。中国传统单体建筑的平面形式多采用方形、六角形、八角形、圆形等形式，屋顶形式多样，造型丰富，有庑殿顶、歇山顶、重檐顶、攒尖顶、拱券顶、穹隆顶、卷棚顶、勾连搭、单坡顶、十字坡顶、盂顶等，内外装饰美轮美奂，在世界建筑艺术之林中呈现出独具特色的艺术特质和审美价值。

（三）呈现单体组构庭院式群体的整体美

中国古代建筑群的组合原则是多样的，一般按照严格的等级制度强调中轴对称。整个建筑群采用一条南北向的纵轴线为主线、中轴对称的布局形式，将主要建筑物布置在主轴线上，次要建筑物则布置在主要建筑物的两侧，东西对峙，使若干单体建筑和一些围廊、住宅等环绕组成一个个方形的庭院，形成主院、跨院、别院、前院、后院。中国古代建筑，无论是整齐威严的皇家建筑、自由流畅的园林建筑，还是普通的居住建筑，都有一条看不见却又令人感觉得出的轴线穿插在其中。没有轴线，建筑群就会散架。虽然，中国古代建筑高度远远低于欧洲教堂建筑，但仍不失威严，甚至比欧洲建筑显得更加壮丽，主要原因就是中轴对称的组群建筑的连续，向地面四处铺开，形成波澜壮阔的整体美。中轴对称、方正严整的庭院式组群布局，既具有安全向阳的实用价值，也是中国古代宗法和礼教制度、中国封建社会长幼有序、内外有别的思想意识在建筑形式上的反应，体现了传统儒学中正思想对中国建筑的影响。

PPT

第三节　建筑艺术的鉴赏

一、建筑艺术的鉴赏方法

鉴赏建筑艺术主要从以下三个方面入手。

（一）从建筑的物象上来解读建筑的象征意义

有的建筑通过“数”来暗示建筑意向。例如，北京故宫的“太和殿”，是皇室举行大典、皇帝发布政令的地方，也是整个宫城建筑的主体和核心空间。太和殿高35.05米，东西长63米，南北长35米，长宽之比为9∶5，寓意帝王为九五之尊。这种数的暗示，在当今的建筑中也被广泛运用。我国第一座工人纪念馆——大庆铁人王进喜纪念馆，主体建筑高度47米，正门台阶共47级，寓意铁人47年不平凡的人生经历。有的建筑通过“形”来表现一定的文化观念或情绪。例如，有的建筑围墙取南方北圆，表达了中国人文化心理中典型的“天圆地方”的宇宙观。很多建筑采取中轴对称的布局形式或干脆采取中字形的造型，这是中国人思想中根深蒂固的“中”的意识的外化，象征帝王居中以示天下的尊严与权威。有的建筑运用谐音手段构成象征。例如，府邸大门两侧设两头蹲狮的形象，象征“事事如意”；将“狮”“瓶”结连的图案贴到窗上，象征“事事平安”的美好心愿。有的建筑以一定的色彩作为象征。例如，明清时期的故宫，其建筑基本色调为黄、红两色，黄色为富贵之色，为皇家所专用；在装饰用色中，只在柱头与斗拱、藻井用红、蓝、黑色，墙面保留素色，体现皇家建筑的庄重。

（二）从一定的时代背景来鉴赏建筑的社会美

首先看建筑与社会生产力和科学技术发展的是否相适应。社会生产力和科技不断进步，直接推动了建筑材料不断丰富，建筑技艺不断进步，使新的建筑形式、建筑类型有了物质基础，追求高效节能的新建筑成为可能。比如，轻钢建筑，不可能出现在生产力水平低下的奴隶社会。建筑对社会的就业、经济、文化发展起到了很大的促进作用。

其次看建筑与社会制度和社会意识之间的关系是否相匹配。社会制度的变化会引起建筑类型、形制、样式发生变化。比如，在我国不可建奢靡的政府广场、楼堂会所等。

再次看道德伦理、宗教信仰、文艺思考、审美观念、价值观念、文化教育等社会意识与建筑的相互作用关系。封建时期的皇权思想、非壮丽无以重威的建筑思想深刻地影响了一批建筑设计者，同时这种建筑形式也反过来影响人的思想意识。比如，故宫建筑的恢宏，使人们一进入其中，便会产生皇权至上的心理压迫感和敬畏感。同时，不同时期的社会问题会与建筑产生相互作用。比如，用地紧张迫使高层建筑日益增多；社会老龄化使老年公寓成为当下流行；无障碍化通道的人性化设计反映了建筑主动发挥服务社会的作用。

鉴赏建筑这样一个具有多维特性的综合体，绝不可管中窥豹，更不可各自为政。鉴赏者应该多学习一些建筑史学知识，掌握常用的建筑语言和鉴赏方法，以正确的心态去欣赏它、理解它，去品味它深刻的意象之美及其价值。

知识链接

近代中国建筑形态的特征

中国传统社会向近代社会过渡时期，外来文化对传统文化的冲击涉及各个方面，包括建筑。在这特定的历史条件和文化背景下，很自然地形成了中国近代建筑形态的特征。比如，帝国主义列强带来的早期现代建筑和殖民样式建筑；外国建筑师探索设计的中式建筑。还有学成、创富归来者运用西方建筑理念，对传统建筑文化进行传承和创新而设计的早期现代建筑，位于广东省江门市开平镇的开平碉楼正是这一时期建筑形态的典型。它是中西合璧的民居，汇集了外国不同时期不同风格的建筑艺术，有古希腊的柱廊，古罗马的柱式、拱券，欧洲中世纪的哥特式尖拱和伊斯兰风格拱券、欧洲城堡构件、欧洲巴洛克风格的建筑等，并被列入《世界遗产名录》，成为中国首个华侨文化的世界遗产项目。

二、中国建筑名作欣赏

（一）中国民居建筑欣赏

1. 中国民居建筑的特点 民居是相对于宫殿而言的，泛指除皇室宫殿以外的民间居住建筑，包括民居建筑（如徽州民居、北京四合院）和其他民间建筑（如祠堂宗庙、茶楼店肆、客栈旅馆）等。民居建筑总体上呈现以下四个特点。

（1）中国民居建筑的传统习俗与风水文化息息相关。如负阴抱阳、背山面水、木架大屋顶等。

（2）以有利于生活为原则。如建筑地址、朝向的选择，一般为坐西北朝东南，俗称“坐北朝南”。

（3）体现居室礼仪和信仰。主建筑与次建筑体现“尊卑嫡庶之礼”“长幼妻妾之序”“雅俗高低之分”等，居室内供奉祖先之灵位与老幼长次之安排，都有一定的规矩。

（4）体现中国文化的精神理念。如取“柱梁构架”式寓意“形散精气在”“墙倒屋不塌”的“骨气”追求。

当然，由于我国地域辽阔，各地自然条件、民族文化不同，各地建筑品类又有不同的艺术特色。

2. 中国民居建筑掠影

（1）华北民居四合院　四合院是个统称。它是华北地区最典型的北方住宅形式，整个建筑由东、南、西、北四面围聚而成，故称四合院。其中北京、山西、陕西、河北的四合院最具特色。四合院在宗法礼教支配下，采用中轴对称、前堂后寝的布局，形制规整。整个院子一般由门、廊子、厅堂、寝室、厢房、耳房、倒座、花园等相互配合组成。院中的北房是正房，体制最高，最为尊崇，是院落主人和长辈的居所，也是家庭举行重要礼仪、接见尊贵宾客的地方；东西两侧的厢房为晚辈的居所，其中，长子住东厢，次子住西厢，佣人住倒房，小姐、女儿住后院。正房和厢房以游廊相连接。四合院庭院方阔，宁静宜人，是非常理想的生活空间。

（2）徽派民居　宏村徽州一带村落至今保留着许多建造精美的古代民居，称徽州民居或徽派民居。徽派民居大多依山傍水，环境优美，在建筑选址之初就对地形、地貌、水流风向等因素有周到的考虑，使建筑自然融汇于山水之间。布局多用中轴对称的三合院式或多进院落结构形式，院落四周以高大的马头墙围起，防火防盗而又错落有致。在装饰方面，以“三雕”（砖雕门楼、石雕漏窗、木雕楹柱）艺术著称，整个建筑雕梁画栋、粉墙黛瓦、质朴清秀。宏村（图 13－1）作为徽派民居的代表，素有中国画里的“乡村”之称。村中有“浣汲未防溪路远，家家门前有清泉”的良好环境，平滑如镜的月沼、碧波荡漾的南湖，粉墙青瓦、鳞次栉比的古居群，清幽的古巷，恰似一幅山水画卷。2000 年被联合国教科文组织列入了世界文化遗产名录。

图 13－1　宏村

（3）客家土楼　土楼是一种极富岭南特色的典型客家民居建筑，也是客家建筑文化的集中体现。客家先民因战乱、饥荒等原因南迁到粤、闽、赣等地。为防范骚扰，保护家族安全，客家人创造了独具特色的民居形式——客家土楼（图 13－2）。一座土楼可以居住整个家族的几十户人家几百口人。其形状有方形、圆形、八角形、椭圆形等多种，最有名的当属位于福建永定县境内的振成楼。

微课

振成楼是按照中国传统《易经》八卦原理布局的，俗称“八卦楼”，采用楼中有楼的二环结构建造。外环楼采用土木结构，取当地生土夯筑而成；内环楼则是砖木结构。1～4 楼功能分开，屋前半月形池塘和屋后半月形房屋建筑，两个半圆相合，形同阴阳两仪的太极图式。两个半圆，围绕着方正的堂屋，寓意于“天圆地方”，将整座屋宇喻为一个小宇宙，体现“天人合一”的哲学思想。土楼从建筑风格到民风民俗，处处展示了客家的人文历史，是客家文化的重要象征，其设计结构之精妙，功能设置之完备，文化内涵之丰富，堪称民居建筑的杰作，被众多国内外专家誉为民居建筑奇葩和内蕴丰富的百科全书。

（a）圆形客家土楼外观

（b）圆形客家土楼内景

图 13－2　客家土楼

（二）中国园林建筑欣赏

以山水为主的中国园林建筑历史悠久、风格独特、布局灵活多变，融自然美与人工美为一体，形成巧夺天工的奇异效果，在世界园林史上享有盛誉。

中国传统园林建筑包括宏大的皇家园林建筑和精巧的私家园林建筑，前者以颐和园、圆明园为代表，强调“缩天地于君怀”，后者以江南私家园林尤其是苏州园林为典范，追求“咫尺山林”。

园林，寄情于景，情景交融，高度容纳了园林经营者的审美情趣。园林中多用借景、障景、隔景、分景、点景等手段，使景色富于变化，产生移步换景的效果。园林中的亭、台、楼、阁、榭等，又将无限的空间风光纳入有限的空间之中，各种水声、风啸、鸟语、花香等因素动态组景，产生奇妙的艺术效果，置身园林，犹见“山外青山楼外楼”“小亭飞翼白云悠”，视野心胸顿时开阔。园中牌匾、楹联、诗画点明主题，与建筑、环境交相辉映。小小的园林，天然与人工一体，虚实与阴阳流转，自我与他者同构，人生之愁、重压之累、众态之俗等均可在小小园林中褪去，有利于调节情绪，培养高雅的情操。

拙政园（图 13－3）是苏州园林中面积最大的一座，与北京颐和园、承德避暑山庄、苏州留园并称我国“四大古典名园”。园名取自西晋文人潘岳《闲居赋》中“筑室种树，逍遥自得……灌园鬻蔬，以供朝夕，是亦拙者之为政也”之句，暗喻主人把浇园种菜作为自己（拙者）的“政”事。拙政园全园占地 78 亩（52000 平方米），分为东、中、西和住宅四部分。中部是拙政园的主景区。其总体布局以水池为中心，亭台楼榭或依水而建，或直出水中，鲜明地体现了江南水乡的特色；西部亭阁依山傍水，布局紧凑，是当时园主人宴请宾客和听曲的场所，厅内陈设考究；东部原称“归田园居”，以平冈远山、松林草坪、竹坞曲水为主，配以山池亭榭，风格疏朗明快。拙政园景色四时宜人，布局疏密自然，风格清新秀雅，令人悦目畅心。

图 13－3　拙政园

（三）宫殿建筑欣赏

宫殿建筑是最具代表性的中国建筑，是皇帝为了巩固自己的统治，突出皇权的威严，满足皇室精神生活和物质生活的享受而建造的建筑组群。中国古代宫殿建筑一般采取严格的中轴对称布局方式，按照“前朝后寝，左祖右社”的帝都营建法则建造。其典型特征是斗拱硕大，红墙黄瓦（金黄色琉璃瓦铺顶），梁柱仿檩彩画绚丽，天花藻井雕镂细腻。整个建筑规模宏大、气势雄伟、金碧辉煌、巍峨壮观，给人以崇高之感。

现今遗存下来的北京故宫、沈阳故宫、南京故宫中，北京故宫是最具代表性、典型性和最完整的宫殿建筑。

故宫，又叫紫禁城。是目前世界上最大的木结构宫殿。现在的故宫是明清两代的皇宫。故宫有三万多平方米的开阔的庭院，其中三大殿（太和殿、中和殿、保和殿）是“外朝”的中心，后三宫（乾清宫、交泰殿、坤宁宫）为“内廷”。故宫建筑群沿一条南北向中轴线排列。三大殿、后三宫、御花园都位于这条中轴线上，并向两旁展开，左右对称。为体现皇权的至高无上，处于建筑布局中轴线上的建筑高大华丽，位于轴线两侧的建筑则相对低小简单；“外朝”建筑雄伟堂皇，令人产生庄严重威之感；“内廷”建筑与空间变小，有水光潋滟、曲廊环绕的园林，富有生活气氛的山池水院等，环境和气氛比较适合人生活与居住。

建筑学家们认为故宫的设计与建筑是一个无与伦比的杰作。它的选址，平面布局，立体效果，以及形式上的庄严、和谐，建筑的气势雄伟、豪华壮丽，都堪称是中国古代建筑艺术的精华（图 13－4）。故宫的建筑形制，让人们既可见识封建王朝最高的政治中心和帝王的居住地，又可集中了解古代的建筑文化。

图 13－4　北京故宫

三、西方建筑名作欣赏

西方建筑艺术风格多样，成就卓越。古希腊建筑的柱式造型、古罗马建筑拱券结构形式影响深远；拜占庭建筑、哥特式建筑、巴洛克建筑，法国古典主义、现代主义、后现代主义等风格的建筑，都在西方建筑史上占有重要地位。

（一）古希腊建筑

古希腊位于爱琴海畔，多山，盛产大理石，石材为最主要的建筑材料。柱式体系是古希腊人在建筑艺术上的创造，柱子多用垂直线条装饰，柱顶都有装饰花纹，形成独特的标志，并影响深远，一直沿用至今，成为经典建筑装饰的模式。

雅典卫城建筑群是古希腊建筑最杰出的代表，希腊语称之为“阿克罗波利斯”，原意为“高丘上的城邦”。其中最光彩夺目的是帕提农神庙（图 13－5）。帕提农神庙雕刻精细丰富，风格庄严肃穆，体现了古希腊人追求严谨庄重、重视细节的理性思维与崇尚和谐的审美追求，被无数现代建筑师奉为最高建筑典范。

图 13－5　帕提农神庙

（二）哥特式建筑

这是 13～15 世纪流行于欧洲的一种建筑风格，主要见于天主教堂，也影响到世俗建筑。哥特式建筑的特点可概括为高、直、尖三大主要特征，大量采用垂直线条和尖塔装饰，营造出尖峭、轻盈、空灵、上升的飞天之感，象征着宗教的神圣与光辉；大量采用彩色玻璃和高浮雕技术，使整个建筑更显得轻巧玲珑、光彩夺目。代表性建筑有巴黎圣母院（图 13－6）、意大利米兰大教堂、德国的科隆大教堂等。

巴黎圣母院坐落在巴黎市中心塞纳河中的西借岛上，是世界上最著名的哥特式建筑，它的全部建筑都用石头砌成，被称为法国最伟大的建筑艺术杰作。它曾因出现在法国大文豪雨果的《巴黎圣母院》中而被人们所熟知。

图 13－6　巴黎圣母院

（三）巴洛克建筑

这是 17～18 世纪在意大利发展起来的一种建筑风格。“巴洛克”的原意为“不规则的珍珠”，巴洛克建筑打破古典建筑的和谐平静，追求夸张、喧嚣、放肆的浪漫情调。其特点是外形自由，大量采用弧线的整体造型，圆屋顶、大扶梯，色彩强烈，装饰和雕刻富丽精细，给人强烈的感官享受。

圣彼得大教堂（图 13－7），又称梵蒂冈大殿，是巴洛克风格最重要的建筑，由伯拉孟特、米开朗琪罗等建筑师不断设计并完善。

圣彼得大教堂位于梵蒂冈。广场中央耸立着方尖碑，两旁各有一座大喷泉，广场左右两边圆柱构成的弧形柱廊象征天主教伸出巨大的手臂，拥抱来自世界各地的朝圣者。当人们漫步在柱廊中时，可以感受到光影变化强烈，这正是巴洛克建筑艺术追求视觉与心理体验的特点体现。

图 13－7　圣得彼大教堂

（四）现代主义建筑

这是 20 世纪世界建筑中占据主导地位的建筑思想和潮流，主张现代建筑要与工业化社会相适应，要研究和解决建筑的实用功能和经济问题，积极采用新材料、新结构，并在建筑设计中发挥新材料、新结构的特性等。

现代主义建筑摆脱传统建筑形式的束缚，设计和建造了一些具有新风格的建筑，如德国包豪斯校舍、巴塞罗那博览会德国馆、哈利法塔（图 13－8）等，被视为现代主义建筑的代表作。

图 13－8　哈利法塔

哈利法塔，原名迪拜塔，高828米，楼层总数162层，是世界第二高楼与人工构造物。哈利法塔的设计为伊斯兰教建筑风格，灵感源自沙漠之花蜘蛛兰。楼面为“Y”字形，由三个建筑部分逐渐连贯成核心体。楼层从沙漠拔地而起，呈螺旋状排列上升，直往天际，至顶上，中央核心逐转化成尖塔。“Y”字形的楼面，能够抵御肆虐的沙漠风暴，使哈利法塔有较宽的视野，让人们可以尽情欣赏阿拉伯海湾的迷人景观。

课堂互动

建筑风格如何彰显建筑魅力

学生思考：1. 如何理解建筑风格？

2. 建筑风格如何永葆魅力？

教师解答：1. 建筑风格是指将建筑抽象的形式美法则，在不同时代、不同民族、不同地区的不同类型的建筑中具体运用所体现出来的风格美。它包括类型风格、时代风格、民族风格、大师风格。其中，民族风格是最主要的。

2. 一是尊重民族风格与地方特色，既可避免千人一面、俗套守旧的建筑风格，又可彰显千百年来本土的环境状貌与人文习俗，夯实建筑的文化底蕴。二是在承传的基础上创造新的民族风格。

本章小结

建筑是“凝固的音乐”。建筑起源于人类劳动实践和日常生活。作为一种空间造型艺术，建筑既是人类物质文明成果，又是精神文明成果；既有实用性，又有艺术性；既有民族性，又有时代性的。著名的美学家车尔尼雪夫斯基一针见血地指出，“建筑作为一种艺术。比其他各种实际活动更独一无二地服从美感要求”。

建筑是“石头写成的历史”。从原始社会高级阶段的全盛时期“已经有了作为艺术的建筑艺术的萌芽”（恩格斯）开始，到奴隶社会、封建社会时期埃及的金字塔、古希腊的神庙、中国的宫殿等建筑物，再到现在的第四代建筑，无不凝聚了人类的智慧与才华，展现出一定的时代风貌，反映出不同民族的审美追求与文化心理。这些堪称人类艺术瑰宝的建筑，是人们了解人类文明进程的重要密钥。

习题

题库

一、选择题（1～5题为单选题；6～9题为多选题）

1. （　）有“中国画里的乡村”之美誉。

A. 宏村　　　　B. 丽江古城

C. 婺源　　　　D. 平遥古城

2. （　）按照中国传统《易经》八卦原理布局，俗称“八卦楼”，采用楼中有楼的二环结构建造的。

A. 振成楼　　B. 宏村
C. 平遥古城　　D. 北京四合院

3. (　) 是雅典卫城建筑群中最光彩夺目的建筑，重视细节的理性思维和崇尚和谐的审美追求，被无数现代建筑师奉为最高建筑典范。
A. 巴黎圣母院　　B. 帕提农神庙
C. 比萨斜塔　　D. 圣彼得大教堂

4. (　) 最具特色的是其令人叹为观止的“三雕”艺术，即砖雕门楼、石雕漏窗、木雕楹柱与整个建筑物融为一体。
A. 徽派民居　　B. 华北民居
C. 客家民居　　D. 云南白族民居

5. (　) 建筑最辉煌的成就是创造了拱券结构的建筑形式，并且发展了希腊的柱式体系，产生了新的复合柱式。
A. 古罗马　　B. 古希腊
C. 中国传统建筑　　D. 不清楚

6. 欣赏建筑的形式美，首先要是对建筑的 (　) 等视觉要素，对建筑的总体外轮廓和部分之间的对比、比例、宾主等诸多方面进行初步分辨与基本感受。
A. 形　　B. 光
C. 色　　D. 其他

7. 下列属于法国的经典建筑有 (　)。
A. 比萨斜塔　　B. 巴黎圣母院
C. 埃菲尔铁塔　　D. 卢浮宫

8. (　) 被认为是世界三大建筑体系。
A. 中国建筑　　B. 欧洲建筑
C. 伊斯兰教建筑　　D. 古希腊建筑

9. 中国古代建筑的特点有 (　)。
A. 中轴对称、方正严整的庭院式组群布局　B. 巧妙而科学的木构架结构方式
C. 丰富多彩、各具特色的单体造型　　D. 天人和合、等级森严的文化体现

二、思考题

中国建筑非常注重天人和合的理念，试以苏州园林为例具体说明。

第十四章　沟通与交际

学习目标

知识目标

1. 掌握沟通与交际的原则和特征。
2. 熟悉影响沟通和交际的因素。
3. 了解沟通和交际的含义及作用。

技能目标

1. 能够在日常学习和工作中进行有效沟通。
2. 能够搭建良好的人际交往圈。

案例讨论

【案例】 丽丽进公司不久，总经理秘书就辞职了，由于丽丽勤奋、聪明，加上办事能力强，她很快升职为总经理秘书。但随着“地位”的变化，她开始有些得意忘形了。同事们都能从她说话的口气中感受到她那种无形的优越感。

市场部副经理，原来是丽丽的顶头上司，这天打电话来找总经理，丽丽回答说：“总经理出去了，等他一回来，我马上就与您联络。”

【讨论】 1. 你认为丽丽的回答妥不妥？为什么？

2. 你如果觉得丽丽的回答欠妥，那么，应该怎样回答更好呢？

PPT

第一节　概　述

一、沟通

（一）含义

“沟通”一词，《中文大辞典》是这样解释的：“穿沟通达也；疏通意见，使之融洽。”

《现代汉语词典》解释为沟通“使两方能通连”。在中国，沟通一词本指开沟以使两水相通连，后用以泛指使两方相通连，也指疏通彼此的意见。

《大英百科全书》说，沟通是“用任何方法彼此交换信息，即指一个人与另一个人之间用视觉、符号、电话、电报、收音机、电视或其他工具为媒介从事交换信息的方法。”

《韦氏大辞典》认为，沟通就是“文字、文句和消息之交通，思想或意见之交换。”

综上所述，沟通是为了特定目的，在活动过程中，通过某种途径和方式，有意识或无意识地将一定的信息、思想和情感，从发送者传递给接收者，并达成共同协议的过程。沟通有以下三要素。

1. 明确的目标 有明确的目标才叫沟通，没有目标只能算闲聊。闲聊具有随意性，说到哪算哪；而沟通则是奔着具体的目标而开展的，比如，解释误会、咨询信息、蹉商谈判等，这是沟通最重要的前提。所以，在和别人沟通时，应该多采用“这次我找你的目的是……”这类语句，开门见山，直奔主题与目标，提高沟通效率。

2. 沟通必须达成共同的意向 一次成功的沟通最终会达成共同的意向。如果没有达成共同的意向，那么就不能称之为沟通。沟通是否结束的标志就是是否达成了共同意向。在实际工作中，很多时候彼此沟通过了，但是最后没有形成一个明确的协议，然后就各自去工作了。由于没有达成共同意向，结果可能会造成工作效率低下，甚至又增添很多矛盾。因此在临近沟通结束时，适当的总结就显得非常有必要。比如，“非常感谢你！通过刚才的沟通，我们现在达成了几个意向……你看是这样的吗”，这就是一次很好的沟通总结。

3. 沟通内容包括信息、思想和情感三要素 沟通内容三要素中，比信息更重要的是思想和情感。但是，信息更容易沟通。

“今天有课吗？共有几节课？是什么课?”这类信息很容易沟通，可思想和情感却不太容易沟通。由于人们平常传递更多的是彼此之间的思想和情感，而信息的内容并不是主要的，因而需要掌握沟通的方式与技巧，帮助人们消除思想和情感沟通的障碍，达成沟通目的。

（二）沟通方式

在学习、工作和生活中，主要有以下两种沟通模式。

1. 语言沟通 语言是人类特有的沟通方式，包括口头语言、书面语言、图片或者图形。口头语言包括面对面谈话、会议等。书面语言包括信函、广告、传真、E－mail 等；图片包括幻灯片、照片、图表、电视和电影等。在沟通过程中，语言沟通更加适用于信息的传递。

2. 非语言沟通 非语言沟通非常丰富，包括肢体语言和副语言。肢体语言又有动作、表情、眼神等，副语言有语音、语调等。例如，柔和的手势表示友好、商量，强硬的手势则意味着“我是对的，你必须听我的”；微笑表示友善礼貌，皱眉表示怀疑和不满意；盯着看意味着不礼貌，但也可能表示有兴趣，寻求支持；双臂环抱表示防御，开会时独坐一隅意味着傲慢或不感兴趣。副语言也包含着非常丰富的含义，人们用不同的语音、语调去说同一句话，表达的意思是不一样的，比如，演说时抑扬顿挫表明热情，突然停顿是为了造成悬念，吸引注意力。非语言沟通更加有助于人与人之间的思想和情感沟通。

二、交际

（一）含义

交际是人与人之间的交往，因此，只要有人的活动存在，就会有交际存在。一个人在从学校人向社会人转变的过程中，要想适应并融入社会，必须具有一定的交际能力。

交际有以下几个意思。

1. 往来应酬 比如，“敢问交际，何心也?”（《孟子·万章下》）中的“际”，朱熹集注：“际，接也。交际，谓人以礼仪币帛相交接也。”

2. 会合 比如，“陛下登祚之始，人情未安，大兵交际，难可齐一。”（《魏书·尒朱荣传》）

3. 融和感通 比如，“九域底平，两仪交际。”（《乐府诗集·唐祭太社乐章·肃和》）

可以看出来，“交际”一词发展到今天，其最主要的意思就是“往来应酬”和“融和感通”。人之往来应酬者，谓之交际。融合感通乃交际之追求。现代汉语中，“交际”指的是人与人之间的交往，通常指两人或两人以上通过语言、行为等表达方式进行交流意见、情感、信息的过程，是人们运用一定的工具传递信息、交流思想，以达到某种目的的社会活动。

（二）交际要素

1. 要素一：交往者 包括信息的发送者和接受者以及旁观者。发送者和接受者在交往中不断转换，因此，一个人在交往中要交替扮演发送者和接受者的角色。交往者可以是一对一的关系，也可以是一个人对一群人的关系。

2. 要素二：信息 包括语言信息和非语言信息，语言信息有口头语言（说话、交谈）和书面语言（书信、文章、报纸、黑板报等）。非语言信息包括辅助语言（语音、语调、语速）、眼神、表情、仪表、手势、姿势、距离、接触、气味等。交往者的表达能力、接受能力、理解能力和认知能力将影响信息的发送和接收的质量。

三、影响沟通和交际的因素

1. 人际认知 会受个人知识、经验、兴趣、目的、第一印象、刻板印象、光环作用、迷信心理、文化差异等因素的影响，更要受交往时的环境和个人精神状态的影响。

2. 人际反应 有直接的人际反应，表达内心的真实思想；有掩饰的人际反应，经过有意识的伪装，已不再表达内心的真实思想。

3. 人际关系 可以有许多类型，如夫妻关系、同事关系、上下级关系、伙伴关系、朋友关系、医患关系等，不同的人际关系包含不同的交往目的和交往方式。应该采用与人际关系相适应的交往方式。

4. 人际吸引 是指人与人之间相互喜欢、愿意亲近的程度，决定人际关系的质量和人际交往的成败。

5. 交往情景 包括交往的环境、场所、气氛、空间安排、时间安排等。

6. 背景影响 包括政治地位、经济水平、文化层次、生活阶层、宗教信仰、种族差异、文化差异、传统观念、伦理、道德、职业、年龄、性格等。

四、沟通和交际中要把握说话的“度”

沟通与交际中要把握说话的“度”，那怎样说话才不失这个“度”呢？除了提高自己的文化素养和思想修养外，还应该注意以下三点。

第一，清楚自己的身份。任何人在任何场合说话，都有一个自己特定的身份。这种身份，就是自己当时的“角色地位”。

第二，说话尽量尊重事实。事实是怎么样就怎么样，应该实事求是地反映客观实际。有些人喜欢主观臆测，把猜想当成事实讲，这样不仅办不好事，还会把事情办砸。所以一定要客观地视场合、对象来反映实际情况。

第三，说话要充满善意。所谓善意，也就是与人为善。说话的目的，就是要让对方了解自己的思想和感情。俗话说："良言一句三冬暖，恶语伤人六月寒。"在沟通与交际中，如果能处处与人为善，那么也就掌握了礼貌说话的真谛。

五、沟通与交际的区别

沟通是指表面上的，通过谈话讨论问题，交换一下彼此的想法，就像河流一样交错而行，过了这个"点"后就各走各的。可以说沟通只是表面上的简单认识。

交际就是去了解彼此，了解对方的真实情况，交际应该是指感情层面的交流，更深一点，更仔细一点，更认真一点。

PPT

第二节　沟通与交际的原则

人与人在沟通过程中，为了达到期望的结果，最好遵循以下六个原则。

一、尊重原则

尊重包括自尊和尊重他人。自尊就是在各种场合都要尊重自己，维护自己的尊严，不要自暴自弃。尊重他人就是要尊重别人的生活习惯、兴趣爱好、人格和价值观。只有尊重别人才能得到别人的尊重，沟通和交际才能顺利进行。

二、真诚原则

在沟通和交际中，只有诚以待人，不假不诈，彼此才能产生感情的共鸣，收获真正的友谊。没有人会喜欢虚情假意，否则，即便听起来很美妙的夸谈都会败下阵来。

三、宽容原则

在人际交往中，难免会产生一些不愉快的事情，甚至产生一些矛盾冲突，这时候彼此就应多一点宽容，不要斤斤计较，正所谓退一步海阔天空。人不犯我，我不犯人。人先犯我，礼让三分。在不违反原则、不踩底线的情况下，不要因为一些小事而陷入人际纠纷。

四、互利合作原则

互利是指双方在满足对方需求的同时，又能得到对方的报答。人际交往永远是双向选择，双向互动的。你来我往，交往才能长久。交往中，双方应互相关心、互相爱护，既要考虑双方的共同利益，又要深化感情。

五、理解原则

理解是成功的人际交往的必要前提。理解就是真正地了解对方的处境、心情、好恶、需要等，并能设身处地关心对方。有道是"千金易得，知己难求"。善解人意的人，永远受人欢迎。

六、平等原则

与人交往应做到一视同仁，不要嫌贫爱富，不因对方家庭背景、地位职权等方面原因而实施差别对待；要学会将心比心，学会换位思考。只有平等待人，才能得到别人的平等对待。

PPT

第三节 沟通与交际的特征

沟通与交际既不同于机器间的信息传递，又不同于大众传播，有其自身独到的特点。

一、随时性

在日常学习、生活和工作中，每一件事情几乎都需要沟通，而沟通经常发生在没有事先准备并难以事先预料的各种交际场合，其效果会因人、因时、因地而异。如果在沟通过程中受到人为阻断或其他条件干扰，正常沟通可能就无法实现。有时仅仅打乱了信息次序，就会歪曲信息的内容，而接收了歪曲的信息，不仅达不到沟通的预期目的，甚至可能会起反作用。

二、双向性

有人把单向的通知当成了沟通，一方说另一方听不能叫作沟通，只有双向交流才能叫作沟通，如果任何一方积极主动而另一方消极应对，那么沟通是很难成功的。

沟通者既是“发话人”，又是“听话人”，在沟通过程中，双方不断更换传播的角色，只要对话不中断，就能保持双向的交流，从而产生相互的影响作用。

三、情绪性

沟通大多数是在面对面的情况下进行的，能够直接表达自己的情绪，也能感受对方的情绪，因而信息的获得会受到信息传递者的情绪影响，“情绪”是沟通中的催化剂 。受儒家文化的影响，中国人表达情感是比较内敛含蓄的，因此人们在沟通中也很少直接表达自己的情绪。其实这种表达方式是一种不良的沟通方式，也是一种不利于自我发展的沟通方式。研究表明，如果在沟通中能够明确地表达自己的情绪，或表达出别人的情绪，就有利于双方沟通，也会使人感觉到对方与自己是一致的。因此清晰地表达情绪有助于建立良好的人际互动。

四、互赖性

沟通的关键点，就是互信，把沟通建立在相互理解和充分信任的基础之上，才能达到预期的效果。只有沟通双方互相信赖，才能进行良好有效的沟通。

信任是打开人心门的钥匙，没有信任就不会有有效乃至高效的沟通，有了互信，双方才能做出坦率真诚的沟通。信任的基础是真诚，越是真诚的人，越能够懂得照顾别人的情绪，理解他人的想法，越能够更好地让对方感受到一种“相信这个人错不了”的交际体验。真正懂得沟通之道的人都明白，只有真诚，才是换来信任的唯一途径。

五、可塑性

有人认为人际关系是自然的、与生俱来的，很少主动关注沟通形式与技巧。有时甚至把沟通的问题归结为“这是天生的，无法改变的”，不试着去改变错误的沟通态度。其实沟通与交际是需要学习的，要试着去观察周遭环境的人的沟通技巧，取其精华去其糟粕，要在实践中不断地学习和练习好的沟通技巧并从中获益。

PPT

第四节　沟通与交际的作用

沟通能力的好坏直接影响着每个人在人生事业上的发展。常言说：“酒香尚怕巷子深”。在竞争激烈的时代，有效地推销自己，取得他人的认可，赢得他人的支持和配合，促进自己事业的成功便显得尤为重要了。

沟通，是建立人际关系的桥梁，如果这个世界缺少了沟通，那将是一个不可想象的世界。无论是日常生活还是工作学习，都需要与别人进行沟通。

一、沟通与交际的重要性

在日常的工作中，一个人往往很难完成一个项目，经常需要与很多同事进行交流合作，才能够圆满完成任务，而良好的沟通是合作的前提。

在学习上，也需要不断进行沟通，知识最主要的传播方式就是语言，语言沟通可以帮助人们取长补短，获得新知识和新技能。

在与亲人进行感情交流时，无论是和长辈还是晚辈，常沟通才能够增进感情。

人需要利用沟通的方式来获得朋友，只有善于沟通，才能交到朋友，从而拥有自己的人际交往圈。

二、沟通与交际的必要性

一个人的力量都是十分有限的，很多时候都需要别人的帮助，而获得别人的帮助就需要沟通。

在工作学习中，每个人都会遇到挫折和压力，这些都需要有朋友来帮忙排解，与他人沟通才可以获得物质或者精神上的鼓励和帮助。

人类是一个倾向于“群居”的动物，人们会一起聚餐、旅游、娱乐等，在这样的场合，与周围的人沟通是十分必要的。

人类的繁衍需要双方的沟通，只有沟通才能够互相吸引，从而繁衍后代。在这个过程中，适当的沟通同样是十分必要的。

三、沟通与交际的意义

（一）有利于信息沟通

人与人之间在交往过程中，要想得到真诚的友谊，相互的尊重，彼此的信任，就要深入地沟通，增加彼此的了解，这样才能知道双方品格和个性，在交往过程中才不会因为一些小分歧和生活习惯的不同而影响彼此的关系和感情。

（二）有利于心理保健

人际沟通对人的心理健康有非常重要的作用。通过人际间的沟通，人们可以向他人倾诉自己的喜怒哀乐，促进人与人之间的情感交流，消除孤独、寂寞、消极、空虚等情绪，化解人的忧虑及悲伤，增加个人的安全感，从而使人精神振奋，积极向上。

（三）有利于提高自我认识

人对自己的认识是在与他人的交往中及在社会活动中逐渐完成的，人与人之间的不断交往与沟通，为个体提供了大量的社会性刺激，从而保证了个体社会性意识的形成与发展。

（四）有利于改变人的知识、态度及能力

人们通过与他人沟通，可以提供及传递信息，并收集自己所需要的信息资料。只有通过人际交往与沟通才能掌握特定社会环境的信息，了解社会文化，并从中了解及获得社会知识。通过与他人交换意见、思想及感情，增加自己的社会阅历，改变自身态度，提高能力。

知识链接

沟通三行为

要形成一个双向的沟通，必须包含三个行为，即说的行为、听的行为和问的行为。一个有效的沟通就是由这三种行为组成的。换句话说，考核一个人是否具备沟通技巧的时候，就是要看他是否同时具备这三种行为。

课堂互动

如何与客户进行沟通

学生思考： 1. 沟通中为什么有时要适时并真诚地赞美客户？

2. 应对发怒的客户，可以采用哪些方法？

教师解答： 1. 不经意地、真诚地赞美客户，往往能达到非常好的效果。微笑着夸奖客户，会让客户感觉很舒心。适时地赞美客户，既可融洽与客户的关系，又可不动声色地转移客户的注意力，消除客户的不满情绪。

2. 转移话题法；无言等待法；给定限制法。

本章小结

现实的世界是一个人与人构成的世界。在日常的生活和工作中，人们的内心或许时常会产生一种渺小、自卑、困惑的感觉，这种感觉是人们不喜欢也不需要的，因为它消极，与成功的心理和胜利的人生背道而驰，所以人们需要克服这种心理，学会与人沟通，从而搭建一个良好的人际交往圈。有道是“千金易得，知己难求”。

题库

习题

一、选择题（1～5 题为单选题；6～10 题为多选题）

1. 信息发送者和信息接收者的角色不断变换，共同以讨论和协商的姿态进行信息的交换，这种沟通的类型是（　）。
   A. 双向沟通　　B. 单向沟通
   C. 正式沟通　　D. 横向沟通
2. 最有效的沟通是（　）沟通。
   A. 用心　　B. 快速
   C. 电话　　D. 语言
3. 理想的沟通与交际方法，首先要（　）。
   A. 令他人产生好感　　B. 争取他人的赞同
   C. 做好心理准备　　D. 仔细倾听
4. 沟通需要诀窍，多说不如少说，少说不如（　）
   A. 不说　　B. 深思熟虑后再说
   C. 快点说　　D. 抢着说
5. 沟通与交际不是与生俱来的，而是需要学习的，这体现沟通与交际的（　）。
   A. 互赖性　　B. 随时性
   C. 情绪性　　D. 可塑性
6. 在沟通的定义里，沟通有三大要素，即（　）。
   A. 明确的目标　　B. 达成共同的协议
   C. 沟通信息、思想和情感　　D. 沟通者
7. 翻阅古代著作，交际有（　）的含义。
   A. 往来应酬　　B. 融和感通
   C. 沟通　　D. 会合
8. 沟通有（　）两种不同模式。
   A. 语言沟通　　B. 微笑沟通
   C. 肢体语言沟通　　D. 表情沟通
9. 沟通与交际的特征有（　）。
   A. 随时性　　B. 双向性
   C. 情绪性　　D. 互赖性、可塑性
10. 沟通与交际要遵守的原则有（　）。
   A. 尊重、真诚　　B. 宽容、理解
   C. 互利合作　　D. 平等

二、思考题

请举例谈谈沟通和交际中应怎样把握说话的分寸。

第十五章　咨询与答询

学习目标

知识目标

1. 掌握咨询和答询的原则及技巧。
2. 熟悉咨询和答询的类型。
3. 了解咨询和答询的含义、要求及注意事项。

技能目标

1. 能够倾听对方的咨询，并抓住问题的关键。
2. 能够礼貌恰当地答复对方的询问。

案例讨论

【案例】在一辆即将启动的列车上，一位中年旅客大声地对乘务员说：“过来，把我的行李放到行李架上去！”乘务员掂量了一下行李，很抱歉地回答旅客：“先生，对不起，这件行李太重了，我一个人搬不动，我们一起抬一下，好吗？”旅客一听，顿时吼道：“你不是天使吗？天使怎么可能放不上去？”乘务员面带微笑，用平和的声音答道：“先生，您不是我们的上帝吗？上帝都放不上去，天使能放上去吗？”旅客听后，自觉理屈词穷，最后只好配合乘务员将行李放到了行李架上。

【讨论】1. 你认为案例中旅客的做法有哪些不妥？

2. 请说说乘务员的回答是否合适，为什么？

PPT

第一节　概　述

一、咨询

（一）含义

咨询一词拉丁语为 consultatio，意为商讨、协商、商议、询问、咨问、咨访，多指行政当局向顾问之类的人员或特设的机关征求意见。在中国古代“咨”和“询”原是两个词，咨是商量，询是询问，后来逐渐形成一个复合词，具有询问、谋划、商量、打听、磋商等意思。作为一项具有参谋、服务性的社会活动，在军事、政治、经济领域中发展起来，已成为社会经济、政治活动中辅助决策的重要手段，并逐渐形成一门应用性软科学。其具体的意思是通过某些人头脑中所储备的知识经验和通过对各种信息资料的综合加工而进行的综合性研究开发。

（二）分类

1. 根据咨询的场合、途径的不同，可以分为现场咨询、电话咨询、网络咨询。
2. 根据咨询问题的类型，可以分为直接型问题咨询、控制型问题咨询、重复型问题咨询。

二、答询

（一）含义

答询就是在某种特定场合回答别人的询问，给他人解开疑惑，借此给他人留下良好印象，有助于工作的进一步开展。

（二）分类

根据答询的场合、途径的不同，可以分为现场答询、电话答询、网络答询。

1. 现场答询 要做好充分准备，注意回答方式，学会委婉作答，能够随机应变。答询者的举止非常重要，答询者应该衣着整齐，面带微笑，彬彬有礼，热情饱满，称呼得体，注意礼貌用语，可以适当运用肢体语言。

2. 电话答询 首先要仔细从对方的言语中体会对方的感觉，巧妙避开敏感话题；其次要学会从电话中了解对方的情况，比如，文化程度、经济收入、关注重点等，对于不同的人要采用不同的沟通方式。如果听不清或听不懂对方语言时，应立即告知对方，不要犹豫，以避免造成误会，如“对不起，请您的声音稍微大一点好吗?”“对不起，请您讲普通话好吗?”；最后在整个答询过程中，要使用文明用语，比如，“您”“请讲”“对不起”等。

3. 网络答询 首先要问候；其次不让对方久等，如果在线咨询人数太多，要说明情况；最后要致谢和道别。

第二节 咨询的原则与技巧

PPT

一、咨询的原则

（一）感染性原则

所谓感染性就是询问者的询问，用语要有鲜明的感情色彩，能激起被询问人的感情共鸣，使被询问人在积极情感的影响下，主动配合谈话，从而使咨询得以顺利展开。

首先，尊重被询问人是询问具有感染力的前提。一般来说被询问人都希望得到尊重。例如，在心理咨询的询问过程中，来访患者往往有一定程度的心理障碍，会比较敏感，有一定的试探、戒备心理，因此咨询师首先要尊重患者，在提及来访者的一些不正确的行为或想法时，要显现出体贴关爱之情。

其次，在询问方式上下功夫，并配合适当的肢体语言。恰当的肢体语言能辅助表达有声语言，加强询问效果。

（二）适切性原则

语言运用要讲究适切性，这是古今相通的观点。早在春秋时期，孔子就主张讲究语言运用的适切性。在《论语·季氏》中孔子说道“侍于君子有三愆：言未及之而言谓之躁，言及之而不言谓之隐，未见颜色而言谓之瞽。”就明确提出了语言运用要依据环境、场合、交际对象做合乎情景的表达，询问语言也是如此。

首先，询问语言表达必须适应特定的语言环境。语言环境主要是指语言活动赖以进行的时间、场合、地点等因素。

其次，语言表达必须适应不同询问对象的不同特点，如年龄、性别、职业、身份、心理、文化水平等。

最后，询问语言表达必须为确切传达信息、实现询问目的服务。

以上两个原则之间联系密切。感染性原则是基础，若不能引起被询问人的兴趣，适切性就用不上；而要发挥感染性的作用，询问又必须做到适切。因此，在能感染被询问人的基础上，追求询问话语、询问对象和语言环境特点的适切吻合，才能收到理想的效果。

二、咨询的技巧

（一）用封闭式提问进行询问

封闭式提问，是指在一定范围内提问或者提出的问题带有预设的答案。由于提问比较具体，回答不需要展开，从而可以确保回答者不偏离正题，使谈话围绕主题不断深入，提问者可以获得具体而明确的信息。比如，“在A品牌和B品牌的腕式血压仪中，你认为哪个品牌更加适合老年患者?”这个提问，就将答案范围限定在了A品牌和B品牌之中。

（二）逐层深入进行询问

在询问时，虽然没有一个固定的模式，但一般来说，都是先从一般性的简单问题开始，逐层深入，以便从中发现被询问者最关心的问题，营造和谐的咨询气氛，为进一步深入的提问奠定基础。

（三）点面结合进行询问

在了解被询问者的需求层次以后，可以逐步把问题缩小到某个范围以内，以便详细了解被询问者的具体需求，从而进一步确定咨询方向。例如，一位超市促销员了解到顾客的需求层次仅处于低级阶段，即生理需要阶段，那么，他对产品的关心多集中于经济耐用上，促销员可重点从这方面进行询问，并指出该商品如何满足顾客需求。

（四）巧用表述方法询问

在咨询实践中，应该提炼提问的表述方法，以便取得事半功倍的效果。例如，两名教士关于抽烟的请求，由于表述方式不同，结果迥异。一名教士问上司：“我在祈祷的时候可以抽烟吗?”，他的请求遭到了上司的断然拒绝。另一名教士换了一个方式提问：“我在抽烟的时候可以祈祷吗?”他的请求出人意料得到了允许。这个案例足以说明表述方式的重要性。

PPT

第三节　答询的原则和技巧

答询一般是即刻回答别人的询问，所以，不可能提前做充分的准备。答询者具备思维敏捷、反应迅速的基本素养，掌握一定答询原则和技巧有助于答询顺利进行。

一、答询原则

（一）真诚尊重的原则

真诚，即真实诚恳；尊重，即是敬重他人、尊崇他人的意愿，这是一切人际交往的核心。在答询中也不例外。这是“待人接物”的一条重要原则，也是得到他人的信任与尊重的前提。答询要注意以下几点。

第一，做一个会听的人。用做听众的心去认真倾听和鼓励他人说自己的事，让对方觉得他很重要。只会说不会听，或者随便打断别人的话是不礼貌的，在人际交往中也是不受欢迎的。

第二，做一个体贴的人。体贴他人，事事替他人着想、处处与人为善，这样的人会有很好的人际关系，做事也比较容易成功。

第三，做一个行动的人。1979 年联合国通过的章程中有这样一句话：“培养具有温暖心灵的人。”人与人之间要相互关心，相互帮助，如果在答询中能经常说：“你遇到困难了吗？让我来帮助你吧！”并且周到地、用实际行动帮助他人解决问题，会赢得更多的信任。

第四，做一个实在的人。即实事求是，对成绩与优点不夸大其词，对过错与缺点不掩饰缩小。

（二）热忱待人的原则

热忱是一种素质，一种性格，也是一种积极的心理状态，不仅可以使自己精神振奋，还会感染他人、鼓舞他人，让他人悦纳自己。因此，在答询时要保持精神抖擞，始终面带微笑，呈现出积极向上的活力。如果整天阴沉着脸、满脸愁容，就会使答询的效果大打折扣。

（三）平等适度的原则

这是指在答询中要掌握好分寸，根据具体情况，运用相应的礼仪，谦逊平等地对待他人。既要彬彬有礼，又不能低三下四；既要热情大方，又不能轻浮谄媚；既要自尊自重，又不能骄纵狂妄；既要尊重他人，又不能厚此薄彼，更不能以貌、以职业、以地位、以权势来区别对待人，只有这样，才能取得很好的答询效果。

（四）宽容的原则

庄子说：“常宽容于物，不削于人，可谓至极。”宽容是指在答询中保持心态豁达，容许咨询者有不同于自己的观点或见解，且不斤斤计较。宽容是一种极高的人生境界，更是一种与他人和睦相处的能力。不宽容的人，与其说是刻薄，不如说是无能。

二、答询技巧

（一）听清问题，理解意图

答询是一种被动的口语交际形式，没有“询”就无所谓“答”，因此答询者必须首先听清询问者的问题。听清包括明确对方问题的具体内容，明确对方对于问题的要求，弄清询问者的意图、要求、情感态度。只有这样，才能有针对性地进行答询。对于没有听清楚的问题，可以礼貌地请对方再说一次，或者直接告知对方。听清问题，了解提问的意图，才不致答非所问。

（二）抓住要点，灵活回答

在了解对方意图的前提下，要抓住对方问题的关键和核心给予灵活回答。听的同时要边记边筛选有价值有意义的信息，回答时要做到以下几点。

1. 主次分明 询问者有时会一次提出多个问题，答询者在倾听问题时，要明确主要问题和次要问题。

2. 简洁、准确 不能啰嗦拖沓，答非所问，即使问题本身比较散乱，也要理出大致的顺序来回答。

3. 礼貌应答 答询者的举止非常重要，特别是在进行现场答询时，答询者应该衣着整齐，面带微笑，称呼得体，并适当运用肢体语言。即使提问者表现并不礼貌，答询者也要展示自身文明形象。

4. 语言使用得当 语言包括语速、音量、语调，答询时的语速要适中，不快不慢，音量需要根据现场环境来决定，语调应亲切、热情，不卑不亢。

（三）条理清晰，要言不烦

首先，要确立一个中心思想，安排好答询问题的先后顺序，先说什么后说什么，层次要清楚。

其次，表达要清楚，善于用第一、第二、第三或者首先、其次、最后等词语。

最后，要善于先摆出观点，再进行阐述。

（四）态度明朗，坚定立场

当遇到询问者别有用心或者有明确错误的询问时，要根据交际场合采用恰当的方法表明自己的原则和立场，态度既要坦率真诚，又要灵活机变。观点不一致时，要冷静分析，合理解释矛盾，提出自己的观点。有的问题不必一定正面回答，该坚持原则的，则要指出对方所提问题的不当之处，回答问题时应尊重对方，做到礼貌周到而不谄媚，语言朴实而不花哨。

本章小结

咨询和答询在日常学习和工作中非常常见。无论是咨询还是答询，都需要做好问、听、答三件事。良好的思维素养，真诚的为人品性，是做好咨询、答询的润滑剂。咨询和答询不同于演讲、发言，不是想说什么就说什么，答询要根据别人提出的问题作回答，咨询是根据自己想要了解的信息设计问题去询问。

题库

习题

一、选择题（1～5 题为单选题；6～10 题为多选题）

1. 咨询主要是指（ ），即有“征求意见、打听”的意思。

A. 商议　　B. 商讨

C. 咨问　　D. 询问

2. 直接型问题咨询一般是在掌握一定（ ）的情况下用来确认某个信息的。

A. 机密　　B. 背景信息

C. 情况　　D. 情形

3. 在电话答询时，如果听不清对方声音，应该（　）。

A. 立即告知对方，不要犹豫，以避免造成误会

B. 继续听下去

C. 挂掉电话

D. 更加仔细倾听

4. 询问从（　）的事情开始，然后再慢慢深入下去。

A. 重要　　B. 一般性

C. 核心　　D. 原则性

5. “侍于君子有三愆：言未及之而言谓之躁，言及之而不言谓之隐，未见颜色而言谓之瞽。”这是（　）提出的，明确指出语言运用要依据环境、场合、交际对象做合乎情景的表达的原则。

A. 孟子　　B. 墨子

C. 老子　　D. 孔子

6. 根据咨询问题的类型，可以将咨询分为三类，即（　）。

A. 直接型问题咨询　　B. 控制型问题咨询

C. 重复型问题咨询　　D. 间接型问题咨询

7. 根据答询的场合、途径的不同，答询可以分为（　）。

A. 语言答询　　B. 现场答询

C. 电话答询　　D. 网络答询

8. 咨询在语言运用上要遵循（　）。

A. 感染性原则　　B. 尊重原则

C. 适切性原则　　D. 平等原则

9. 学会尊重人，可以从（　）做起。

A. 听他人说　　B. 替他人想

C. 赞美他　　D. 帮他人做

10. “听清”包括（　）三个方面的内容。

A. 明确对方问题的具体内容　　B. 明确对方对于问题的要求

C. 弄清询问者的意图、要求、情感态度　　D. 明确主次

二、思考题

在一个医疗器械连锁店内，一位顾客正在向营业员了解某品牌电子血压仪的功能，一名中年妇女手拿一台电子血压仪，面带怒色地走进来。她对营业员说：“这是我今天上午在你手里买的 xx 牌血压仪，你看一下有什么问题，它无法显示数字了。”营业员正忙着给另一位顾客推销产品，于是漫不经心地回答了一句：“请等一下。”中年妇女接着说：“我大老远跑过来，要不，你先帮我看看，我还得马上赶回去接孩子放学。”营业员还是淡淡地回了她一句：“等等吧。”中年妇女急了，大声喊道：“你在出售东西时，态度可不是这样的，我要求退货。”问询血压仪的顾客见此场景，忙对营业员说：“小姐，对不起，我不看了，您先忙吧。”说完转身就走了，只留下怒气冲冲的中年妇女和难堪尴尬的营业员站在那里。请从答询的角度思考营业员应怎样做好此类答询工作呢？

第十六章　协商与谈判

学习目标

知识目标

1. 掌握协商与谈判的原则与技巧。
2. 熟悉谈判的种类。
3. 了解协商和谈判的含义及特点。

技能目标

1. 能够运用合适的原则与方法，在日常学习和工作中与他人进行有效协商。
2. 运用谈判的技巧，尝试组织或参与一场模拟药品委托生产的合作谈判活动。

案例讨论

【案例】 有一位年轻人路过一个报摊，他想买一份报纸，却找不到零钱。于是，他从报摊上拿起一份报纸，扔下一张百元大钞，满不在乎地说："找钱吧！"报摊上的老人很生气地说："我哪有工夫给你找钱?"，并从他手中拿回报纸放回原处。

这时，另一位顾客走了过来，只见他和颜悦色地走到报摊前，对老人笑着说："老板，您好！我碰到难题了，您能不能帮帮我？我这儿只有一张百元钞票，可我真想买您的报纸，怎么办呢?"老人笑了，拿过一份报纸塞到他手里，说："拿去吧，什么时候有了零钱再给我。"

【讨论】 1. 第一位顾客为什么买不到报纸？

2. 你从第二位顾客身上学到了哪些东西？

PPT

第一节　概　述

一、协商

（一）含义

协商是指当事人对某一问题或者事件产生分歧时，本着平等、真诚、互动、妥协的原则进行商量，以达成某种共识的口语交际活动。人们通常把这种协商叫作"打交道"。

在社会生活与工作中，人与人之间、单位与单位之间、个人与单位之间，经常有些事情需要商量。小到请假，大到企业的收购重组，都需要协商。社会协商看起来没有"大是大非"，但是却涉及广泛。因此，在社会生活领域，协商是处理人与人关系的润滑剂。

（二）特点

1. 协商主体的独立性　这是指协商各方在身份和地位上都是独立的。

2. 主体权利的对等性　这是指协商各方权利平等，任何一方都不能凌驾于对方之上。

3. 协商过程的民主性　这是指在协商中各方要充分展开积极友好的对话和商讨。

4. 协商目的的合作性　这是指协商各方都应以达成共识、形成合作关系、实现利益共赢为目的，绝不能只强调自身的利益。

二、谈判

（一）含义

谈判，由谈和判两部分组成。“谈”是指双方或多方之间的沟通和交流，“判”是就双方沟通协商的事情作出决定。

简单地说，谈判是双方（或多方）当事人为了协调彼此之间的关系和满足各自的需要，通过协商而争取达到意见一致的行为和过程。

谈判有狭义与广义之分。狭义的谈判仅仅是指正式场合下的谈判；广义的谈判是指除正式场合下的谈判外，一切协商、交涉、商量、磋商等，都可以看作谈判。

（二）种类

谈判可以按不同的标准，从不同的角度进行分类。

按谈判人数来分，可分为单个谈判和团体谈判。

按谈判内容来分，有政治谈判、军事谈判、经济谈判、文化谈判、生活谈判等。

按谈判的透明度来分，可分为公开谈判和秘密谈判。

按谈判的方式来分，可分为正式谈判和非正式谈判。

按发生的状况来分，可分为有准备的谈判和即兴发挥的谈判。

按照谈判双方的接触形式来分，可分为直接谈判和间接谈判。

（三）特点

谈判具有以下四个特征。

1. 谈判是一个动态过程　就本质上来说，谈判是需要当事各方不断调整各自需求，最终使各方的需求相互得以调和，互相接近，从而达成一致意见的过程。

2. 谈判具有“合作”与“冲突”的二重性　谈判的合作性表现在，通过谈判而达成的协议对双方都有利，各方利益的获得是互为前提的。而谈判的冲突性则表现在，谈判各方希望自己在谈判中获得尽可能多的利益，为此要进行积极地讨价还价。各方应在冲突中调整，在调整中走向一致，走向合作。

3. 谈判具有“互惠”性　通常情况下，互利互惠、皆大欢喜是谈判的最好结局。企图达到一方全赢或全输的谈判，不是正常的谈判，谈判中止或最终失败的可能性很大。正常的谈判，其结果应是互惠互利的。但是，由于双方的需求不同，对利益的理解、分析及评价标准不一致，甚至谈判双方所具有的实力、地位等基础条件不同，双方所采用的谈判技巧有异，因此，这种互惠互利不会是绝对均等的，也许一方获利多一些，另一方获利少一些，只要在双方预期目标内，这些情况都是正常的。

4. 谈判是公平的 尽管谈判的结果可能不是绝对均等的，但是谈判作为一种智力较量的竞技活动，当事方在目标的定位、利益的预期、谈判策略选择、谈判技巧的运用方面等，双方都具有自由度，而且谈判双方对谈判结果均具有否决权，所以谈判是“公平”的。

PPT

第二节 协商的原则与技巧

协商可以使意见有分歧时达成一致，但协商要想顺利进行并达到预期的效果，就必须遵循一定的原则及运用必要的技巧。

一、协商的原则

微课

（一）自愿原则

自愿是协商的前提。任何一方都不得强迫另一方同自己进行协商，任何一方都有权拒绝协商或终止协商。

（二）平等原则

平等是协商的基础。协商主体不论职位高低，财富多少都是平等的。任何一方不得以大欺小，以强凌弱，应平等相待，诚心实意沟通交流，使双方了解彼此的期望与需求。

（三）合法性原则

合法是协商的基本要求。这是指协商必须根据有关法律要求进行，协商的事项和协商达成的协议，必须符合有关法律规定，不得违反法律的基本原则，更不得凌驾在法律之上。

（四）协商一致原则

取得一致意见是协商的目标。协商主体可根据诉求目的进行必要的取舍，使协商结果更具有包容性和互惠性。

二、协商的技巧

（一）调节和谐气氛

协商是人与人之间的活动，人是有感情、有自尊的，当事方应该和善可亲，尊重对方，营造友好和谐的气氛，促进协商成功。如果当事方摆出一副盛气凌人的态势，不尊重别人，那么协商多半会失败。

（二）消除防范心理

为了最大限度地达成协商的利益预期，协商前，双方应通过各种途径互相摸底，了解对方的状况及“底线”。协商开始时，双方难免相互防范，甚至有一种“上战场”的心理，如临大敌，使得协商气氛紧张。要使协商在和谐气氛中进行，就要消除把对方当作假想敌的防范与自卫心理，要把对方当作利益共同体、命运共同体来对待，尽量消除分歧，寻求一致，融洽双方人际关系，促成协商目标达成。

（三）把握情理尺度

协商中，各方为了确保有自己的利益，有时公事公办，寸利不让，协商可能因此陷入僵局。要想突破困局，可以打感情牌，争取对方的同情，理解自己合理的要求，提高协商效率。但是，倘若发现对方在职责范围内的事也不愿负责，就应该据理力争，必要时还可以适当施加一些压力。

PPT

第三节　谈判的原则与技巧

一、谈判的原则

（一）利益为本的原则

谈判是为了解决利益上的矛盾，寻求各方都能接受的利益分配方案，因此，在谈判中要紧紧着眼于利益，而不是立场，因为，常常在相反的立场背后存在比现实利益更多的协调利益。

例如，某房产中介公司出租办公用房，希望租房合同一年一签，以保证房子的租金能够与物价的涨幅保持一致；承租方却希望合同一签三年不变。双方围绕合同是一年一签还是三年一签争执不下，结果形成僵局，导致谈判破裂。其实，这个案例的核心问题是租金，即物业希望租金随物价同步增长。如果承租方能同意物业公司这个诉求，那么租赁合同一签三年也是可行的，这样一来，房产中介公司的利益能够实现，承租方急需租房的目的也能达到。

（二）互惠互利的原则

在谈判中，双方应根据彼此的需求，在不损害自身利益的前提下，应当尽可能地替对方着想，主动为对方保留一定的利益空间。同时，要立足长远，追求长远利益的最大化，不要计较当下的小利，并要努力寻找谈判各方利益上的共同点，通过各自具体利益的实现来确保谈判的成功。

（三）客观的原则

在谈判过程中，一定要用客观标准来谈判。这些客观标准，包括等价交换、国际惯例、法律法规等。比如，甲方向乙方购买一台设备，甲方希望低价，乙方希望高价，如何确定一个公平的价格呢？一方面要考虑设备制造成本，另一方面要参考同类设备的市场价格。只有这样坚持客观标准，才会使谈判有更高的效率。

（四）求大同存小异的原则

谈判作为谋求一致而进行的协商洽谈，其本身蕴含着谈判各方在利益上的“同”和“异”，因此，为了实现谈判的成功，必须认准最终目标：“求大同”；同时要发现对方利益上的合理要求，并根据对方的合理要求，在具体问题上采取灵活变通的态度，作出相应的让步，即允许“存小异”才能推动对方作出让步，从而产生一个公平公正的结果。

（五）知己知彼的原则

所谓“知己”，指对自己的优势与劣势要非常清楚，知道自己需要准备什么资料、物资、要达到的目的及自己的底线。

所谓“知彼”，就是通过各种途径和方法了解谈判对手的性格特点、谈判风格和谈判经历，不要违犯对方的禁忌。

在“知己知彼”的前提下谈判，即使不能稳操胜券，至少也可以取得一个比较好的结果。

（六）平等协商的原则

谈判是实力与智慧的较量，学识与口才的较量，魅力与演技的较量，而不是比谁嗓门大，气势足。只有确凿的事实、准确的数据、严密的逻辑和艺术的手段，才能将谈判引向自己所期望的胜利。以理服人、不盛气凌人、平等协商是谈判中必须遵循的原则。

二、谈判的技巧

（一）创造良好的谈判氛围

美国前总统杰弗逊曾说过：“在不舒适的环境下，人们可能会违背本意，言不由衷。”英国政坛领袖欧内斯特·贝文也说过，在舒适明朗、色彩悦目的房间内举行的会谈，大多都比较成功。谈判中善于创造融洽和谐的谈判环境和气氛，是一种高超的谈判技巧。1972 年 2 月，美国总统尼克松访华，中美双方将要展开一场具有重大历史意义的国际谈判。周恩来亲自领导，对谈判过程中的各种环境包括细节都做精心而又周密的部署和安排。比如，选定尼克松最喜欢的《美丽的亚美利加》作为迎宾国宴上的演奏曲。当军乐队熟练地演奏起《美丽的亚美利加》时，尼克松总统听得如痴如醉，他万万没有想到能在北京听到他如此熟悉而又喜爱的乐曲。国宴中，他特意走到乐队前表示感谢，此时，国宴达到了高潮，这种融洽而热烈的气氛感染了美国客人。

（二）做足功课，准备充分

谈判前要充分了解对手，功课做得越认真，了解对手越详细，谈判桌上越能得心应手，“知己知彼”才能“百战不殆”。例如，电影《中国合伙人》中的成东青在谈判过程中用一口流利的英文背诵了关于侵权案涉及的若干条文，并告知对方，他在来美国的飞机上已经将整本法案背诵完毕。这一举动令美方十分为震惊，也为谈判取开了一个好局。可见，只有在谈判前充分准备，在谈判中才会自信满满，从容不迫，谈判才会更成功。

（三）巧用心理战术

谈判时要善于制造心理优势，要仔细观察对方的每一个动作表情，揣摩其心理变化以便及时采取应对的方法，从而在谈判过程中占据有利地位。

日本某汽车公司在美国刚刚“登陆”时，因对美国市场不熟悉，急需找一家美国代理商为其销售产品，以便尽快打开美国市场。谈判当天，日方代表迟到了。美方代表以迟到事件为要挟，以期获得更多的优惠。日方代表及时地抓住了美方代表的这一心理，采取了以退为进的心理战术，变被动为主动。日方代表说：“我们十分抱歉……如果你们因为这件事怀疑我们的合作诚意，那么，我们只好结束这次谈判。我认为，我们所提出的优惠代理条件在美国是不会找不到合作伙伴的。”日本代表的一席话说得美国代理商哑口无言，美方也不想失去这次赚钱的机会，于是谈判顺利地进行下去了。

（四）认真倾听

集中精力、专心致志倾听，适当地记录，不仅有利于抓住对方所阐述的关键点，理解对方讲话的潜在含义与内涵实质，而且可以明确对方的动机，抓住对方的漏洞进行攻击提问。商场如战场，谈判更如一场没有硝烟的战争。要想取得谈判的胜利，得体的谈判礼仪、灵活的谈判技巧、机智的谈判策略以及谈判人员的良好口才等都是必备条件。

知识链接

谈判策略

谈判策略是在谈判中扬长避短和争取主动的有力手段。商务谈判的双方都渴望通过谈判实现自己的既定目标，这就需要认真分析和研究谈判双方各自所具有的优势和弱点，即对比双方的谈判“筹码”。在掌握双方的基本情况之后，若要最大限度地发挥自身优势，争取最佳结局，就要靠机动灵活地运用谈判策略。

谈判策略也是企业维护自身利益的有效工具。谈判双方虽非敌对，但也存在着明显的利害冲突。因此，双方都面临如何维护自身利益的问题，恰当地运用谈判策略则能够解决这一问题。如果不讲究策略或运用策略不当，就可能轻易暴露己方意图，以致无法实现预定的谈判目标。高水平的谈判者应该能够按照实际情况的需要，灵活运用各种谈判策略，达到保护自身利益、实现既定目标的目的。

本章小结

协商与谈判无时不有，无处不在。大到国家会谈，小到个人切磋协商，谈判已经渗透到现代社会政治、经济、军事、文化、外交等各个领域之中，成为人与人之间，组织与组织之间，国家与国家之间相互交流沟通，达成共识不可或缺的手段。当代大学生应加强此方面的理论学习，并注重将理论运用到日常的口语沟通与人际交流中，为日后的工作实践与社会生活储藏丰富的经验和沟通技巧。

习题

题库

一、选择题（1～5 题为单选题；6～10 题为多选题）

1. 谈判是谈判双方（或多方）为了协调彼此之间的关系和满足各自的需要，通过（　）而争取达到意见一致的行为和过程。

A. 协商　　B. 咨询

C. 咨问　　D. 询问

2. 谈判具有（　）二重性。

A. “合作”与“协商”　　B. “沟通”与“联系”

C. “合作”与“冲突”　　D. “沟通”与“合作”

3.（　）是协商的前提。

A. 自愿原则　　B. 平等原则

C. 合法性原则　　D. 公平合理原则

4. 协商的最终目的是（ ）。

A. 成功 B. 消除防范

C. 寻求一致 D. 争取同情

5. 在谈判中，在不损害自身利益的前提下，应当尽可能地替谈判对手着想，主动为对方保留一定的利益。这是谈判的（ ）原则。

A. 利益为本 B. 求大同存小异

C. 平等协商 D. 互惠互利

6. 协商具有（ ）特点。

A. 协商主体的独立性 B. 主体权利的对等性

C. 协商过程的民主性 D. 协商目的的合作性

7. 根据谈判内容及谈判难易程度综合理解，谈判有三种基本类型，分别是（ ）。

A. 价格谈判 B. 条件谈判

C. 价值谈判 D. 商务谈判

8. 以下属于谈判应坚持的原则有（ ）。

A. 坚持利益为本 B. 坚持互惠互利

C. 坚持求大同存小异 D. 坚持知己知彼

9. 谈判的技巧有（ ）。

A. 谈判前要做充分准备 B. 谈判时要有针对性

C. 谈判时要巧用心理战术 D. 谈判时要学会倾听

10. 协商成功的技巧有（ ）。

A. 调节气氛 B. 争取同情

C. 据理力争 D. 消除防范

二、思考题

双方正在进行商品买卖的谈判，买方告诉卖方："我对你们的产品很喜欢，如果你们能在9月1日以前交货，我们马上就可以下订单。"卖方听了很心动，因为这笔交易额很大。可是卖方也清楚，根据自己工厂的生产能力9月1日前根本没办法交货，但他又舍不得这笔生意，所以回复买方："给我一天时间，我回去研究一下。"回去研究之后，发现确定交不了货。第三天卖方告诉买方："对不起，我实在没办法在9月1日前交货。"买方面露难色，说道："如果我9月1日拿不到货，我会损失很多呢。你看这样好不好，你们在价格上再让一点，分担一下损失，我还是可以买你们的产品。"请分析买方谈判代表使用了哪些谈判技巧？

第十七章　解释与致歉

学习目标

知识目标

1. 掌握解释与致歉的原则与技巧。
2. 了解解释与致歉的含义及注意事项。

技能目标

1. 能根据不同的情境，耐心解释，巧妙致歉，消除误会。
2. 能够运用相应技巧，真诚致歉，达成谅解。

案例讨论

【案例】玲玲是天使美容院的美容师，前不久由于母亲去世，玲玲受到很大的打击，有时在上班时间也心不在焉。有一天她在为一位顾客服务时，没看清一种品牌护理液的浓度就把产品卖给了对方，导致顾客使用以后脸上出现了红斑，第二天顾客怒气冲冲地来到美容院要求赔偿。

【讨论】如果你是玲玲，你将如何向顾客解释、道歉，获得顾客的谅解呢？

PPT

第一节　概　述

一、解释、致歉的含义

解释是指人们用简洁明了的语言讲清事情的真实情况，以消除误解。

致歉则是以诚恳的态度表达由于己方的过失而给他人带来不便的歉意。

二、解释、致歉的内容

1. 简单介绍过失或误解　对已经造成的过失或形成的误解，应如实承认。

2. 说明产生过失或误解的原因　既要讲清客观原因，也应表明主观原因及应承担的责任。

3. 对己方的过失所造成的损失或伤害致歉　对由于己方工作中的失误而给他人造成的损失表示真诚的歉意，以赢得对方的谅解。

4. 陈述己方所获得的教训及今后应采取的方法　说明己方在事件或事故中所获得的教训，以及今后对类似问题应采取的正确方法。

PPT

第二节　解释与致歉的方法

一、解释与致歉的意义

（一）化解矛盾，取得谅解

必要的解释可以说明事情原委或真相，而真诚的道歉才能换来真正的谅解，消除矛盾，和谐关系。

（二）消除内疚，赢得友谊

承认错误是令人难堪的，可是一旦勇敢地承认了错误，就会产生一种解脱的感觉，心里会感到无比的轻松。在人际交往中，只有缺乏智慧的人才会为自己的错误寻找借口，强词夺理；而智者总能够坦率诚恳地道歉认错，取得对方的谅解。

（三）得到尊重，提高威信

道歉不是一件丢脸的事，而是成熟与诚实的表现。道歉在一定程度上也是知错、改错的表现。如果条件允许，可以亲自登门道歉，这不仅不会损毁自己的形象，反而会赢得他人的尊重，提高个人的威信。战国时期赵国的廉颇在得知自己误解了蔺相如后，到蔺相如家门前负荆请罪，他知错能改的宽广胸襟，赢得了蔺相如的尊重，至今仍被传为美谈。

二、具体原则与技巧

（一）先道歉，后解释，再补救

有错就应先道歉，以诚恳的态度取得对方的谅解。千万不要找客观原因为自己辩解、开脱，否则会使对方怀疑自己的诚意，从而扩大裂痕，加深隔阂。如确有非解释不可的地方，应先道歉、后解释、再补救。比如，“真对不起，我来迟了，非常抱歉”“今天车子忽然在半路抛锚耽误了时间，我中午少休息一会，保证赶上进度。”

（二）选择合适的方法

具体说，就是根据不同的对象、不同的场景，选择适合的方法。在了解对方性格的基础上采取行动，会比较容易成功。比如，对恋人要制造浪漫，对父母要知感恩，对朋友要有情义，对孩子要有创意。同时应避免正面冲突，时机选对了，事半功倍，否则，事倍功半。

（三）不强迫原谅

道歉后不要企图立马得到对方原谅，要循序渐进，用真诚和行动得到对方的原谅。

（四）使用必要的“道具”

如果觉得道歉的话说不出口，可以用别的方式来代替，即借助于“物”来帮忙。比如，写信，发 QQ、邮件或微信等。

（五）借助朋友的“煽风点火”

这里的“煽风点火”不是贬义词。要想取得一个人的原谅，可以首先取得他周边朋友的谅解，最好请其朋友转致歉意，待双方都冷静后，再当面赔礼道歉。

PPT

第三节　解释与致歉的注意事项

在掌握了致歉的原则和技巧后，还应该根据场合、情况的不同，注意一些小事项。

一、解释与致歉的基本要点

（一）肯定对方的感受并表达真诚的歉意

在道歉时，绝对不能说“好了好了，我错了还不行吗?”任何人听到这样的话都会觉得是敷衍，没有一点诚意。正确的道歉方式应该是：“对不起，我向你道歉，没想到我的做法让你产生×××的感受，下次不会这样了”。首先“对不起”这三个字很重要，其次要把对方融进来，让对方知道自己在体会他的感受。

（二）向对方解释清楚

解释时态度一定要真诚，在自己讲述的过程中，对方可能会针对某个点产生某种疑问，或者抱怨自己内心的不良感受，不要厌烦，学会倾听，只有让对方把内心的不良感受讲出来，对方受伤的心才可以慢慢愈合，也才能有和好的机会。

（三）给出补偿措施，或者日后的自控计划

道歉容易，避免重犯难。为了增大言语的可信度，需要给对方充分相信自己的理由，这才是完整的道歉方式，如给出一个类似整改计划的说明，切忌随便做出承诺。

二、具体注意要点

（一）用词委婉，语气温和

在进行解释或致歉时，为赢得对方的谅解，应态度诚恳，使用谦和的语气。如“那真是对不起，给你带来了不便，非常抱歉”。

（二）态度诚恳，语速适中

为了清晰地解释问题、诚挚地表达歉意，同时表达对他人的尊重，语速既不要过快，使他人无法听清，也不要将语速放得太慢，使人觉得态度不诚恳。

（三）顾及对方的文化水平和语言习惯

每个人的文化背景及文化水平都是不同的，为了便于对方理解和接受，在进行解释和致歉时，用语、措辞、谈吐、表达方式、态度等要考虑对方的文化水平和语言习惯。当面对文化水平相对较低、理解能力相对较弱的人群时，应尽可能使用口语，多用短句；当面对文化水平相对较高、理解能力相对较强的人群时，则应该讲究文采，注意语言的韵味。

课堂互动

道歉的艺术

学生思考： 1. 如何正确道歉？

2. 道歉的步骤是什么？

教师解答： 1. 了解做错的原因，然后有针对性作出道歉；及时道歉是获得原谅的首要因素；做错事的人要开诚布公的道歉；不要卑躬屈膝，更不要有高傲的姿态；给心爱的人道歉时，要让对方将不满的情绪用可接受的手段释放出来；在表达歉意或忏悔的同时要给对方带上礼物，表示自己悔改的诚意。

2. 先道歉、后解释、再补救。

本章小结

每个人都会犯错误。在生活或者工作中做错事，或者是伤害到了别人的感情，如果道歉做得好，就能化解冲突、修复关系、促成原谅，并且还有可能拉近关系。如果采取错误的道歉方式，就可能会进一步加剧双方的矛盾，让双方的关系变得更加糟糕。因此对于关系受损或者破裂后该如何道歉、如何弥补就显得尤为重要了。本章主要学习了解释与道歉的含义、内容、意义、原则、语言技巧及注意的事项，这对如何更好地维护人际关系，赢得信任，增强合作有至关重要的作用。

习题

题库

一、选择题（1～5 题为单选题；6～10 题为多选题）

1. 解释与致歉的技巧之一是先（　）、后解释、再补救。

A. 解释　　B. 补救

C. 道歉　　D. 辩解

2. 道歉不是一件丢脸的事，而是（　）的表现。

A. 骄傲　　B. 成熟与诚实

C. 谦虚　　D. 谨慎

3. 解释与致歉有三个基本要点，依次应该是（　）。

A. 向对方解释清楚当时为什么会那样做→肯定对方的感受并且表达出真诚的歉意→给出补偿措施，或者日后的自控计划

B. 肯定对方的感受并且表达出真诚的歉意→向对方解释清楚当时为什么会那样做→给出补偿措施，或者日后的自控计划

C. 给出补偿措施，或者日后的自控计划→向对方解释清楚当时为什么会那样做→肯定对方的感受并且表达出真诚的歉意

D. 肯定对方的感受并且表达出真诚的歉意→给出补偿措施，或者日后的自控计划→向对

方解释清楚当时为什么会那样做

4. 不小心伤害了一位朋友，想向他真诚地道歉，下列做法中较得体的一项是（　）。
   A. 对不起，但我不是故意的，你应该原谅我才对
   B. 对不起，虽然我错了，但你也有不对的地方，你不能只怪我啊
   C. 对不起，我不是故意的，请你原谅我好吗
   D. 对不起，这次算我错了，好不好

5. 致歉是以诚恳的态度向对方表达由于自己的过失而给他人带来不便的（　）。
   A. 歉意　　B. 解释
   C. 说明　　D. 阐释

6. 解释有两个基本含义，一个是（　）；另一个是（　）。
   A. 分析说明　　B. 消除、消释
   C. 分解　　D. 消化

7. 解释、致歉的内容有（　）。
   A. 简单介绍过失或误解
   B. 说明产生过失或误解的原因
   C. 对自己的过失所造成的损失或伤害致歉
   D. 陈述自己所获得的教训及今后应采取的方法

8. 真诚解释与道歉的意义有（　）。
   A. 道歉可以化解矛盾　　B. 道歉可以消除内疚，解除难堪
   C. 道歉可以赢得友谊，取得谅解　　D. 道歉可以得到尊重，提高威信

9. 解释与致歉应注意（　）。
   A. 语气要谦和　　B. 态度要低三下四
   C. 语速要适中　　D. 用语表述要符合对方的文化水平和语言习惯

10. 解释与致歉的原则与技巧有（　）。
   A. 根据具体情况选择合适的方法　　B. 不正面冲突，寻找合适时机
   C. 使用必要的“道具”　　D. 朋友的“煽风点火”

二、思考题

在一次大型的优秀歌手颁奖晚会上，一位知名女歌手因不满评奖结果，在台上扔下话筒，拒绝演唱，全场哗然。如果你是大会主持人，你将怎么与观众解释这一行为？

参考答案

第一章

一、选择题

1. A　2. A　3. C　4. D　5. B

6. ABCD　7. ABC　8. ABCD　9. BC　10. ABC

第二章

一、选择题

1. C　2. B　3. D　4. C　5. B

6. ACD　7. BD　8. ABC　9. BC　10. ABCE

第三章

一、选择题

1. A　2. D　3. D　4. B　5. A

6. BD　7. ABCD　8. BCD　9. ABCDE　10. AD

第四章

一、选择题

1. A　2. D　3. D　4. B　5. B

6. ABD　7. BCD　8. ACDE　9. ABDE　10. AD

第五章

一、选择题

1. A　2. B　3. B　4. B　5. A

6. ABCD　7. ABCD　8. ABCD　9. ABCD　10. ABCD

第六章

一、选择题

1. B　2. B　3. C　4. A　5. D

6. ABD　7. ACD　8. BCD　9. ABCD

第七章

一、选择题

1. B　2. B　3. C　4. B　5. D

6. ABCD　7. ABC　8. ABCD　9. ABCD　10. AB

第八章

一、选择题

1. C　2. B　3. A　4. B　4. C

6. ABCDE　7. ACD　8. ACD　9. ABCD　10. ABCD

第九章

一、选择题

1. B　2. A　3. C　4. A　5. A

6. ABC　7. AD　8. ABCD　9. ABCDEF　10. ABCDE

第十章

一、选择题

1. C　2. C　3. A　4. C　5. C

6. ABCD　7. ABCDE　8. ABD　9. BD　10. ABC

第十一章

一、选择题

1. B　2. C　3. A　4. B　5. B

6. ABCD　7. AD　8. CD　9. BA　10. ABD

第十二章

一、选择题

1. A　2. A　3. B　4. D　5. A

6. ABC　7. AB　8. ABC　9. ABCD　10. ABCD

第十三章

一、选择题

1. A　2. A　3. B　4. A　5. A

6. ABC　7. BCD　8. ABC　9. ABCD

第十四章

一、选择题

1. A　2. A　3. C　4. B　5. D

6. ABC　7. ABD　8. AC　9. ABCD　10. ABCD

第十五章

一、选择题

1. D　2. B　3. A　4. B　5. D

6. ABC　7. BCD　8. AC　9. ABD　10. ABC

第十六章

一、选择题

1. A　2. B　3. A　4. C　5. D

6. ABCD　7. ABC　8. ABCD　9. ABD　10. ABCD

第十七章

一、选择题

1. C　2. B　3. B　4. C　5. A

6. AB　7. ABCD　8. ABCD　9. ACD　10. ABCD

参考文献

[1] 朱光潜．谈美［M］．南京：译林出版社，2018.
[2] 叶朗．美学原理［M］．北京：北京大学出版社，2009.
[3] 袁忠．中国古典建筑的意象化生存［M］．武汉：湖北教育出版社，2004.
[4] 郝素岭，张树芹，魏巧荣．人文素养教程［M］．北京：中国传媒大学出版社，2012.
[5] 张健．大学美育［M］．北京：高等教育出版社，2017.
[6] 蔡栋．湖湘文化百家言［M］．长沙：湖南人民出版社，2008.
[7] 王娟．民俗学概论［M］．北京：北京大学出版社，2011.
[8] 孔祥戬．中华优秀传统文化［M］．北京：高等教育出版社，2019.
[9] 吉米·派欧，玛丽安·卡琳奇．超级询问术［M］．武汉：武汉大学出版社，2015.
[10] 黄高才，刘会芹．艺术欣赏［M］.2 版．北京：中国人民大学出版社，2018.
[11] 秦燕华，张琦，周斌．中华优秀传统文化读本［M］．成都：西南财经大学出版社，2018.
[12] 朱桂凤，王振．中外民俗概论［M］．北京：高等教育出版社，2018.
[13] 费孝通．乡土中国［M］．北京：中华书局，2020.
[14] 曾仕强．中华文化的特质［M］．西安：陕西师范大学出版社，2011.
[15] 侯书议．最美不过汉字［M］重庆：重庆出版社，2019 .
[16] 姬英涛．音乐艺术鉴赏［M］．郑州：河南大学出版社，2016.
[17] 孙斯文．询问语言的语用原则和技巧［J］．辽宁教育行政学院学报，2010（6）：84－86.